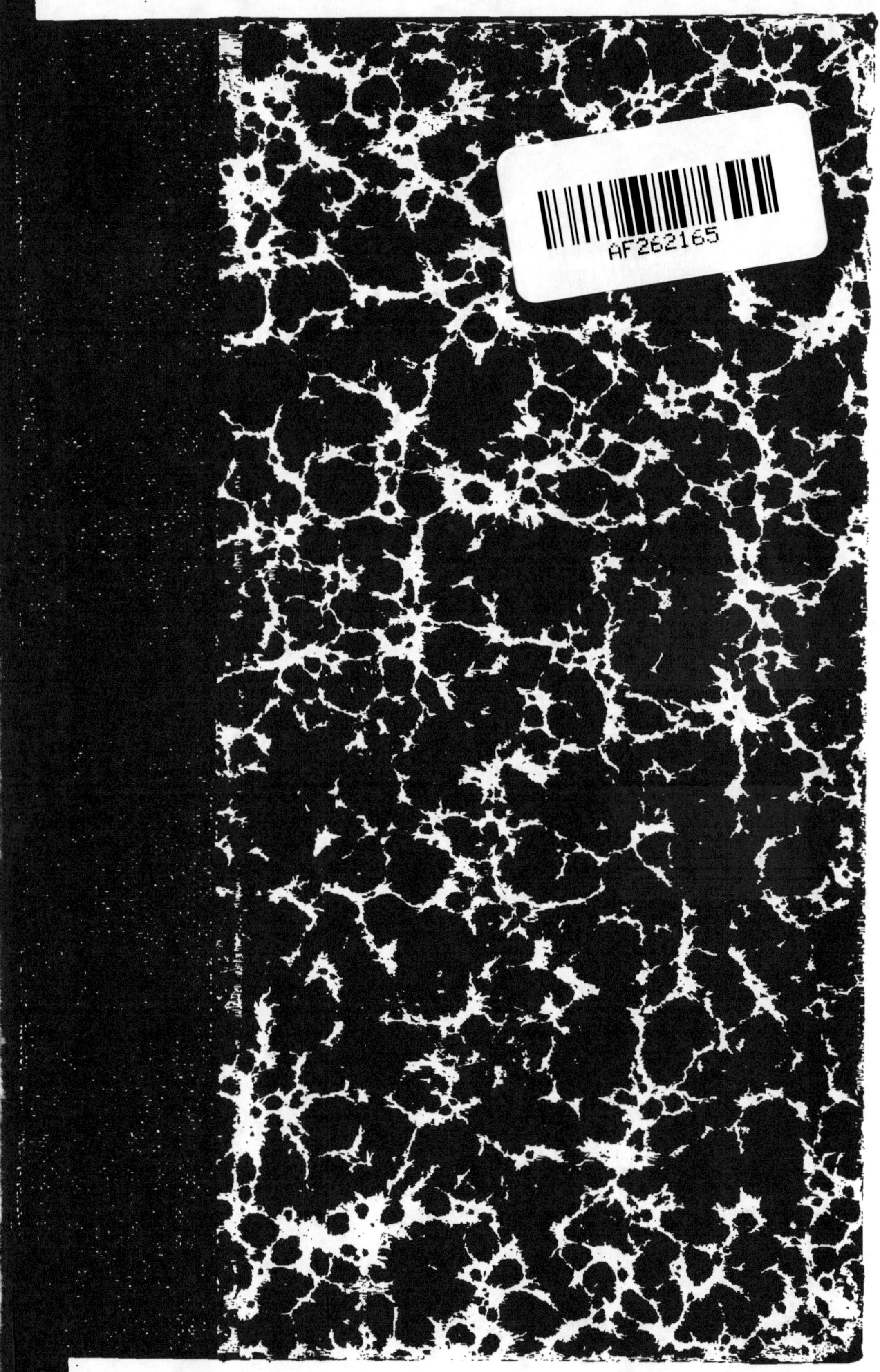

AF262165

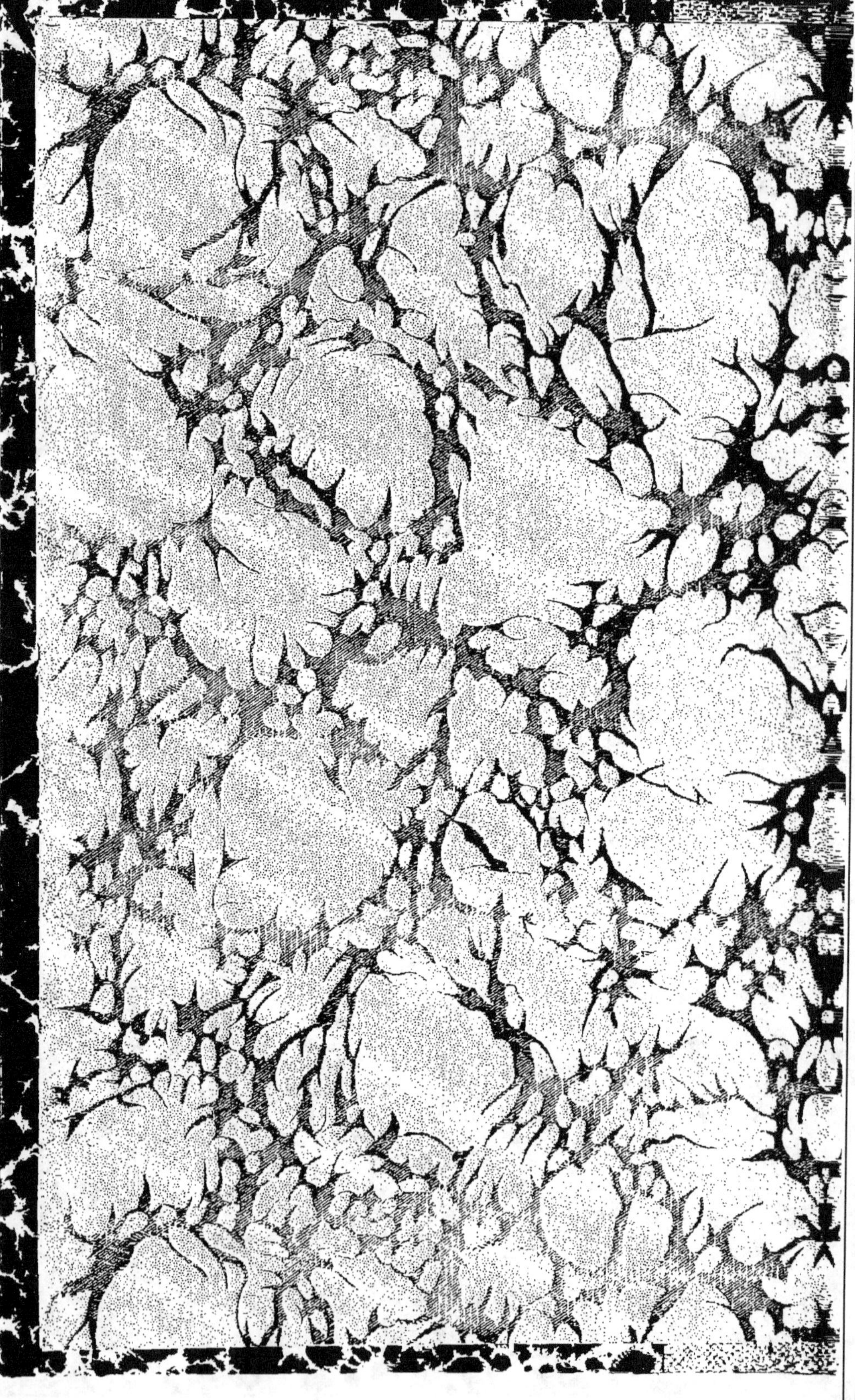

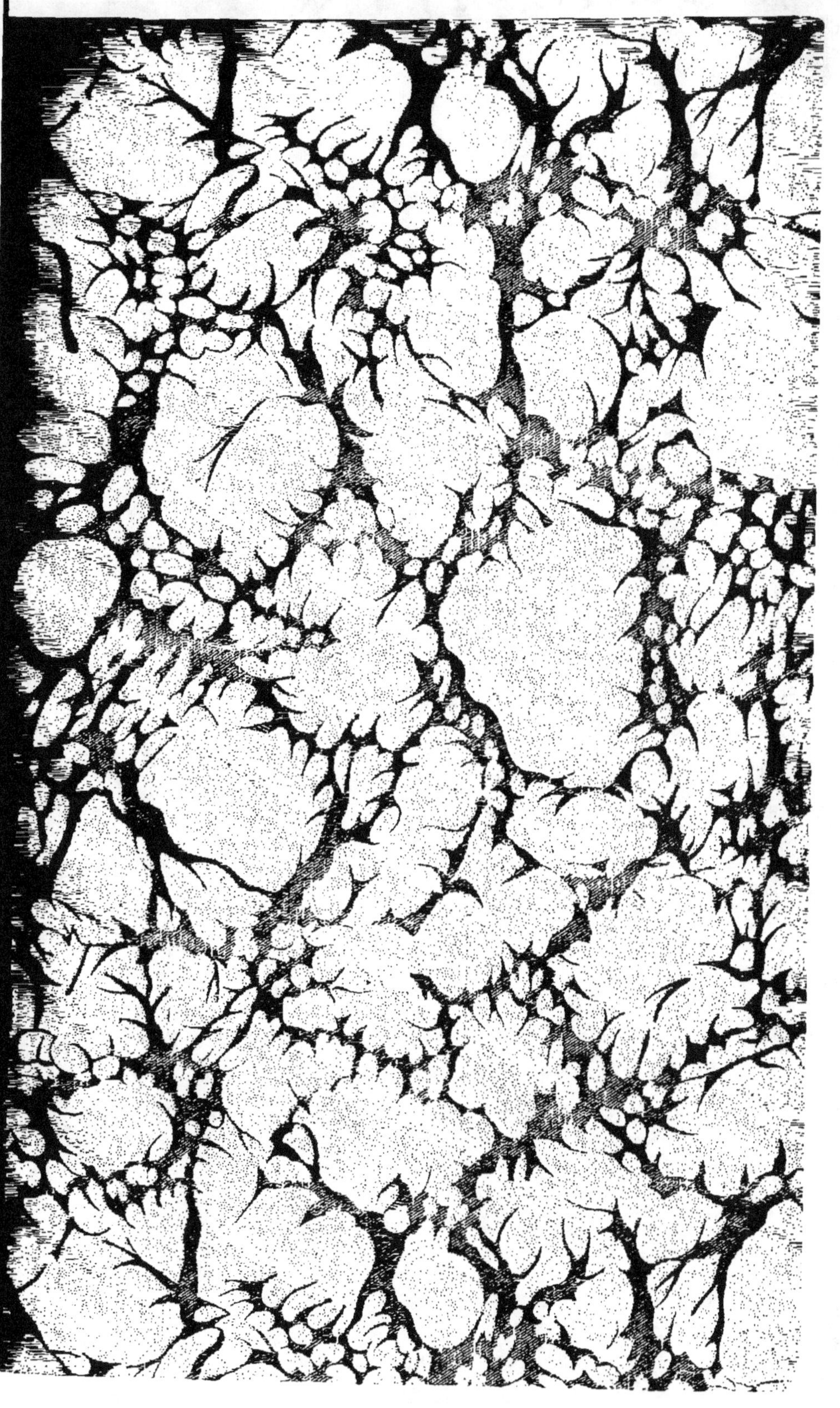

Mis DE LA MAZELIÈRE

———

MOINES ET ASCÈTES INDIENS

ESSAI SUR LES CAVES D'AJANTÂ ET LES COUVENTS BOUDDHISTES DES INDES

———

Ouvrage accompagné de gravures d'après des photographies

PARIS

LIBRAIRIE PLON

E. PLON, NOURRIT et Cie, IMPRIMEURS-ÉDITEURS

RUE GARANCIÈRE, 10

———

1898

MOINES ET ASCÈTES

INDIENS

L'auteur et les éditeurs déclarent réserver leurs droits de reproduction et de traduction en France et dans tous les pays étrangers, y compris la Suède et la Norvège.

Ce volume a été déposé au ministère de l'intérieur (section de la librairie) en décembre 1897.

PARIS. TYP. DE E. PLON, NOURRIT ET Cie, 8, RUE GARANCIÈRE. — 3058.

M^{IS} DE LA MAZELIÈRE

MOINES ET ASCÈTES INDIENS

ESSAI SUR LES CAVES D'AJAṆṬÂ ET LES COUVENTS BOUDDHISTES DES INDES

Ouvrage accompagné de gravures d'après des photographies

PARIS

LIBRAIRIE PLON

E. PLON, NOURRIT ET Cie, IMPRIMEURS-ÉDITEURS

RUE GARANCIÈRE, 10

1898

PRÉFACE

En écrivant ce livre, je n'ai pas prétendu faire
œuvre de savant, mais seulement œuvre de voyageur. J'ai essayé d'y représenter la vie de l'Inde,
ses croyances et ses mœurs aux époques les plus
intéressantes de son histoire religieuse.

Pour composer ces tableaux, je me suis surtout
inspiré de ce que j'ai vu moi-même pendant les
trois années où j'ai voyagé en Asie.

D'abord, les couvents bouddhistes de Ceylan,
de l'Indo-Chine, de la Chine et du Japon.

Puis l'Inde elle-même, où les mœurs du peuple
ne se transforment que lentement.

Enfin, les principaux monuments de l'Hindoustan, de Ceylan, de Java, de la Chine, de l'Indo-
Chine et du Japon, avec leurs statues, leurs bas-
reliefs et leurs peintures.

J'ai consulté aussi les belles traductions que
tant de savants nous ont données du canon pâli,
du canon sanscrit et de ses traductions en thibé-

tain et en chinois, des poèmes et des drames sanscrits, des descriptions de Mégasthènes, d'Arrien et des pèlerins chinois.

Pour donner plus d'unité à mon récit, je me suis attaché surtout à l'histoire des caves d'Ajaṇṭâ. Les plus anciennes sont antérieures à l'ère chrétienne; les plus récentes datent du septième siècle de l'ère moderne. Les caves d'Ajaṇṭâ sont les seules, d'ailleurs, où nous retrouvions les anciennes fresques; et ces fresques ne retracent pas seulement toutes les légendes du Bouddhisme; elles nous représentent la vie civile, militaire et religieuse de l'Inde aux diverses époques de son histoire.

MOINES ET ASCÈTES
INDIENS

Les caves d'Ajantâ sont situées à quelques lieues de la ville du même nom. Cette ville commande l'un des passages ou ghâts, qui, traversant les monts Indhyâdri, conduisent du Dekhan à Khândesh dans la vallée de la Tapti. L'étroite gorge où se trouvent les caves, décrit un demi-cercle et se termine par une impasse. Au fond, sept petites cascades forment la Wagora, dont les eaux, cachées par les lianes, se brisent contre les pierres.

Les rochers, qui bordent son lit, ont soixante-dix mètres de hauteur. L'on a creusé les caves dans le rocher de gauche, sur une longueur de six cents mètres. Celles du milieu, les plus anciennes, sont à peu de distance du torrent. Mais, des deux côtés, la ligne se relève ; le seuil des dernières caves se trouve à quarante mètres au-dessus de la vallée.

Toutes ont des vérandas et des façades sculptées. Des sentiers, des escaliers les relient ; l'on dirait la rue d'une ville bâtie sur le versant d'une colline. A

1

côté de grottes basses, de cellules superposées, de modestes couvents, se dressent des porches de cathédrales et des colonnades de palais.

Mais, depuis des siècles, Ajaṇṭâ est abandonné. Les façades de brique et de bois ont disparu. En quelques endroits la montagne s'écroule. Plusieurs caves sont ensablées. Les figuiers croissent dans les niches, leurs racines aplaties se glissent dans les fentes des rochers; les lianes s'enlacent aux colonnes, les ronces poussent dans les salles. Sur les pierres brûlées par le soleil, l'on voit se chauffer des serpents; un cobra se dresse et gonfle sa gorge au-dessous de son image en pierre. Dans plusieurs caves, il y a tant de ruches, que l'on n'ose y pénétrer. A de certains jours, l'on met un masque pour s'aventurer dans la gorge.

Partout les lézards courent sur les ruines, les écureuils jouent familiers. Des perroquets crient dans les arbres. Une gazelle, arrêtée sur le bord du torrent, tend le cou et regarde étonnée. Dans la jungle, on voit la trouée d'un sanglier; sur le sable des caves, les empreintes d'un tigre. Sous les portiques, il y a des rats, des souris, des insectes et des oiseaux de toutes sortes. Par une fente, des mangoustes passent le bout de leur museau pointu. Des vautours s'abattent du haut des rocs. Un enfant leur jette de la viande. Les grands oiseaux l'assiègent avec tant de fureur, qu'il doit les frapper de son bâton.

Les Indiens ne tuent aucune bête. Aussi pas une n'est farouche dans les endroits que l'Européen visite rarement.

Le montagnard des Ghâts se demande si l'un de ses aïeux ne revit pas dans le jaguar dressé pour la chasse du nabab, dans le buffle noir, dans les tortues à l'écaille luisante qui grimpent sur les pierres du torrent.

Une vache descend de la montagne en faisant sonner sa clochette. Vaguement il se rappelle le temps où ses pères nomades adoraient la bête nourricière. Tuer une vache, même pendant la famine, est, dans les États des râjas, un crime puni de mort.

Si le Bouddhisme a disparu des Indes, la religion actuelle a gardé le souvenir de sa douceur. Et l'Hindou connaît les paroles du Sage : Tous les êtres ont horreur de la souffrance, horreur de la mort. Malheur à qui fait souffrir, malheur à qui fait mourir.

*
* *

Arrêtons-nous sur le bord du torrent. C'est en vain que nous cherchons à nous reconnaître. Ajantâ semblerait l'œuvre de cent peuples et de cent religions.

Cette véranda, située à quarante mètres au-dessus de la vallée, paraît un portique grec aux colonnes peintes. Des abeilles s'en échappent en bourdonnant, et nous pensons à Platon, dont les lèvres donnaient du miel, comme les fleurs.

Plus loin, une cave aux piliers octogones rappelle Beni-Hassan sur le Nil ; une autre, les tombeaux de Nakché Roustem, dont quelques temples de Nâsik et d'Ellora sont presque les copies. A l'exemple des Persans, les Hindous font des chapiteaux qui débordent comme des proues ; ils superposent dans leurs colonnes des tambours de forme et de largeur différentes. Comme ceux des Assyriens, leurs bas-reliefs représentent des scènes de chasse et de guerre, leurs statues sont rangées dans des lignes d'architecture.

Nous retrouvons des types qui nous sont familiers, une arche dentelée dans le goût des Arabes, une grande baie pareille aux rosaces des églises gothiques. Voici un portique byzantin, des chapiteaux sculptés à jour, un plafond peint d'ornements et de fleurs, au-dessus des portes de grands personnages sur fond d'or.

Pour ces derniers monuments, l'on ne peut admettre une action directe de l'Asie sur l'Europe ou de l'Europe sur l'Asie. Mais l'Inde, tant de fois envahie, a subi l'influence de tous les peuples, comme tous les peuples ont peut-être subi la sienne. Et c'est pourquoi Ajaṇṭâ, bien que l'œuvre d'une seule religion, nous rappellera les styles de toutes (1).

*
* *

La rivière franchie, en sautant d'une pierre sur l'autre, nous gravissons les escaliers aux marches de bois, les lacets des sentiers. Déjà, nous apercevons les salles creusées dans la montagne. Sous la

____

(1) L'art indien a subi l'influence de la Perse pour l'architecture, celle de là Grèce pour la sculpture.

grande baie de l'église, sous l'arc dentelé de la
chapelle, l'on voit des nefs que séparent des piliers,
des voûtes en ogive, des frises, des chapiteaux avec
des anges. Église et chapelle disparaissent sous les
lianes et les fleurs. Des serpents sont enroulés sur
les genoux des statues. Des écureuils jouent sur les
corniches. Perché sur le bord d'une architrave
écroulée, un grand vautour chauve dort, la tête sous
son aile.

En montant vers la droite, l'on trouve une longue
suite de couvents. D'abord des ermitages, des salles
entourées de cellules, puis des monastères au style
simple, aux murailles nues. Voici une véranda
peinte à fresque. Des saints émaciés rêvent assis sur
des lotus. L'auréole entoure leurs têtes rasées. Les
uns tiennent la main levée et rendent témoignage,
les autres ont joint leurs doigts pour prier. Dans
cette niche, pleine de fleurs, le Bouddha est sur un
trône. Debout à ses côtés, ses Dwârpâls ou gardiens,
demi-nus, avec les cheveux relevés comme une
mitre, l'éventent de leurs écrans en forme de cœur.
Sur ce rocher, un moine a représenté l'arbre du
Bouddha, répandant au loin ses rameaux. Au bout
de chaque branche fleurit un saint, lotus mystique
de la foi.

Près du couvent recueilli, nous voyons le palais
d'un abbé, une colonnade surmontée de plusieurs
étages de sculptures, avec deux ailes, un pavillon
au milieu. Sur la frise, des bas-reliefs de chasse ;
autour des portes, des monstres marins, des chi-
mères ailées, des dieux et des déesses enlacés ; aux
chapiteaux, aux ceintures des colonnes, des médail-

lons avec des éléphants, des cerfs et des lions. Dans la salle, des fresques représentent des rois, entourés de leur cour. Derrière leur nuque, le cha-peron d'un cobra fait comme une gloire.

Mais les vérandas, les porches, les rosaces des églises et des temples, des ermitages, des monas-tères et des palais, apparaissent comme de simples ornements dans l'architecture du rocher. Partout, des milliers de Bouddhas les entourent, debout, assis, accroupis, les uns à l'écart, les autres rangés en longues lignes superposées. Et partout les figuiers au tronc noueux, les lianes, les ronces, les nids, les oiseaux, les serpents se mêlent aux bas-reliefs d'ani-maux fantastiques, aux sculptures de kiosques et de pavillons, aux frises surchargées d'ornements hin-dous, grecs, assyriens et persans.

L'œuvre de l'homme, le temps, la nature ont ainsi fait d'Ajaṇṭâ le temple véritable de la religion, qui unit tous les êtres, minéraux, végétaux, bêtes, hommes et dieux, dans la suite éternelle des mé-tempsycoses.

*
* *

Pour bien connaître Ajaṇṭâ, il faut le voir sous tous ses aspects. A midi, quand le soleil calcine les rochers, l'on se croirait dans la vallée des Rois, près de Thèbes d'Égypte. L'on pense aux moines du quatrième siècle. Comme eux, les Yogîs restaient prosternés tout le jour, leurs genoux devenaient cal-leux et leur front se couvrait d'ulcères. Voici bien, se dit-on, le lieu qui convenait à des ascètes.

La nuit, on se plaît à rêver au bord de la rivière qui, en certains endroits, coule sous les lianes comme sous un pont. La lune, cachée par les montagnes, éclaire vaguement les portiques, les jubés, les grandes voûtes. Bientôt, s'élevant dans le ciel, elle se reflète dans l'eau et paraît glisser le long de la crête, opposée aux couvents. Pour des mystiques, pensons-nous, une pareille retraite devait sembler le Paradis.

Tout autre est le spectacle, un jour de fête populaire. Les montagnards visitent les temples de la religion oubliée. Les charrettes dételées encombrent le sentier. Tandis que les petits bœufs roux à la bosse poilue broutent les herbes desséchées, les buffles noirs se plongent dans la rivière, l'on ne voit plus que les naseaux : leur respiration ride de grands cercles la nappe de l'eau, sombre sous les arbres avec des taches d'or.

La foule remplit les sentiers, les terrasses et les temples. A peine vêtus d'un linge blanc, les montagnards à la peau noire portent un toquet de couleur ou le grand turban rouge aux plis savants. Les Brâhmanes au teint pâle s'enorgueillissent de la touffe de cheveux qui se dresse au sommet de leur tête rasée. Leur tunique blanche couvre les jambes et s'arrête à la ceinture; un cordon de soie est passé en sautoir sur leur poitrine nue. Les enfants courent au hasard sans vêtements.

Tous, se montrant du doigt les statues du Bouddha, se demandent quel est ce dieu, qui rêve, assis sur un lotus, ou s'endort doucement devant le désespoir de la nature entière.

Dans l'un des temples, les bayadères à la longue robe rouge, aux pantalons serrés, les chevilles et les bras couverts de bijoux, de grands anneaux d'or dans leurs oreilles et leur nez, dansent avec des mouvements lents, presque hiératiques, en mimant les aventures des héros ou les amours des dieux.

Car, dans le pays où naquit Çâkya, ses doctrines sont si oubliées, que ses temples n'inspirent plus la crainte. Devant l'image de celui qui condamne les plaisirs, des courtisanes représentent l'enfance de Krishna; comment le dieu, né d'une femme, fut élevé au milieu des bergers; comment il poursuivit de ses tendresses chacune des laitières, des Gopîs, jusqu'au jour où Râdhâ sut le retenir.

« Les tourments de la jalousie, nous dit le poète, s'évanouirent dans l'âme de Râdhâ, quand ses oreilles entendirent la tendre langue de Krishna; elle le regardait avec de grands yeux d'antilope, illuminés de bonheur. Alors la nuit, qui aime les amours, enveloppa les fiancés de sa robe de silence : pour les griser, elle répandit ses parfums; pour leur donner des rêves, elle enflamma sa couronne d'étoiles. Et pareil à l'Océan qui soulève ses flots au-devant de la lune, Krishna sentit tout son être monter vers Râdhâ, pour la boire avec tous ses rayons (1). »

(1) *Gîta Govinda de Iayadeva.* Traduction anglaise de Sir Edwin ARNOLD.

PREMIÈRE PARTIE

L'INDE AVANT LE BOUDDHISME

Au premier aspect, tout semble confusion dans les caves d'Ajaṇṭâ. En les visitant, l'on y distingue plusieurs styles, l'on détermine la date et le caractère de ces styles. Étudier Ajaṇṭâ, c'est ainsi refaire l'histoire du Bouddhisme dans l'Hindoustan. Mais, pour comprendre cette histoire, il faut connaître la société que le Bouddha voulut réformer.

CHAPITRE PREMIER

LA SOCIÉTÉ INDIENNE

I

L'Inde fut d'abord habitée par des peuples de race noire et de race mongolique. Au seizième siècle avant l'ère actuelle, plus anciennement peut-être, des tribus blanches, venues de l'Iran, franchirent la passe de Peshawar. Ces tribus occupèrent la vallée du Sind, puis celle de la Jamnâ.

1.

Dans les Védas, leurs hymnes sacrés, les envahisseurs s'appellent les nobles, les Aryens. Ils donnent aux indigènes les noms de Dasyus, ennemis, et de Dasas, esclaves.

Les Aryens se divisaient en trois classes, les prêtres ou Bráhmanes, les guerriers et les cultivateurs. Plus tard, ils comprirent tous les Dasas dans une quatrième classe, les Çûdras.

Les épopées, Mahábhárata et Rámáyana, racontent la conquête de la vallée du Gange, du Dekhan et de Ceylan. A cette époque, la division en classes avait presque disparu. Les Aryens, dispersés dans l'Inde, formaient des clans : ces clans se faisaient la guerre avec l'aide des tribus indigènes. Quand les chefs élus devinrent des rois héréditaires, ils ne distinguèrent plus entre leurs sujets aryens et leurs sujets dasas, les clans perdirent leur autonomie et les familles alliées se groupèrent en castes.

La loi de Manu et les livres théoriques ne reconnaissent pour castes que les anciennes classes des Védas. Mais, alors comme aujourd'hui, les mésalliances, le métier, le lieu d'habitation devenaient l'origine de petites castes distinctes. Et déjà, l'on en comptait des milliers.

D'autre part, l'ancienne division ne correspondait plus avec l'état de la société. Les Vaiçyas ou cultivateurs aryens s'étaient confondus avec les indigènes, les Çûdras. Les Bráhmanes exerçaient toutes les professions. Plusieurs castes se formèrent dans la classe des guerriers. Après que la féodalité eut remplacé les clans, il se constitua une noblesse héréditaire, dont les rois étaient les chefs.

Rois et nobles prirent le nom de Kshatriyas (1).

Nous avons une peinture fidèle de l'ancienne société indienne dans le recueil des *Jâtakas* qui raconte l'histoire des cinq cent soixante existences antérieures du futur Bouddha. A lire ces récits, l'on se croirait souvent dans l'Inde d'aujourd'hui. Les sociétés orientales ne sont pas immuables, comme l'Europe l'a cru d'abord, mais rien ne s'y transforme que lentement. Et le peuple semble ignorer les changements que subissent la religion, les arts et le système politique des classes élevées. Puis, dans les pays tropicaux, les besoins de l'homme sont si faibles qu'il n'y comprend pas, comme dans le Nord, la nécessité du travail incessant.

Aux Indes, d'ailleurs, les habitants des villes ne forment que la minorité infime de la population, pas même 9 pour 100. Le recensement de 1891 porte que 260 millions d'Hindous vivent dans les campagnes. Sur ce nombre, 186 millions s'occupent de travaux agricoles; les autres exercent de petits métiers dans des hameaux formés de quelques paillottes. Malgré les efforts du gouvernement anglais, l'instruction est si peu répandue, qu'à peine cinquante-huit Hindous sur mille s'essayent à lire dans leur propre idiome, et ce sont presque tous des habitants des grandes villes.

Aussi le voyageur trouve-t-il partout des tableaux qui lui rappellent les temps les plus reculés.

Voici d'abord la contrée sainte des Bouddhistes.

---

(1) Voir SÉNART, *Les Castes de l'Inde;* Richard FICK, *Sociale Gliederung im N. O. Indien, zu Buddhas Zeit.*

Elle s'étend depuis Kapilavastu à cent milles au nord de Bénarès, jusqu'à Patna et Bouddha Gayâ. Cette contrée est arrosée par le Gange, que la Jamnâ grossit au-dessous d'Allahabad. Il reçoit, au sud de Chupra, la Gogra, et, à Patna, le Gunduk. Ces affluents sont aussi considérables que le fleuve même. Pendant la mousson, les rivières débordent; l'étiage du Gange monte de trente mètres.

Après les pluies, l'atmosphère est d'une grande pureté. Du haut des collines du nord, l'on aperçoit la chaîne de l'Himâlaya, les trois pointes du mont Everest et les puissantes assises du Kinchinjanga. Au lever du soleil, les pics apparaissent au-dessus des nuages, mais si haut dans le ciel qu'on les prend d'abord pour une seconde ligne de nuages. Plus tard, les brumes cachent les sommets les plus élevés. A midi, l'atmosphère se dégage et l'on découvre la chaîne tout entière. Des brouillards se forment vers le soir. A partir de décembre, l'on n'aperçoit que rarement les montagnes; elles restent invisibles depuis le mois de janvier jusqu'à l'automne.

La vallée du Gange est fertile. Comme au temps du Bouddha, l'on y cultive l'orge, le froment, le maïs, le sésame, la canne à sucre, les cotonniers, que Mégasthènes appelle des arbres fleuris de laine. Sur le bord du fleuve, dont la plage sablonneuse semblerait celle de l'Océan, les marais sont transformés en rizières. L'hiver, dans le lit des affluents presque desséchés, l'on fait pousser des melons d'eau.

De grands troupeaux de vaches paissent dans les

herbes hautes. Les buffles, noirs ou blancs, aux cornes renversées, traînent le chariot aux roues grossières, que surmonte un baldaquin; la charrue primitive, dont le soc est en bois, avec une pointe de fer.

Pour tout vêtement, l'Indien à la peau noire porte un « dhuti » blanc, roulé autour des hanches. Sa femme se drape dans un « sari » de couleur voyante. Si le soleil devient accablant, elle le roule autour de sa tête et travaille toute nue.

Pour prendre ses repas, le plus humble rayat cherche un endroit écarté, de peur que l'ombre d'un étranger ou d'un paria ne souille sa nourriture. Il mange les mêmes plats simples que nous décrivent les *Jâtakas*, du riz avec du curry, du sucre de canne, des légumes, des graines grillées et des fruits.

Parmi ces rayats demi-nus, la plupart cultivent leurs propres terres; d'autres travaillent pour le « zamindar », que l'on a comparé au landlord anglais. De même, au sixième siècle de l'ère ancienne, la troisième classe était celle des gaha-patis ou riches propriétaires.

Éloignons-nous maintenant de la plaine brûlante; gagnons le bois, qu'on aperçoit de loin sur la colline. C'est déjà la forêt vierge avec ses bambous, ses banians, les nombreuses espèces du palmier. Dans les terrains d'alluvion du Bengale, la végétation devient plus dense encore. L'on y trouve des arbres gigantesques : le banian du parc de Calcutta est le plus grand du monde; ses branches couvrent un espace de 800 pieds de circonférence. Dans la jungle vivent des éléphants, des rhinocéros, des boas et des tigres.

Pour être moins sauvage, le bois qui nous abrite n'en est pas moins bruyant. Au milieu des branches, l'on distingue des huppes, des bengalis, des pintades; sur les rochers, l'on voit des milans, de grands corbeaux, des vautours au goitre bleu. Les singes se balancent, retenus aux branches par une main et leur queue enroulée. D'un arbre à l'autre bondissent des écureuils volants; la peau flottante de leurs membres les soutient comme des ailes. Au milieu de l'étang, des caïmans endormis semblent des troncs coupés, qu'arrêteraient les feuilles des lotus.

Dans toutes les provinces du Nord, dans le Penjab, les déserts du Radjpoutana ou les gorges des Ghâts, l'on est témoin de scènes qui rappellent les Játakas ou même les Védas. Mais les mœurs des parias nous ramènent jusqu'au premier âge de l'humanité.

Les Neilgherry ont les Todas poilus comme des animaux, les îles Adaman, ces hideux negritos, qui meurent entre vingt et trente ans, et dont les femmes se blanchissent le corps à la chaux. Ils se servent d'instruments de pierre non taillée, empilent les coquilles et les débris, comme le faisaient les troglodytes du Périgord.

Dans la province du Bengale, le dernier dénombrement reconnaît mille tribus ou castes, qui se subdivisent en plusieurs milliers de clans, de petites castes ou de villages indépendants. Les quatre races principales sont les Bengalis, les Uryas, les habitants de l'Assam (vallée du Brahmapoutre) et les Hindostanis. Seuls, ces derniers ont conservé le type aryen.

Entre l'Orissa et la chaîne de l'Himâlaya, l'on trouve près d'un million de Santals. Ils vivent dans les forêt, et fuient l'approche des étrangers, surtout des Brâhmanes. Leur type est celui du nègre. Les femmes ont les mains et les pieds petits; beaucoup portent jusqu'à trente livres de bijoux.

Il y a trois chefs dans chaque village. Un magistrat élu partage les terres; un vieillard surveille la morale des jeunes gens; un prêtre célèbre les cérémonies religieuses et invoque les démons. Les Santals adorent le soleil, les arbres, les animaux, surtout le tigre.

Les « Dom » fournissent le bois, pour brûler les morts; ils font l'office de bourreau. Les « Dom Maghaya » appartiennent à la caste des voleurs. Seuls, ils consentent à toucher les cadavres des animaux.

Nous voyons dans les *Jâtakas* que ces tribus sauvages formaient les castes infâmes. Les Candâlas exécutaient les criminels et enterraient les cadavres abandonnés. La loi voulait qu'ils se vêtissent des habits des morts.

Les approcher était une souillure. Dans une fable ancienne, le chacal déclare à la fille du lion son amour. « Parmi les animaux, s'écrie la lionne, les chacals sont des Candâlas; les lions appartiennent à la plus haute caste. Cet aveu me souille, je me tuerai. »

***

Depuis les temps les plus reculés, l'Inde a possédé de grandes villes. A l'époque du Bouddha, ces villes avaient de hautes murailles en terre, soutenues par des madriers. En dehors, étaient les huttes des castes infâmes : forgerons, chasseurs, pêcheurs et Caṇḍálas.

L'enceinte franchie, l'on se trouvait dans les faubourgs, habités par les pauvres. Comme les quartiers indigènes de l'Inde actuelle, ces faubourgs ne renfermaient que des paillottes ou des maisons de terre au milieu de cours, plantées de bananiers.

Dans les rues, les chiens errants aboyaient; les perroquets criaient dans les arbres. Partout couraient des enfants nus. Les hommes, accroupis sur leurs talons, travaillaient devant leur porte. Les femmes faisaient sécher des vêtements sur les murs de terre brûlés par le soleil. Des vautours et des corbeaux dormaient sur les toits, des écureuils jouaient sur le seuil des maisons.

Chacune des castes avait son quartier ou sa rue. Elles formaient des corps de métiers avec leurs jurandes et leurs maîtrises. Leurs chefs étaient élus; mais le plus souvent le fils succédait aux fonctions du père. Les rois n'osaient statuer contre les règlements des Gildes.

Déjà, les Indiens exerçaient les métiers les plus divers : orfèvres, tisserands, teinturiers, carrossiers, charpentiers, fabricants d'instruments de musique.

Les plus riches marchands n'appartenaient pas tous à la même caste. Mais, avec les propriétaires fonciers, ils formaient la classe des Gahapatis. Leurs vaisseaux descendaient les fleuves et faisaient le cabotage. Leurs caravanes traversaient, avec des centaines de chariots, les déserts du Radjpoutana. Du Sind, on leur envoyait des chevaux; du Centre, des pierres précieuses; du Bengale, de la soie et du riz. Ils traitaient avec les castes des voleurs pour le libre passage de leurs marchandises.

Le syndic des Gahapatis portait le nom de Seṭṭhi. C'était à la fois le prévôt des marchands de la capitale et le ministre des finances du royaume.

La puissance des Seṭṭhis fait penser à celle de Jacques Cœur et des Fugger. Dans un récit bouddhiste, le râja de Kôsala se plaint de n'avoir pas de Seṭṭhi. Un prince allié lui cède le fils de son propre ministre; le jeune homme émigre avec ses amis, ses esclaves et ses troupeaux; il obtient une ville pour s'y établir.

Quand ce marchand marie sa fille, il invite son ancien maître à la cérémonie. Le roi défère à ce désir et s'établit sur les terres du Seṭṭhi avec toute son armée. Pendant quatre mois, ce ne sont que fêtes et banquets, comédies et tournois.

Le beau temps revenu, la jeune fille part avec son fiancé. Pour monter sur son char, elle revêt une parure d'or et de pierres précieuses. L'on voit au-dessus du diadème un paon, qui fait la roue. Le voile de filigrane a des plaques ouvragées aux épaules, aux genoux, sur les seins et sur les hanches.

Pour dot, la fille du Setthi reçoit des centaines de chariots, des milliers de bœufs et les habitants de quatorze villages (1).

Les Gahapatis habitaient des palais de bois à plusieurs étages. Avec leurs façades peintes, leurs fenêtres grillées, leurs sculptures et leurs colonnes, ces palais devaient ressembler à ceux des riches marchands de Baroda et de Jeypore.

* * *

Au-dessus des Gahapatis, du Setthi lui-même, il y avait les deux classes supérieures, Brâhmanes et Kshatriyas.

Les descendants des prêtres védiques ne formaient ni un clergé, ni une tribu, comme les lévites. Seuls, ils pouvaient exercer le sacerdoce, mais peu d'entre eux l'exerçaient.

Depuis des siècles, les Indiens ont fait une distinction entre les Brâhmanes pauvres et les Brâhmanes riches.

Les premiers vivent de tous les métiers et se divisent en des centaines de castes différentes. A Calcutta, l'on en trouve beaucoup d'employés comme portiers; d'autres accompagnent les bayadères, en jouant du tambour. Quelques-uns conduisent le deuil dans les enterrements.

Il en était de même au sixième siècle de l'ère ancienne. Le roi des *Jâtakas* fait appeler un sage

____

(1) BUDDHAGHOSHA, *Commentaire du Dhammapada,* II. C. WARREN.

et lui demande les noms de Bråhmanes pauvres et vertueux. Le sage lui répond avec amertume :

« Une pareille classe de Bråhmanes m'est inconnue. Elle serait la onzième, et les Bråhmanes n'en forment que dix! médecins; domestiques; mendiants, âpres comme les collecteurs des impôts; mendiants, plus sales que des bûcherons; marchands, laboureurs, bouchers, bergers, chasseurs. Ceux de la dernière classe, je les appellerai les baigneurs. Du matin au soir, ils se baignent et se purifient pour les pécheurs qui les payent (1). »

*
* *

Les Bråhmanes de haute caste jouissent d'une grande influence. Beaucoup possèdent d'énormes fortunes. Ils ont plus de mépris pour les Bråhmanes de basse caste, que ceux-ci n'en ont pour les Çûdras.

Au temps des *Jâtakas,* ces Bråhmanes de haute caste vivaient presque indépendants sur leurs immenses domaines, que cultivaient des milliers d'esclaves. Dans les États du Nord-Ouest, ils formaient un parti religieux et politique, semblable à celui des pharisiens sous la dynastie Hasmonéenne.

D'après les Livres sacrés, la vie du Bråhmane pieux comprend quatre périodes. L'enfant doit étudier les Védas sous un maître; le jeune homme, se marier, pour avoir des fils et les élever. L'homme fait se consacre à la pratique des vertus religieuses.

(1) FICK.

Le vieillard se retire dans le désert, pour y méditer sur les fins dernières.

Une semblable conception de la vie ne fut jamais qu'une utopie philosophique. Sur certains points, les Brâhmanes tentaient d'y conformer leur conduite. Ils confiaient leurs enfants à des maîtres savants. Dans deux villes, Takkasilâ et Bénarès, la réunion des professeurs et des étudiants formait des universités. Les jeunes gens y apprenaient surtout le respect des rites et les devoirs, dus à leur naissance.

Voici un épisode, qui peint l'orgueil des Brâhmanes de haute caste.

Deux voyageurs se rencontrent sur une route, éloignée de toute habitation. Le plus âgé appartient à la caste des marchands; le plus jeune porte le cordon de soie des Brâhmanes. Voyant son compagnon affamé, le Çûdra veut partager ses provisions avec lui. D'abord le jeune homme refuse indigné. Bientôt, à bout de forces, il mange les restes oubliés par le marchand. A peine rassasié, l'imprudent comprend sa faute et s'étrangle avec son cordon (1).

*
* *

La cité royale se trouvait au bord de la rivière ou sur une colline. Elle renfermait les principaux temples et les palais. Les bas-reliefs de Bharhut et de Sanchi nous montrent que ces édifices, construits

(1) FICK.

en bois, différaient peu de ceux de Mandala ou du Nepal.

L'enceinte du palais renfermait des galeries, des cours, des salles ouvertes sans cesse encombrées par la foule des ministres, des soldats et des veneurs. Il y avait des ours dans les fossés, des lions et des tigres dans des cages.

Le parc était planté de beaux arbres. Dans aucune saison les jardins ne restaient sans fleurs. Les lotus couvraient les étangs. Des cigognes, debout sur une patte, dormaient au milieu des roseaux. Les oies, les canards, couraient dans la boue; les cygnes nageaient au milieu du lac.

Dans un bassin, l'on gardait des crocodiles. Un esclave leur jetait un morceau de viande retenu par une corde. Ils se précipitaient sur la proie, mais on la retirait avant qu'ils pussent la saisir. D'autres fois, les princes se réunissaient dans une galerie pour des combats de coqs, de cailles ou de perdrix. Il y avait une arène : aux jours de fête, l'on y enfermait un lion avec un tigre, un buffle ou un rhinocéros.

Les écuries contenaient des milliers de chevaux et des centaines d'éléphants. Ces derniers animaux faisaient l'orgueil des râjas. Le purohita, l'aumônier royal, consacrait les éléphants de parade. Il recevait, en récompense, leurs harnachements incrustés d'or; la cérémonie lui rapportait dix millions.

Dans la vénerie, les faucons encapuchonnés dormaient sur leurs perchoirs; les jaguars, dressés pour la chasse, s'étiraient en bâillant. Le bouffon, vêtu d'habits de couleurs voyantes, allait d'un soldat à l'autre, en faisant des plaisanteries et en agitant sa marotte.

Le râja rendait la justice dans un pavillon ouvert, soutenu par des colonnes en bois. Son trône d'or était incrusté de pierres précieuses. Au-dessus de sa tête, deux esclaves tenaient le parasol de soie blanche. D'autres l'éventaient avec des écrans, faits de plumes de paon.

Sur les marches, l'on voyait le premier ministre et le purohita. Les guerriers occupaient le fond de la salle : beaucoup étaient presque nus; les plus riches portaient des cottes de mailles en or ou en argent, des casques surmontés de plumets.

Quand le râja s'ennuyait, il interrompait l'audience. Les bayadères, vêtues de robes transparentes, se rangeaient devant lui. Au son des flûtes et des lyres, elles renversaient lentement leurs bustes, les bras étendus. Mais bientôt les tambours battaient, les trompettes sonnaient, et les danseuses tournaient échevelées en faisant claquer les anneaux de leurs chevilles et de leurs bras, les soldats frappaient leurs armes, poussaient des cris, et, suivant l'expression des *Játakas,* l'on eût dit la rumeur de la mer, répondant aux grondements de la foudre (1).

*
* *

L'imagination populaire exagérait le luxe et les hauts faits des rois. Aucun poème n'offre des

_____

(1) FICK.

tableaux comparables à ceux du Mahâbhârata.

. Au début, l'épopée a pour théâtre les environs de Delhi. Yudhishthira et ses quatres frères, les chefs du clan des Pândavas, disputent la souveraineté à leurs cousins. La guerre aboutit au partage du royaume, et les Pândavas s'établissent dans la vallée du Gange, près d'Allahabad.

Le premier grand tableau est celui du tournoi, donné par le roi Draupada pour le mariage de sa fille. L'usage de ces tournois devait être général, puisque nous retrouvons le même épisode dans la vie du Bouddha.

Plusieurs râjas se rendent avec leurs armées à la cérémonie des fiançailles. L'on voit des éléphants chargés de tours ; de l'infanterie pesamment armée ; des cavaliers, des chars de guerre.

A l'entrée du camp s'établissent des acteurs, des bayadères, des sorciers, des jongleurs. Au milieu, s'élève le pavillon royal tendu d'étoffes et décoré de bannières. En haut d'un grand mât tourne un poisson d'or. Il faut percer d'une flèche l'œil du poisson pour être proclamé vainqueur. Sur le seuil du pavillon la princesse Draupadî apparaît, couverte de bijoux. Elle tient dans ses mains la couronne destinée à son fiancé.

L'arc apporté est si ferme, que les plus robustes ne peuvent le plier. Seul, l'un des Pândavas, Arjuna y réussit. Il perce les yeux du poisson : Draupadî lui appartient.

Mais un Kshatriya ne refuse pas plus un défi au jeu qu'un défi à la guerre. Provoqué par ses ennemis, Yudhishthira perd aux dés sa fortune, son royaume, jusqu'à la belle Draupadî, arrachée en pleurs aux bras d'Arjuna.

Les Pâṇḍavas s'enfuient dans la jungle pour y vivre comme des sauvages : leur serment de joueur leur défend d'en sortir avant treize ans.

Déliés de leur serment, ils rentrent dans leur royaume sous un déguisement. Leurs partisans se rallient autour d'eux. La guerre recommence. Les Pâṇḍavas mettent leur ennemis en déroute, et les massacrent jusqu'au dernier. Ils décident de remercier Indra, le dieu de la foudre, en célébrant le sacrifice du cheval. Tous les royaumes que l'animal béni traversera, les cinq frères devront les conquérir.

L'on choisit un étalon blanc, avec l'oreille noire. Son frontail en or porte le nom de Yudhishṭhira. Dans la nuit de la pleine lune de mars, l'armée se réunit en dehors de la ville. Au milieu d'un silence religieux, l'on amène le cheval, on coupe ses liens. Il hennit, renifle, bondit et disparaît. Arjuna, son gardien, s'élance après lui. Lentement, l'armée s'ébranle tout entière, cavaliers, fantassins, éléphants et chariots.

Nous avons le récit d'une expédition merveilleuse. L'on emporte d'assaut les murailles de la cité d'argent. Les Amazones sont défaites, malgré leurs armures d'or, incrustées de perles. En vain tentent-elles de séduire leurs maîtres ; les princes ont juré de ne pas connaître l'amour avant la fin de la guerre sainte.

Arjuna suit le cheval blanc partout, et même sous la terre, chez les Nâgas, des serpents avec un buste d'homme. Là, tout semble fait pour enchanter les regards. Les femmes des Nâgas sont belles, leurs pierres précieuses rendent la vie aux morts.

Aujourd'hui même, ces légendes ne sont pas oubliées. La lecture du Mahâbhârata purifie des péchés. Sur les murailles des temples, des bas-reliefs retracent les exploits des Pândavas; les théâtres des villes les représentent; les conteurs les redisent dans les hameaux. Les Brâhmanes attribuent aux héros les plus beaux temples, creusés dans le rocher. Pour le peuple, l'épée d'Arjuna fit les brèches des montagnes, Bhîma, le fort, amoncela les pierres des éboulis; Sahadeva, le sage, apprit au fleuve à s'échapper du défilé.

L'Oriental aime le faste. La gloire et le luxe des râjas font oublier leur tyrannie. Sir Edwin Arnold a pu dire que la possession des deux grands poèmes divinisés tenait lieu pour les Indiens de patriotisme et de nationalité (1).

II

La société, dépeinte par les Jâtakas et les poèmes épiques, reconnaissait ainsi trois autorités, le roi, les Brâhmanes et les castes. Ces trois autorités avaient un même fondement, la religion. Les Livres sacrés étaient les Védas avec les instructions en

_____

(1) D'après certains auteurs, la rédaction actuelle des épopées ne serait pas antérieure aux premiers siècles de notre ère; mais elles furent composées d'après des rhapsodies très anciennes.

prose des *Bràhmanas,* et les traités philosophiques des *Upanishads.*

La mythologie des Védas diffère peu de celle d'Homère ou de l'Edda. Les principaux dieux sont Indra, la foudre; Varuna, le ciel; Agni, le feu; Sûrya, le soleil; Ushas, l'aurore; Rudra, plus tard Çiva, le destructeur, et Vishnu, le protecteur, qui semble une forme du soleil ou du feu.

Ces dieux, les Hindous les adorent encore. Tous les matins, debout et tournés vers l'Orient, ils redisent la prière des Védas :

« Gloire à toi, dieu soleil, qui donnes la vie au monde. Comme tu éclaires les cieux, puisses-tu éclairer nos esprits! »

Partout, sur les bords des rivières ou des lacs, on les voit s'agenouiller, se baptiser eux-mêmes chaque matin. C'est encore un des hymnes du Rig Veda qu'ils répètent :

« Eaux saintes, donnez-nous la santé, la vigueur et la joie. Tombez du ciel en pluie bienfaisante. Pareilles à des mères aimantes, bénissez-nous, faites-nous participer à votre essence divine. Coupables, nous venons à vous; purifiez-nous. Faibles, misérables, nous venons à vous; rendez-nous heureux et bons. »

Puis, debout, l'Hindou prie ainsi :

« Que le soleil, que les dieux, maîtres de la colère, me délivrent de la luxure et de l'orgueil. La nuit m'a fait pécher par pensée, par parole, par action, pécher par mes mains, mes pieds et les organes de tous mes sens.

« Puisse la nuit, qui s'en va, emporter toutes mes

fautes. Pour être purifié par ton immortelle lumière, je m'offre à toi, soleil radieux. »

*
* *

La principale divinité des Védas est Agni sous sa forme de Brahmanaspati, le maître de la prière. Comme il obtient pour les hommes l'aide des dieux, il apporte aux dieux l'aide des hommes. Si le sacrifice ne les nourrissait de la chair des animaux ou d'une victime humaine, Sûrya n'échapperait pas aux pièges des Asuras, les démons de la nuit ; Indra ne pourrait pas traire les vaches des nuages ; Vishnu ne franchirait pas le ciel en trois pas.

Après avoir invoqué les dieux par la prière, les Aryens s'adressèrent à la prière même. On la confondit avec l'Âtman, le souffle, la vie universelle. Le polythéisme des Védas se transforma en Brâhmanisme, c'est-à-dire en panthéisme mystique (1).

Les Brâhmanes ou prêtres du Brahman étaient ceux qui chantaient les Védas, et célébraient les sacrifices. Après l'invasion, quelques familles seules gardèrent la tradition des rites religieux. Les hymnes furent considérés comme le patrimoine du poète et de ses enfants. Ces hymnes avaient un pouvoir propre, leurs formules magiques attiraient ou éloignaient la pluie, apaisaient ou irritaient les esprits des morts. On les tenait pour des émanations du Souffle éternel, de l'Âtman ; les Brâh-

(1) Plus tard le Brahman devint le dieux Brahmâ.

manes, qui, seuls, en savaient les paroles, étaient adorés comme des incarnations de la divinité.

*
* *

Au sixième siècle, le sens de la religion primitive était oublié, la forme seule avait survécu.

La tradition fixait à quelle heure, et de quelle manière, l'on devait accomplir les moindres actes de la vie quotidienne. De nos jours encore, la vie de l'Hindou est aussi sévèrement réglée que celle d'un religieux. Mais alors le retour des saisons, les travaux de la campagne, les anniversaires, le mariage, les funérailles, se célébraient par des sacrifices spéciaux; le moindre manquement aux lois de la caste entraînait le devoir de se purifier. L'oubli d'une seule formalité obligeait à recommencer ces coûteuses cérémonies. Et le rituel était si compliqué, que seuls, les prêtres le connaissaient.

Le respect des Aryens pour leurs traditions faisait ainsi des Brâhmanes les maîtres de la société. Sans leurs prières, le râja ne pouvait prendre la couronne, le noble contracter un mariage valable, et confier le culte des ancêtres à des fils légitimes.

Une pareille contrainte pesait aux rois. En opposition à la religion des Brâhmanes, ils cherchaient à fonder une religion nouvelle qui leur assurât le premier rang.

Les Brâhmanes disaient : « L'homme ne peut s'adresser aux dieux. Qu'il s'adresse à nous, les incarnations de Brahmâ, l'essence de tous les dieux. »

Les rois répondaient : « Si les dieux ne se montrent pas eux-mêmes aux regards de l'homme, ils lui apparaissent dans leurs avatars. Leurs plus glorieux avatars furent les héros, dont nous descendons. »

Au culte de Brahmâ les Kshatriyas commencèrent d'opposer celui de Vishṇu. Les grandes épopées, qui racontaient l'origine des familles royales, furent adorées comme les Védas. L'on divinisa les héros de ces poèmes. Deux surtout devinrent chers au peuple : Râma, le conquérant de Ceylan, et Kṛishṇa, dont l'aide donna aux Pâṇḍavas la victoire.

Les râjas se prétendent encore les descendants de l'un ou l'autre de ces dieux. Ils ne reconnaissent qu'une maison royale, issue de Brahmâ. Cette maison se divise en deux branches : la branche solaire et la branche lunaire. La première descend du soleil, Râma lui appartenait. La seconde descend de la lune : elle produisit Kṛishṇa, le plus puissant et le plus populaire de tous les dieux.

Les princes de ces familles sont regardés comme les incarnations de Vishṇu. Mais l'Hindou adore tous les rois ; la puissance est à ses yeux une émanation de la divinité. Certaines sectes rendent un culte à la reine d'Angleterre.

Dans l'Inde ancienne, la foi religieuse était trop vive pour que les adorations des Çûdras pussent calmer les scrupules de princes élevés par les Brâhmanes. A la lettre des Védas, ils en opposaient l'esprit. Les Brâhmanes s'attachaient aux rites. Les penseurs, que le Bouddha devait appeler ses ancêtres, doutaient de la puissance des sacrifices ; ils ne croyaient qu'à la puissance de la charité.

2.

Ces idées ont trouvé leur plus belle expression dans les deux derniers chants du Mahábhárata.

Lassés de la gloire et des plaisirs, les cinq Pâṇḍavas et Draupadî abandonnent leur royaume pour entreprendre le pèlerinage du Mont Meru, le paradis des dieux. Après un long voyage, ils aperçoivent le sommet de la Montagne sainte. Le désert les en sépare. A peine les pieds de Draupadî s'enfoncent-ils dans le sable brûlant, qu'elle s'affaisse et meurt. Draupadî a trop aimé le héros Arjuna.

Plus loin, Sahadeva expire : le sage eut conscience de sa vertu et en conçut de l'orgueil. Nakula tira vanité de son beau visage ; que Nakula tombe la face contre terre. Arjuna, le héros, se vanta qu'il tuerait tous ses ennemis dans une seule bataille ; Arjuna s'agenouillera dans la poussière. Bhîma lui-même devra périr, car Bhîma eut trop de goût pour les plaisirs de ce monde.

Seul, Yudhishṭhira parvient jusqu'au ciel. Avant d'en goûter les joies, il veut connaître le sort de ses amis. Indra les lui montre dans l'enfer ; pour chacun d'eux, une pensée mauvaise a pesé plus dans la balance de Yama (1), que toute une vie de vertus.

Le roi ne murmure pas contre cet arrêt. Mais pour lui, le paradis a perdu ses délices : « Frappez-moi, ô dieux, s'écrie-t-il. Je veux souffrir avec ceux qui me sont chers. »

Aussitôt les flammes éternelles l'environnent.

Loin de s'effrayer, il fait cette prière : « Puissent mes souffrances diminuer celles des miens ! »

____

(1) Le roi des enfers.

Touchés par ce dévouement, les dieux lui déclarent qu'ils voulaient seulement éprouver sa vertu. Rachetés par le héros, ceux qu'il aime le suivront dans le paradis du Meru.

*
* *

Les Brâhmanes et les rois se croyaient issus des dieux. Le peuple restait exclu de la religion. Pour mériter le ciel, il fallait célébrer les sacrifices prescrits par les Védas. Et seuls, les membres des hautes castes prenaient part à ces sacrifices.

Les Çûdras observaient, sans les comprendre, les rites, imposés par les Brâhmanes. Leur véritable religion restait celle des Dasyus avant l'invasion aryenne.

Ils adoraient Çiva-Rudra, une divinité analogue au Baal des Phéniciens. C'est le principe mâle, créateur et destructeur. Çiva ne produit que pour détruire. Il ne détruit que pour donner aux êtres une forme différente, les faire de nouveau souffrir et mourir.

Comme tous les sauvages, les Çûdras s'imaginaient que les esprits de leurs morts habitaient les cavernes, les arbres, le corps des animaux les plus vils. Beaucoup pensaient que l'aïeul revit dans l'un de ses descendants.

Cette croyance influença les opinions des Brâhmanes. Ils en tirèrent leur théorie de la métempsycose.

Tous les esprits sont éternels. Toutes les formes matérielles sont périssables.

Une âme apparaît d'abord dans le monde sensible comme l'éclair, le torrent, le rocher. Puis elle devient plante, poisson, reptile, oiseau, animal, homme de basse caste. Le Çûdra qui obéit à ses plus nobles sentiments, se purifie et renaîtra dans une caste supérieure. Le Çûdra qui cède à ses instincts grossiers, se corrompt et redeviendra une bête.

Après leur mort, les Brâhmanes et les râjas vertueux iront dans le paradis ; les méchants de toute caste tomberont dans l'un des cercles de l'enfer Mais les actions de la vie n'emportent qu'une rétribution passagère. Après avoir été récompensées ou punies selon leurs mérites, les âmes reprennent le cours de leurs transmigrations.

Les saints et les héros deviennent des dieux. Mais les dieux ne sont pas éternels. A la fin de chaque kalpa ou cycle de 4,320 millions d'années, l'univers retombe dans le chaos ; et les âmes des élus recommencent la série des métamorphoses. Toujours tous les êtres devront naître dans la douleur, vivre dans la douleur, mourir dans la douleur. Le bonheur des rois n'est rien que vanité, la gloire des dieux n'est qu'une apparence. Ils prévoient l'avenir et la suite éternelle des métempsycoses. Les dieux mêmes savent qu'ils connurent le crime et la souffrance, qu'ils connaîtront de nouveau la souffrance et le crime.

*
* *

La religion brâhmanique et le régime des castes aggravaient cette conception pessimiste de l'exis-

tence. Dispersés dans l'Inde, les Aryens, peu nombreux, restaient fidèles à leurs croyances et à leurs
coutumes. Ils devaient défendre les mésalliances,
sinon la population noire eût bientôt absorbé les
petites tribus des blancs. Mais ce respect pour les
traditions des Nomades arrêtait leur civilisation. Le
culte, qu'ils gardaient aux dieux barbares de leurs
aïeux, rendait leur religion grossière et sombre.

CHAPITRE II

LES ASCÈTES

I

Aucune société ne saurait subsister si quelque voie n'y est ouverte à l'ambition des hommes intelligents ou hardis. L'Inde en connaissait une, l'ascétisme. Le dernier des Çûdras pouvait par ses mortifications se rendre l'égal des Brâhmanes et des dieux.

Un roi, nous dit la légende, voulait obtenir de Brahmâ le cordon de la première caste. Sa demande fut rejetée. Il quitta son royaume, se retira dans la montagne et s'y tint mille ans debout sur un orteil. Tant d'austérité le rendit le maître de la terre : il changeait le cours des rivières, arrêtait ou précipitait les marées.

Prends tous les royaumes du monde, s'écrièrent les dieux effrayés. L'ascète demeura immobile.

Après dix autres siècles, sa puissance devint telle, que le soleil et la lune s'arrêtèrent dans le ciel. Les dieux lui dirent : « Sois l'un des nôtres. » Le Yogî ne voulut pas être un dieu.

Mille années de mortifications le rendirent le

maître des dieux; Brahmâ vaincu lui donna le cordon sacré.

Dans la pensée des Brâhmanes, cette légende doit
prouver l'excellence de leur caste, mais elle atteste
aussi le respect que leur inspiraient les ascètes.

Comme les Aryens admiraient surtout les qualités militaires, les Brâhmanes se mortifiaient pour
qu'on ne doutât pas de leur courage. Puis, l'Inde
conquise, les Kshatriyas mirent leur honneur à
pratiquer l'ascétisme. Les Çûdras les imitèrent;
leurs souffrances volontaires les rendaient les égaux
de leurs maîtres.

De nos jours encore il est commun que des laboureurs et des marchands s'imposent quelque pénitence quotidienne. L'hiver, ils se baignent dans un
étang glacé; l'été, ils se roulent au soleil, autour
du temple de Çiva. Dans leur village, on parle
d'eux avec orgueil; les Brâhmanes les abordent
avec respect.

II

Les Indiens appellent Yogîs ceux qui se vouent
exclusivement à l'ascétisme (1). Comme ils sortent

____

(1) Le recensement de 1891 donne 8,000 Yogîs pour le Bengale,
276,000 pour les provinces du Nord-Ouest, 150,000 pour le
Penjab, etc. Les Jangamas, une secte de moines mendiants,
étaient plus de 300,000 dans la province de Madras. Parmi les
millions de personnes marquées sans profession, l'on pense que
la plupart sont des Yogîs ou des moines.

de toutes les castes, les Yogîs appartiennent aux sectes les plus diverses. L'on en trouve parmi les Jains, dont les doctrines diffèrent peu de celles des Bouddhistes.

Les saints les plus vénérés des Jains vivent dans les montagnes sauvages de Girnár, à l'ouest de Gujerate. Ils vont tout nus et ne mangent que des ronces. Autrefois, beaucoup se jetaient du haut des pics et roulaient, déchirés par les pierres, jusqu'au fond des précipices.

La plupart des Yogîs se reconnaissent pour des adorateurs de Çiva. Ils portent les marques du dieu, des bandes horizontales sur le front, la poitrine et les bras.

Les confréries d'ascètes mendiants sont nombreuses. Nus, blancs de cendres, les cheveux épars ou tressés en longues nattes, de grands chapelets autour du cou, ils poursuivent les fidèles à la porte des temples et les menacent de leur bâton. Malgré la police anglaise, on les redoute, les plus pauvres leur font l'aumône.

A l'époque décrite par les *Játakas*, des bandes de ces Yogîs envahissaient les villes. Les gardes du palais n'osaient les repousser. Le rája s'humiliait devant leurs menaces.

Il arrivait qu'un moine réunît le peuple sur la place du marché. « Paysans et bourgeois, disait-il, écoutez-moi. L'eau est devenue feu; la protection se change en oppression. Le roi et le purohita pillent le pays. Voici l'heure venue de vous garder de vos gardiens. »

La foule, conduite par les ascètes, se ruait vers

YOGIS

Bourne et Shepherd, phot. (Calcutta)

le palais. L'on enfonçait les portes avec des bâtons et des marteaux. La famille royale était massacrée. Un Brâhmane ou même un simple Çûdra recevait la couronne (1).

*
* *

Sous le nom de Yogîs, l'on comprend aussi les solitaires. Ils s'établissent à l'endroit qui leur paraît le plus propre à la méditation. C'est souvent dans la montagne ou dans la jungle, quelquefois au bord d'un étang ou dans la niche d'une muraille.

L'on trouve des ascètes sous les portiques des temples. A Bénarès, ils s'accroupissent au milieu des rues encombrées. Les passants s'écartent; les conducteurs de chariots font reculer leurs buffles et prennent un autre chemin.

Le Yogî restera immobile pendant des mois ou même des années. Il ne jette pas un regard sur la foule qui l'entoure. Les enfants le montrent du doigt, les musulmans l'insultent. Des paons, des pigeons, des singes et des chiens viennent chercher leur nourriture dans les immondices jetées autour de lui. Les taureaux consacrés à Çiva le bousculent dans leur course effrayée : l'on brûle des morts sur la rive du Gange; des milliers de pèlerins se baignent dans la rivière, où flottent des cadavres couverts d'oiseaux de proie.

A midi, l'eau flamboie. Tout renvoie la lumière, les palais qui semblent des forteresses à cause de

(1) Fick.

leurs énormes soubassements engloutis en été par la crue; les portes monumentales en haut d'immenses escaliers; les clochers des temples, la mosquée d'Aurangzeb, souvenir odieux de la domination musulmane.

La nuit tombée, la lune et les étoiles se reflètent dans la rivière, avec les ombres des édifices. Parfois la ville s'illumine pour une fête; l'on suspend des lanternes de couleur aux corniches des temples et des palais.

Mais la foule, le bruit, de pareils spectacles ne peuvent émouvoir le Yogî silencieux. Il ne fait pas un mouvement. De pieuses gens le nourrissent avec de l'opium et du riz, qu'ils mettent de force entre ses dents serrées.

Lés Yogîs s'imposent aussi de cruelles pénitences. L'un s'accroupit sur un rocher au bord d'un précipice; l'autre se fait suspendre en haut d'un arbre par la ceinture; l'on en voit qui se roulent sur les épines ou qui nouent des serpents autour de leur cou et de leurs reins. Celui-ci tiendra pendant des années son poing fermé sur sa tête : les ongles poussent au travers de la paume; le bras desséché èst raide comme le bras d'un mort. Celui-là restera nu sous le soleil de mai, avec des centaines de brasiers allumés autour de lui. Beaucoup se nourrissent d'ordures ou de cadavres. Quelques-uns boivent dans des crânes humains. D'autres, la tête renversée, fixent tous les jours le soleil pour devenir aveugles.

III

Au sixième siècle de l'ère ancienne, les ermitages ne renfermaient pas que des Yogîs. Des hommes de tous les rangs se retiraient dans la jungle pour échapper à la tyrannie des castes. Parmi les ascètes, beaucoup gardaient auprès d'eux leurs femmes, leurs enfants et leurs serviteurs.

Les philosophes, les grammairiens, les poètes réunissaient leurs disciples dans un parc. Ils vivaient dans des cavernes ou des huttes de bambous.

L'Inde avait aussi ses rêveurs. Un fils de roi, racontent les *Játakas*, fait atteler son chariot; il y monte avec le conducteur et lui dit : « Que la nature est belle ce matin ! Allons dans le parc. Je veux respirer le parfum des fleurs, entendre le chant des oiseaux et le frémissement des arbres. »

Dans la forêt, le prince voit comme un filet de perles étendu sur la mousse et retenu par les branches.

« Ami, quel est ce filet enchanté ?

— La rosée, monseigneur.

— Prends garde de déchirer sa robe. »

Son compagnon obéissant pousse les chevaux vers la campagne.

Le soir venu, le prince traverse le bois pour rentrer au palais.

« Ami, où sont les perles de la rosée dont la vue m'enchantait ce matin ?

— Disparues, monseigneur, toutes fondues en vapeur aux rayons du soleil.

— Bonheur, santé, jeunesse, voilà ce que tout vaut. Les biens de ce monde sont les perles de la rosée. Un rayon de soleil, et tout a disparu. Je veux me retirer dans la solitude. La méditation et l'amour de la nature me feront oublier les tristesses de la vie (1). »

IV

Tous les royaumes de l'Inde avaient leurs ermitages. Bien avant que l'on y creusât des caves, la gorge d'Ajantâ dut servir de refuge à des anachorètes.

Les uns habitaient des grottes, d'autres s'étaient construit des cabanes au bord de la rivière. Sur le haut des rochers, l'on apercevait des Yogîs en extase. Les jeunes gens s'asseyaient sur les pierres du torrent pour écouter les enseignements d'un philosophe. Au pied des cascades, les jeunes filles se réunissaient pour tresser des guirlandes de fleurs.

*
* *

Voici comment le *Buddhacarita* décrit le réveil d'un ermitage au lever du soleil. Les antilopes

____

(1) FICK.

broutent, les paons crient dans les arbres. Aidés de leurs femmes, les conducteurs attellent les buffles aux chariots. Les Brâhmanes apportent des fleurs, des herbes et du bois pour les sacrifices.

Dans l'ermitage même, les ascètes se livrent aux pénitences les plus variées. Les uns picorent du grain comme les oiseaux, d'autres broutent avec les cerfs. Plusieurs sont couchés dans le ruisseau; les tortues, grimpant sur eux, les écorchent de leurs ongles. Tous portent les cheveux longs et nattés. La plupart n'ont aucun vêtement.

Le soir venu, l'on interrompait les pénitences. Partout le feu brûlait devant les autels, les ermites faisaient leurs ablutions, les Brâhmanes récitaient les Védas.

V

Nous trouvons dans la comédie de *Çakuntalâ* une peinture fidèle des colonies d'ascètes.

Au premier acte, le roi s'égare à la poursuite d'une antilope. Un Yogî se jette au devant du char : « Respecte la gazelle. Ta flèche ne frappera pas ce corps tendre, comme un brandon jeté dans une touffe de fleurs. »

Le prince descend de son char, dépouille ses armes et prend des vêtements modestes. Puis il pénètre dans l'enceinte réservée. Au pied des arbres, il voit des graines tombées du bec des perroquets. Les faons s'approchent de lui. Soulevée par la brise, l'eau du canal effleure le tronc des palmiers. Le sable mouillé, qui entoure la fontaine, a gardé la trace des robes d'écorce.

Le roi s'arrête au bruit de voix joyeuses. Les filles des ermites, un vase de cuivre sur l'épaule, arrosent les arbres du bocage. Chacune a choisi son arbre, pour le marier avec une liane; elle les appelle par leurs noms, les interroge sur leurs amours.

Toutes ces jeunes filles sont belles. Çakuntalâ est la plus belle. Pour père, elle a le chef des anachorètes; pour mère, un ange féminin que le solitaire aima en rêve. Et vraiment l'on dirait sa mère, à la voir dans sa robe d'écorce, des lis piqués dans ses cheveux, des guirlandes autour de ses bras nus. Sa gazelle la suit. Auprès de l'empreinte de la bête, le sable est marqué de trous. Les talons de Çakuntalâ s'y enfoncent sous le poids de ses hanches déjà lourdes.

— Qu'ai-je? s'écrie-t-elle. J'étouffe dans ma robe.

Une compagne l'aide à défaire son corsage et lui dit en riant : « Pourquoi me faire des reproches? La coupable, c'est toi. L'enfant devenue femme, sa gorge s'est gonflée. »

Caché derrière un arbre, le rája les aperçoit et dit :

« Elle est trop grande pour porter ce vêtement d'écorce, je ne l'en trouve que plus charmante. Ainsi la couleur des feuilles rehausse la blancheur du lotus; les taches de la lune augmentent sa beauté. Çakuntalâ est comme une jeune liane, ses lèvres ont la rougeur d'un bourgeon naissant. Ses bras semblent des branches désireuses d'enlacer. La tendre jeunesse, pareille à la fleur, a vêtu de grâce tous ses membres. »

Le troisième acte de la comédie nous fait connaître l'orgueil des ascètes, que leurs pénitences rendaient célèbres.

Distraite, Çakuntalâ passe devant l'un d'eux, sans le saluer : elle pense au râja, qui l'a choisie pour femme. Pâle de colère, le fakir s'est levé; déjà il étend la main pour la maudire. « Je ne t'ai pas reconnu », murmure Çakuntalâ. L'ascète lui répond : «Pour te punir d'avoir perdu la mémoire, celui qui t'aime la perdra désormais. A ses yeux, tu seras comme une étrangère. »

Frappé d'un charme, le roi oubliera en effet son amour. Vainement sa femme et son fils s'agenouilleront devant la porte du palais.

Aussi l'on redoutait les Yogîs. Les arbres, qu'ils maudissaient, ne portaient plus de fruits. Si leurs mains décharnées menaçaient un royaume, ce royaume devenait la proie de l'inondation, de la peste et de la guerre.

VI

Les ascètes ont leur religion particulière. Pour eux il n'existe qu'un seul Être, le Brahman, l'Inconscient d'Édouard de Hartmann. L'Être inconscient s'unit à la Mâyâ, l'Illusion ; de cette union naissent toutes les formes.

Dans le monde de l'Illusion, le Brahman nous apparaît comme Îçvara, l'âme universelle. Cette âme dort un sommeil, pur encore de rêves.

Mais un songe trouble son repos : Îçvara devient le Germe d'or. L'âme universelle a la vision des millions d'âmes individuelles, condamnées aux transmigrations sans fin.

La hideur du songe amène le Réveil. Du Germe d'or naît Purusha, l'Esprit multiple, l'œuf du monde, d'où éclosent les millions d'êtres. Leur esprit est conscience ; il souffre sans cesse. Leur corps est matière ; sans cesse il change et meurt.

Les *Upanishads* résument le panthéisme du Vedânta dans ce dialogue entre l'ascète Âruṇi et son fils Çvetaketu.

ÇVETAKETU

« Père, père, enseigne-moi la vérité.

ÂRUṆI

— Je le veux, mon fils. Gravis la montagne. Arrivé au sommet, regarde à tes pieds. Au nord, au sud, à l'est, à l'ouest, que vois-tu ? Des torrents et des fleuves. Où vont ces torrents ? où vont ces fleuves ? Ils vont à l'Océan ; tous s'y confondent, pas un qui se souvienne de son nom.

Ainsi en est-il des créatures. Nous les appelons des lions, des loups, des insectes et des vers. Où vont ces torrents, mon fils ? A l'Océan...

L'Inconscient, voilà le réel. Lui seul est le monde, lui seul chacun des êtres, et lui seul toi.

ÇVETAKETU

— Père, père, enseigne-moi la vérité.

ÂRUṆI

— Je le veux, mon fils. Prends du sel. Fais-le dissoudre dans l'eau. Le sel disparaît, mais l'eau devient sel.

Ce sel, que tu ne vois plus, que tu ne peux plus toucher, mais dont l'eau se sature, voilà l'Inconscient, le Réel. Lui seul est le monde, lui seul chacun des êtres, et lui seul toi (1).

Les ascètes ont aussi leur morale propre. Ils se mortifient pour arriver à l'extase. Mais l'extase a deux degrés. Au premier degré, le Yogî devient Îçvara, l'âme universelle. Les créatures vivent en lui. Aussi les lois du monde n'arrêtent plus sa volonté : il change la forme des objets ; il prend lui-même toutes les apparences.

Dans leurs rêves, les fakirs s'imaginent arrêter le cours des astres, avancer ou retarder les marées. Ils prononcent des formules magiques et se persuadent que d'une graine semée un arbre pousse dans une nuit, que les pierres se transforment en diamants.

Les désordres nerveux, produits par le mercure et l'opium, les entretiennent dans cette illusion. Beaucoup jeûnent pendant des mois, ou même des années. L'on parle de Yogîs que leurs disciples auraient ensevelis vivants et déterrés au bout de plusieurs semaines.

____

(1) A. E. GOUGH, *Philosophy of the Upanishads,* traduit du *Chândogya.*

3.

Au second degré de l'extase, l'ascète reconnaît Îçvara pour une illusion, et se confond avec le Brahman. Dans le nord de l'Inde, l'on trouve souvent, au fond d'une niche, un squelette accroupi, le bras appuyé sur une béquille. Le voyageur s'arrête devant le mur de pierres sèches, brûlé par le soleil.

« Que sont ces ossements ? demande-t-il au jeune Brâhmane qui le conduit.

— Ceux d'un Yogî.

— Pourquoi ne pas les brûler ? ne pas jeter les cendres dans l'eau sainte du Gange ?

— L'on brûle les morts, l'on jette les morts dans le Gange. Le Yogî ne meurt pas, car le Yogî n'existe pas. Ces ossements ne sont qu'une apparence. Entre le corps de l'ascète et les autres corps, il y a la même différence qu'entre une ville et le mirage d'une ville vu sur le sable du désert. »

Le jeune Brâhmane paraît méditer. Des Çûdras à la peau noire poussent leurs buffles fatigués, qui tendent le cou et ne veulent plus traîner le chariot enfoncé dans la poussière. Ils baissent le front : c'est un crime pour eux de regarder les ossements du saint ou l'enfant de la première caste. Sous le soleil ardent, l'on ne voit pas un arbre, pas une bête dans les champs desséchés ; l'on n'entend pas un cri. Mais un écureuil ronge des noix dans la niche même où personne n'ose toucher le squelette du Yogî.

L'Européen étonné se rappelle que, depuis trois mille ans, les Hindous ont reconnu l'ascétisme pour la première vertu. Leurs poètes, leurs philosophes

les plus célèbres sont morts dans une niche comme
ce Yogî.

Parmi les ascètes d'aujourd'hui, plusieurs ont
reçu tous les grades des universités anglaises. Ils
parlent les langues de l'Europe et connaissent sa
philosophie. Si on les interroge, ces ascètes répondent d'une voix rauque : « Vous ne savez pas ce
qu'est Çiva. Celui qui l'a deviné prend en horreur
le rêve de l'existence. »

STATUE GIGANTESQUE DU BOUDDHA

POLONNARUA (ILE DE CEYLAN) (VIIIe siècle)

DEUXIÈME PARTIE

LE BOUDDHA

CHAPITRE PREMIER

LA LÉGENDE DU BOUDDHA

I

Au sixième siècle de l'ère ancienne, il se produisit un grand mouvement religieux dans le nord de l'Inde, surtout dans le Béhar. Des hommes de toutes les classes, des femmes, des enfants, des familles entières quittaient les villes pour se réfugier dans les ermitages de la montagne.

Cette exaltation fit naître la croyance que le libérateur, promis par les Livres saints, apparaîtrait bientôt. Tous les peuples de l'Orient rêvent d'un héros qui établira sur la terre le règne du bonheur et de la vertu. Les Musulmans attendent le Madhi. Les Indiens adorent les idoles de Kalki, la future incarnation de Vishnu; on le représente monté sur un cheval blanc, et le sabre à la main. A Ceylan, l'on invoque Maitréya, le Bouddha de l'avenir.

A de certaines époques, cette attente se fait plus anxieuse; il semble que le sauveur annoncé ne puisse tarder plus longtemps. Les Indiens du sixième siècle se trouvaient dans un pareil état d'esprit.

Pour les Kshatriyas, le libérateur devait être un monarque universel, un Cakravartin, celui qui fait rouler son char à travers le monde soumis.

Les ascètes n'attendaient pas un conquérant, mais un réformateur, un Bouddha. Dans la religion particulière des ermites, les dieux étaient des créatures, comme les hommes; ils avaient les mêmes passions, et n'échappaient pas non plus à la douleur et à la mort. Les maîtres véritables étaient les sages, qui, affranchis de l'illusion, se confondent avec le Brahman; et déjà quelques philosophes soutenaient que le Brahman n'était pas le Tout divin, mais le Néant.

La légende savait les noms de vingt-sept docteurs ou Bouddhas, et racontait leurs aventures imaginaires. L'on gardait leurs reliques, comme celles de tous les Yogîs, et on leur rendait des honneurs particuliers.

*
* *

Il existe encore une secte indienne qui professe ouvertement l'athéisme, et rend hommage aux vainqueurs du Péché, aux Jinas. Son fondateur, Mahâvîra, serait né en 526 avant Jésus-Christ.

Dans la suite des temps, cette philosophie athée s'est compliquée d'une curieuse mythologie. Pour nos poètes du moyen âge, les vertus, les vices, les facul-

tés de l'âme devenaient des personnages symboliques ; les Jains en ont fait des divinités monstrueuses, avec plusieurs bras, plusieurs jambes et
des têtes superposées.

Leurs temples sont célèbres pour leurs sculptures.
Ceux d'Ellora sont creusés dans le rocher. Au mont
Abu, nous voyons des pavillons, des dômes, des
cloîtres de marbre bâtis sur un col, au milieu de la
forêt, où vivent des ours et des panthères. De
grands singes gris se balancent aux arbres en criant.
Ils entourent le voyageur qui veut bien leur donner
des bananes.

Les colonnes, les nervures des voûtes, les coupoles, les murailles sont couvertes de bas-reliefs,
de dieux, d'anges, de démons et de monstres. Sur
les autels, se trouvent les statues des Jinas. Le
calme de leurs images contraste avec les poses
tourmentées des figures, qui s'appuient aux colonnes
et s'accrochent aux pendentifs. Ces figures représentent les péchés, c'est-à-dire les dieux, les hommes,
toutes les créatures du monde de l'Illusion. Seuls,
les vainqueurs du Péché, délivrés de l'Illusion, ont
trouvé la paix du Nirvâna.

II

La légende ne savait pas seulement les miracles
des Bouddhas du passé ; elle racontait les incarnations antérieures du futur Bouddha. Pour la pre-

mière fois, il était descendu dans le monde comme l'éclair. Puis, à l'exemple de Vishnu, le libérateur promis s'était fait poisson, tortue, reptile, oiseau, il avait revêtu l'apparence de tous les animaux.

Les fables qu'Ésope, Phèdre et La Fontaine ont rendues populaires, furent, pour la plupart, inventées par les Indiens. Pour eux, ces récits ne sont point des fictions. Le lion, le renard ou le pigeon, dont nous admirons la sagesse, est le futur Bouddha dans l'un de ses premiers avatars.

Nous ne pouvons lire les *Jâtakas* sans nous rappeler le système de Nietzsche sur les deux morales : celle des Maîtres et celle des Esclaves.

Plusieurs de ces histoires de bêtes vantent la prudence et le courage. C'étaient des leçons destinées aux fils des Gahapatis et des Kshatriyas. Leurs gouverneurs, des Brâhmanes, s'exprimaient avec art. Nous pensons à Fénelon et au duc de Bourgogne.

Mais la nuit, pressés devant le feu, les esclaves se disaient aussi des contes. Le moindre bruit les faisait trembler : ils craignaient les espions de leurs maîtres et d'autres espions plus dangereux, les démons.

Dans les récits des humbles, l'on ne loue plus l'intelligence du sauveur attendu, on loue seulement sa pitié.

Ce sauveur fut le roi des antilopes. Un chasseur voulait frapper une biche pleine. Le cerf royal s'était jeté au devant de lui, en disant : « Tue-moi, mais épargne une mère. »

Le sauveur fut le lièvre dont nous revoyons l'image dans la lune

Un voyageur épuisé demande aux animaux de lui donner à manger. Tous lui apportent le produit de leur chasse. Seul, le lièvre n'a rien trouvé. « Voilà, s'écrie le voyageur, comme tu comprends la charité. » Aussitôt le lièvre s'élance dans le brasier : « Ces animaux t'ont donné la vie des autres. Moi, je te donne ma propre vie. »

Une si douce pitié changea cette âme de bête en âme humaine. Tous les Hindous connaissaient les incarnations du Bodhisattva, ou futur Bouddha. Après bien des existences, il devint le Brâhmane Sumêdha.

Ce dernier vivait dans la ville d'Amara. On le respectait pour ses vertus et sa richesse. Mais lui-même se désolait dans son cœur. Il pensait : « La vie est mauvaise. La métempsycose rend la vie éternelle. Comment échapperai-je à la prison de l'existence ? »

Un grand Bouddha visitait alors le monde. Il avait nom Dîpamkara. Le Brâhmane se prosterna devant le saint pour être foulé aux pieds. Les dieux éclairèrent son esprit ; il résolut de devenir lui-même un Bouddha.

L'on ne peut faire un pareil vœu qu'en présence d'un Bouddha. Pour le réaliser, le Bodhisattva doit pratiquer chacune des dix grandes vertus, pendant plusieurs milliers d'existences.

Toutes les légendes des dieux, des héros et des saints devinrent ainsi de simples épisodes de la légende du Bouddha. Les plus célèbres le représentaient comme le maître de la Pitié.

Un râja voit une colombe entre les griffes d'un

faucon : « Donne-lui la vie, et je te nourrirai de la chair de mon bras. »

Une sécheresse affligeait le royaume de Mahâsattva. Il distribue ses biens, et se rend de village en village pour secourir les malheureux. Comme il traverse la jungle, des miaulements le tirent de sa méditation. Et le saint aperçoit une tigresse affamée qui lèche ses petits, pendus vainement à ses mamelles vides. Saisi de pitié, il se perce le cœur avec une tige de bambou, et nourrit de son sang la tigresse.

Enfin le Bodhisattva devient Vêssantara, l'héritier du royaume d'Udyâna. Sa mère n'est pas encore délivrée qu'il étend la main, en disant : « Un présent, je veux faire l'aumône. » L'enfant distribue ses jouets, l'adolescent ses bijoux royaux. L'homme ne peut rien refuser, il donne tout ce qui lui appartient, même ce qui appartient à d'autres.

La prospérité du royaume est attachée à la possession d'un éléphant qui fait tomber la pluie. Vêssantara le cède à des étrangers : le peuple se soulève, et le râja exile son fils. Vêssantara se réfugie avec sa femme et ses enfants dans une caverne du mont Dantalóka.

Pour recevoir les ermites, la nature se fait plus douce. Le prince aime à rêver sur le bord du torrent : les eaux en deviennent pures comme le cristal ; les arbres des bords courbent leurs branches en tonnelle. Une tiède brise souffle dans la vallée. La saison chaude, la saison froide y deviennent pareilles au printemps. L'on y trouve sur un même arbre des fleurs, des feuilles et des fruits. Toujours les oiseaux chantent sur leurs nids, les papillons volent au-dessus des fleurs. Un troupeau d'ânes sauvages broute dans les prairies qu'arrose la rivière.

Sur le seuil de la grotte, les enfants de l'exilé s'amusent un matin. Le père les regarde en souriant. Un Brâhmane demande l'aumône ; Véssantara lui répond :

« Je suis un ermite. Je ne possède que ma fille et mon fils.

— Donne-les-moi, je ferai d'eux mes esclaves.

— Prends-les. »

Le Brâhmane saisit les enfants, qui lui échappent. Il les poursuit autour d'un arbre, les frappe avec sa verge jusqu'au sang. Le père pleure et se tait, et l'étranger emmène les enfants.

Alors Véssantara prend la terre à témoin : « La charité l'emporte sur l'amour paternel. » Et la terre elle-même, la terre inconsciente, s'agite sept fois, pour attester le pouvoir sans bornes de l'aumône. Les feuilles de l'arbre prennent la couleur du sang. Une source jaillit du rocher. Dans l'herbe qu'elle arrose, toutes les fleurs sont de pourpre.

Mille ans après la mort de Gautama Bouddha, Sung Yun fit un pèlerinage dans cette vallée. Elle était le séjour favori des fées et des génies. La beauté du site lui rappela sa Chine bien-aimée ; il manqua mourir du mal de l'exil.

III

Les moralistes avaient si minutieusement décrit les qualités du Sage, que, pour eux, tous les sages devaient avoir le même caractère. En Orient, il n'est pas de principe de philosophie ou de précepte de morale qui ne prenne la forme d'un apologue. La légende populaire avait réuni tous les apologues qui mettaient en lumière les vertus du Bouddha, pour en composer comme une histoire du sauveur promis.

Tandis que beaucoup l'attendaient encore, plusieurs croyaient le reconnaître dans les rois ou dans les saints qu'ils admiraient. D'autres s'imaginaient que le Maître avait déjà vécu; ils prenaient la légende du futur Bouddha pour la vie d'un Bouddha que leurs pères auraient connu.

Entre les colonies d'ascètes, les communications étaient fréquentes. Des étudiants, des Yogîs errants allaient sans cesse de l'une à l'autre. Les ermites de l'Ouest apprirent ainsi la forme nouvelle que la légende avait reçue dans le Béhar.

Si un hôte arrivait chez les anachorètes d'Ajaṇṭâ, leurs filles le conduisaient dans l'une des cavernes. Il mangeait et se reposait. Quand le soleil avait disparu derrière les rochers, les Yogîs arrêtaient leurs pénitences; l'on allumait les brasiers devant les autels cachés par la fumée de l'encens.

Dans la jungle, les perroquets et les corneilles faisaient pendant une heure un bruit assourdissant ;
puis tout à coup ils se taisaient. Les gazelles appri-
voisées se couchaient au bord du sentier. Les écureuils s'endormaient dans les figuiers. Des singes,
effrayés par les flammes et les ombres, se balançaient aux branches en grimaçant.

C'était l'hiver. Les étoiles brillaient dans le ciel
pur des nuits de gelée. Transies de froid, les
femmes se pressaient autour du feu ; les Yogîs
décharnés se tenaient accroupis, leur béquille sous
l'aisselle ; l'homme du Nord s'asseyait sur un rocher.
D'un geste, il demandait le silence, puis il commençait son récit.

*
* *

Le premier chant de l'épopée du Bouddha raconte
sa naissance et son éducation. C'est une histoire
merveilleuse, où les principaux épisodes des grands
poèmes se trouvent mêlés aux mythes védiques du
soleil.

Les Indiens étaient arrivés à cette époque de la
civilisation où les dieux de la fable se confondent
avec les héros de l'histoire nationale.

Pour les Scandinaves, le printemps devient Sieg-
fried, qui réveille la Walkyrie endormie sur la montagne enflammée. Les Indiens en firent Râma déli-
vrant Sîtâ, prisonnière des démons. Dans son beau
livre sur la légende du Bouddha, M. Sénart a
montré que le véritable Cakravartin était le soleil
même.

Le début de cette légende semblerait un hymne des Védas.

La reine Mahâ-Mâyâ, la Grande Illusion, repose une nuit sur la terrasse du palais. Sa couche est de lotus et d'hyacinthes. Les anges l'entourent en faisant de la musique, et les dieux lui envoient un songe.

Mâyâ se trouve au milieu du paradis d'Indra. Des nymphes la baignent dans un étang, puis la portent dans une caverne tapissée de lianes en fleur. Un éléphant blanc, avec six défenses, s'approche de la princesse endormie. Il tient dans sa trompe un lotus. « Je suis le Bouddha, dit une voix, et je t'ai choisie pour mère. » Aussitôt Mâyâ s'éveille : bien que vierge, elle est devenue enceinte.

Après neuf mois passés dans le jeûne et la prière, la reine se rend dans un jardin. Elle va défaillir, et saisit la branche d'un çâla en fleur. Son côté s'ouvre ; le Bouddha en sort radieux.

Les cieux répandent sur lui une douce rosée. D'une voix de lion, il s'écrie : « Je suis le Bouddha ; je ne renaîtrai plus. » A ces paroles, la terre tremble, une lumière inconnue remplit le ciel. Les aveugles recouvrent la vue, les muets parlent, les sourds entendent, les boiteux marchent, et les prisonniers voient tomber leurs chaînes. Dans l'enfer, les supplices des damnés s'arrêtent.

Sept jours après la naissance de son fils, Mâyâ meurt sans souffrance. Un ascète reconnaît sur le corps de l'enfant les signes du Cakravartin et lui donne le nom de Siddhârtha, celui qui atteint son but.

La suite du recit rappelle l'histoire de tous les héros indiens. Siddhârtha est un prince de la famille solaire, par suite, un parent de Râma. Son père putatif, Çuddhodana, règne sur Kapilavastu, la ville du grand ascète Kapila. Le clan est celui des Çâkyas, des forts. On leur a donné le surnom de Gotamides, en souvenir de Gotama, l'un des chantres du Rig-Veda.

Le jeune prince surpasse bientôt tous les guerriers par sa vigueur, tous les docteurs par son savoir. A seize ans, il conquiert sa fiancée Yaçodharâ dans un tournoi. Au milieu du combat, il s'écrie : « Autrefois, je fus un tigre, et je déchirai mes rivaux pour sauver ma tigresse. »

En écoutant ces récits, les ermites se demandaient si on leur racontait l'histoire de Siddhârtha ou celle du grand Arjuna. Que leur importait? Arjuna et Siddhârtha n'étaient qu'un, sans doute.

Lorsqu'un récit les frappait davantage, ils avaient eux-mêmes comme une vision de leurs existences passées. Un jeune homme s'écriait : « L'adversaire du Gotamide, c'était moi. » Plus d'une jeune fille pensait : « J'étais cette Yaçodharâ, qu'il appelait sa tigresse. »

IV

Tout mythe solaire a sa contre-partie. Pour des peuples ignorants des lois naturelles, le soleil au zénith est le symbole même de la puissance, mais le soleil couchant leur apparaît comme celui de la décadence et de la mort.

Après avoir raconté les travaux d'Hercule et les bienfaits de Prométhée, les tragiques grecs nous montrent le premier sur son bûcher, le second attaché sur un sommet du Caucase. La légende d'OEdipe est plus dramatique encore : comme le soleil, il tue son père, épouse sa mère, et, les yeux crevés, demande vainement aux dieux de lui accorder un tombeau.

Le mythe solaire subit la même transformation dans la littérature des Indiens. Mais leur religion leur défendait de montrer le héros accablé par la fatalité. Au Cakravartin ils opposent le Bouddha, l'ascète dégoûté de la vie, qui aspire au néant.

Quand la conquête fut terminée, le Yogî devint plus cher aux Aryens que le guerrier. Arjuna se retire dans la jungle, pour s'y mortifier. Râma, le héros par excellence, fait deux parts égales de sa vie : l'une est consacrée aux exploits militaires, et l'autre à l'ascétisme.

Nous voyons les caractères du drame de Shakespeare et de la comédie de Molière se dessiner petit à petit dans les œuvres de leurs devanciers. De même, dans les épopées, chères aux nobles, dans les contes populaires des *Jâtakas,* dans les traités philosophiques des *Upanishads,* nous suivons, comme pas à pas, la formation de la légende du Bouddha.

Les rhapsodes grecs allaient de ville en ville en récitant des fragments épiques. L'un inventait l'épisode de la colère d'Achille, un autre celui de Rhésus, un troisième parlait de Simon et du cheval de bois. Ainsi, les rhapsodes indiens composaient de petits poèmes sur les actions du Bouddha légendaire. Ces poèmes, coordonnés par des lettrés, formèrent une véritable épopée. Au sixième siècle, deux chants de cette épopée avaient déjà reçu leur forme définitive, celui du Grand Renoncement et celui de la Tentation.

V

Voici le premier chant, tel qu'un pèlerin du Nord put un jour le réciter aux ermites d'Ajaṇṭâ (1).

Aucune ville n'égale Kapilavastu pour la beauté du site et la richesse des campagnes environnantes. Aucun palais n'égale le palais où le roi Çuddhodana tenait son fils enfermé. A voir les voûtes peintes, les colonnes dorées, l'on eût dit les nuages, rougis par le couchant. Les milliers de femmes du harem poursuivaient sans cesse le jeune prince. Ainsi, pensait le roi, mon fils ne connaîtra jamais le monde, jamais il ne réfléchira sur les tristesses de l'existence. Mais, pour Siddhârtha, ce palais de délices semblait une prison. Il voulait voir les autres hommes, apprendre de leur bouche leurs désirs et leurs peines.

(1) Ce récit, d'après le *Buddhacarita*. Cf. *Introd. au Iâtaka* (trad. WARREN) et *Lalita Vistara*.

4

Effrayé de cette humeur chagrine, son père lui permit de sortir. La ville fut parée comme pour une fête. L'on mit des bannières aux maisons. La chaussée disparut sous les fleurs.

Le prince était monté sur un char d'or; ses quatre chevaux étaient blancs, avec la crinière noire. Un long cortège le suivait : courtisans, soldats, forestiers, des bayadères, des bouffons et des nains.

Vêtu de blanc, le peuple se pressait sur les côtés de la rue. L'on admirait le visage du jeune homme, la noblesse de son port, le charme de ses manières.

A la vue du ciel, des arbres, des maisons peintes, de la foule joyeuse, Siddhârtha sentit battre son cœur, il pensa qu'il était bon de vivre.

Mais les dieux veillaient sur lui. Vainement le roi avait éloigné tout objet capable d'éveiller la tristesse. Un vieillard se traîna vers le char en demandant l'aumône.

Chandaka conduisait les chevaux; Siddhârtha lui dit étonné :

— Ami, quel est cet homme, qui marche péniblement, appuyé sur un bâton? Ses cheveux sont blancs. Dans ses orbites enfoncées, à peine vois-je ses yeux, cachés par les sourcils. Ses jambes sont ployées, ses bras pendent inutiles. Un pareil état n'est-il qu'un accident? tous les hommes doivent-ils s'attendre au même sort?

Ainsi parla le prince ; et, par la volonté des dieux, le conducteur répondit, comme il lui était défendu de répondre :

— Monseigneur, l'âge a brisé cet homme, l'âge, le ravisseur de la beauté, la ruine de la vigueur, le destructeur du plaisir. Cet homme aussi fut un enfant : sa mère lui donna le sein, sa mère lui apprit à marcher. Pas à pas, l'enfant devint un homme. Pas à pas, l'homme devint un vieillard.

— Et moi, demanda Gautama, devrai-je aussi vieillir?

— Si longs que les dieux rendent les jours de mon maître, mon maître aussi devra vieillir.

Alors, le prince poussa un long soupir. Il secoua la tête. Il regarda le vieillard, la foule joyeuse, et dit :

« Tous sont menacés par la vieillesse. Pas un qui semble s'en souvenir. Ami, fais tourner mes chevaux. Mon cœur ne se réjouira plus d'aujourd'hui. »

Rentré dans le palais, Siddhârtha s'éloigna de ses femmes. Pour lui les plaisirs n'étaient plus des plaisirs. Jour et nuit, il se promenait sur la terrasse en répétant : « Vieillesse, vieillesse, toi qui te joues de la force et détruis la beauté. »

Inquiet, le roi lui permit de sortir une seconde fois. Une seconde fois, les dieux trompèrent la prudence du roi. Au milieu de la ville en fête, le prince aperçut un malade.

« Conducteur, qui est cet homme maigre et pâle? La fièvre le fait frissonner. Ses mains défaillantes s'attachent aux vêtements des étrangers; sa bouche balbutiante leur dit : ma mère.

— Cet homme est un malade, Monseigneur.

— Tous deviennent-ils malades?

— Tous, hélas! Monseigneur. »

A ces paroles, Gautama trembla, comme l'image de la lune dans un étang ridé.

« Voilà, s'écria-t-il, les maux hideux qu'ils voient. Ces maux ne troublent pas le calme de leur âme. Conducteur, fais tourner mes chevaux. Mon cœur ne se réjouira plus d'aujourd'hui. »

Une troisième fois le prince obtint la permission de visiter la ville. Les maisons étaient parées, la foule remplissait les rues. Soudain les chevaux du char s'arrêtèrent, hennissant. Des Candâlas portaient un mort.

« Conducteur, dit Gautama, qui est cet homme aux joues pâles, aux traits tirés ? Le souffle n'agite plus sa poitrine, n'entr'ouvre plus ses lèvres. Vêtus de deuil, ses amis le suivent en pleurant. »

Le conducteur ne voulait pas répondre. Malgré lui, les dieux parlèrent par sa bouche.

« Prince, tes yeux voient un mort. Il n'entend plus, ne voit plus, ne comprend plus. Tel un morceau de bois pourri. Et ses amis devront eux-mêmes l'abandonner.

— Tous les êtres meurent-ils ?

— Tous les êtres meurent.

— Quoi ? pas un de ce peuple, qui ne doive mourir ; et pas un de ce peuple, qui n'ait oublié la mort ! Le cœur de l'homme doit être dur pour devenir insensible à ce point. Conducteur, fais tourner mes chevaux. Mon cœur ne se réjouira plus d'aujourd'hui. »

Une quatrième fois, le prince sortit, pour se rendre dans la forêt. Sur la lisière s'étendaient des terres labourées ; leurs sillons semblaient les vagues de la mer. Silencieux, le fils du roi regarda longtemps les herbes arrachées, les fourmilières, les insectes, les vers coupés, que le soc rejetait sur les mottes fumantes. Leur douleur et leur mort remplissaient son âme de pitié; il lui semblait voir des êtres de sa race.

Silencieux, le fils du roi regarda longtemps les laboureurs au visage hâlé par le soleil, noirci par la poussière, les buffles, qui soufflaient, las de traîner la charrue. A cette vue, ses yeux se remplirent de larmes.

Il saute à bas de son cheval, s'assoit au pied d'un arbre. Les feuilles tombées couvrent le sol.

« Horreur, horreur! s'écrie-t-il. Les hommes portent en eux la vieillesse, portent en eux la maladie, portent en eux la mort. Et la vue de ces maux n'éveille que leur dégoût, jamais leur réflexion, jamais leur repentir. »

En ce moment, un ermite s'approche de lui. Ses cheveux sont rasés, il porte des haillons.

« Qui es-tu? demande Siddhârtha.

— Qui je suis? Un mendiant. Le mendiant est toujours prêt à partir. — Qui je suis? Un mendiant. Le mendiant est toujours prêt à mourir. Les gens me jettent des pierres et crient : Le mendiant! Oui, je suis un mendiant, mais je mendie le Bien suprême, ce qui ne peut finir. »

L'ascète a disparu. Le prince remonte sur son char et retourne au palais sans dire une parole. Il tombe aux pieds du roi : « Sire, Sire, j'ai trouvé ma voie. Tous les biens de ce monde me sont odieux. J'ai faim et soif de la solitude. »

Le roi s'irrite. « L'héritier des Çákyas doit être un guerrier, et point un mendiant.

— Ah! père, père, aucun tyran ne fut cruel comme vous. Ma maison est en flammes, et je veux m'échapper. Vous me répondez : Reste, et péris dans les flammes. »

Ces reproches ne touchent point le râja. Ses gardes entourent le palais, ferment les lourdes portes, que le poids d'un éléphant ne ferait pas céder.

Sombre, Siddhârtha rentre dans son harem. Il s'assoit sur le trône d'or, incrusté de diamants. De l'encens brûle sous le siège. A sa droite, à sa gauche, l'on allume les candélabres d'or.

Vêtues de robes transparentes, ses femmes l'entourent. Elles portent les flûtes à leurs bouches, frappent les tambourins, pincent les cordes des lyres. Telles, sur le sommet de l'Himavat, blanc comme la lune, les nymphes environnent Kuvera, le dieu de la richesse.

Mais le prince ne sourit pas; la musique ne saurait le distraire. Et les anges de la pénitence répandent sur ces femmes un étrange sommeil.

L'une s'est couchée, la joue appuyée sur sa main; à ses pieds gît son luth, orné d'une feuille d'or.

Une autre est étendue sur ses blancs vêtements; telle, la rivière aux bords souriant d'écume. Sa flûte paraît, dans ses mains, une rangée d'abeilles sur un lotus.

Celle-ci presse son tambourin, elle croit tenir un amant. Ses bras sont des lianes; leurs anneaux pressés les font sembler des bras d'or.

Celles-là tombèrent, comme en tas, soudain saisies par le sommeil : l'on dirait des rameaux brisés sur le passage d'un éléphant.

Saisi de tristesse, le prince veut revoir Yaçodharâ. Elle vient de lui donner un fils. Loin de
s'en réjouir, Siddhártha se demande, anxieux :
« Pourrai-je briser ce nouveau lien qui m'attache
à la vie? »

Là jeune femme repose dans un bosquet de
fleurs; l'enfant dort sur les genoux de sa mère.
Tremblant, Siddhártha s'approche pour embrasser
son fils. Mais il pense : « Je les réveillerai, leurs
cris mettront le palais en émoi. » Il retient son
haleine et ses larmes, regarde une dernière fois
ceux qu'il a tant aimés, et s'éloigne sans leur dire
adieu (1).

Dans la cour, son cheval Kanthaka déjà piaffe,
impatient. Le prince lui caresse le cou et le flatte,
en disant :

« Tu portas le père au combat, à la victoire.
Porte le fils maintenant à la seule guerre digne de
l'homme, à la véritable victoire. »

Alors, les lourdes portes s'ouvrent d'elles-mêmes;
le cheval s'élance, si rapide, que ses pieds touchent
à peine le sol.

Ainsi s'accomplit le Grand Renoncement.

*
* *

L'homme du Nord s'était tu. Devant le brasier
éteint, les filles des ermites tremblaient de froid
dans leurs robes d'écorce. Leurs yeux baissés
voyaient dans la rivière les reflets des étoiles entre

---

(1) *Mahâbhinishkramana Sûtra.* Trad. BEAL.

les lianes en fleur. Elles pensaient à ce prince si beau, que toutes les femmes devaient l'aimer. Leur cœur battait : elles l'aimaient aussi.

Les jeunes gens souhaitaient que les étrangers voulussent encore parler. Les Yogîs murmuraient. Ils avaient abandonné leur famille et leurs biens. Cet abandon ne leur semblait pas si méritoire.

VI

Le second chant de l'épopée du Bouddha est celui de la Tentation.

Le prince Siddhârtha vit dans le désert. Ses pénitences étonnent les Yogîs les plus austères. Mâra, le dieu du plaisir, s'approche de lui pour le tenter.

« Tu es maigre et pâle, si proche de la mort, qu'à peine un millième de toi vit encore. Un vivant doit vivre. Abandonne ces mortifications inutiles. »

Ainsi parle le Mauvais ; le Saint lui répond :

« Esprit perfide, pourquoi me tenter? Si mon sang a séché, si ma chair a fondu, le mal aussi est mort en moi. Je ne connais plus la haine et la luxure. Mon esprit délivré peut entrevoir la Vérité. »

A ces mots, Mâra s'éloigne plein de fiel : « J'étais comme la corneille en quête d'une proie. Elle voit briller un objet sur la mousse. De la graisse, sans doute? Elle se précipite, son bec frappe un ro-cher (1). »

(1) *Padhânasutta.* FAUSBÖLL et WINDISCH.

LA TENTATION D'ARJUNA

Sept pagodes, près de Madras (VIIe siècle)

(Nicholas, phot. Madras)

De tels récits émouvaient les ascètes. Car les démons les tourmentaient sans répit. Sur l'un des rochers des Sept Pagodes, près de Madras, un solitaire a sculpté la tentation d'Arjuna, le fameux chef des Pândavas.

Le guerrier se tient debout sur une jambe, les bras tendus, les mains jointes au-dessus de la tête. Çiva, le premier des ascètes, s'approche de lui pour l'encourager.

Mais des diables grotesques, des lutins, des gnomes, contrefont les mouvements du Yogî. Debout sur les rochers ou volant dans les airs, les dieux se demandent si la pénitence doit leur donner un maître.

Des lions, des tigres, des antilopes s'arrêtent anxieux, une panthère se dresse. Sous le ventre d'un éléphant monstrueux, ses petits se poursuivent en jouant. Dans la rivière, les sirènes roulent et déroulent leur corps de serpent au buste de femme : le cobra mythique, au chaperon surmonté de sept têtes, fait une auréole derrière leur tiare aux ornements symboliques. Des singes, accroupis sur des blocs de pierre ou suspendus aux branches, se moquent de l'ascète, des dieux, et du démon nain au ventre énorme, qui raille Arjuna impassible.

Mais, déjà, le principal ennemi des saints était la femme.

La légende parle d'un Yogî, qui commandait aux planètes. Les hommes et les dieux tremblaient en sa présence. Une bayadère vient le trouver; le lendemain, elle rentre dans la ville à cheval sur le dos de l'ascète.

Tant que l'homme aime la femme, dit le Dhammapada, il n'est pas sevré du mal : ainsi, le veau qui tette ne peut quitter sa mère.

Les ascètes fuyaient en vain les femmes; le souvenir des femmes les poursuivait. Dans le Mára-Saṁyutta, le Bouddha est tenté par les trois filles de Mára : la soif, la jouissance et la volupté.

D'abord, elles lui apparaissent sous la forme de cent vierges. S'agenouillant devant l'ascète, ces vierges demandent la permission de lui baiser les pieds. Il détourne la tête, et ne leur parle pas.

Les filles de Mára se retirent à l'écart pour délibérer. « Autant d'hommes, autant de goûts », se disent-elles. Et le saint voit s'agenouiller devant lui cent jeunes femmes, qui accouchèrent une fois. Il détourne la tête, et ne leur parle pas.

Les filles de Mára se retirent à l'écart pour délibérer. « Autant d'hommes, autant de goûts », se disent-elles. Et le saint voit s'agenouiller devant lui cent femmes déjà mûres. Il détourne la tête, et ne leur parle pas (1).

De même, Çiva, le dieu des ascètes, s'était réfugié dans la jungle pour se mortifier. Kàma-Deva, l'Éros de l'Inde, s'approcha de lui, monté sur un perroquet. Il banda son arc, et perça d'une flèche le cœur du Yogî.

Çiva, irrité, fit sortir un troisième œil du milieu de son front. Les flammes de cet œil consumèrent l'Amour.

_____

(1) D'après la traduction de WINDISCH.

*
* *

Pour se délivrer de la tentation, les anachorètes et les moines ne cessent d'insulter les femmes, de se répéter : « La jeunesse passe, la beauté n'est qu'une apparence. »

L'on interroge un ascète sur une femme qui vient de lui parler. Il répond :

« Je ne vous comprends pas. Pour moi, j'ai vu seulement un paquet d'os, revêtu d'une chair honteuse, qui cache le vice, le mensonge, l'orgueil, la maladie et la mort. »

La tradition veut qu'en regardant ses maîtresses endormies, le prince Siddhârtha se soit écrié :

« Au milieu des êtres vivants, la femme est comme un monstre d'impureté. Ce sont ses vêtements, ses bijoux, qui trompent les hommes et les enjôlent. A les contempler ainsi demi-nues et endormies, mon cœur se soulève de dégoût. »

Nous retrouvons cette haine chez les Bouddhistes de l'Extrême-Orient. Les peintres japonais représentent, dans une suite de panneaux, une jeune fille, une vieille, une malade, une morte, un cadavre en décomposition, un squelette.

*
* *

Les Indiens s'imaginent la rivalité de Mâra et du Bouddha comme une bataille épique. Au bruit de la foudre, les hommes du Nord en faisaient le récit aux ermites, réfugiés dans l'une des cavernes d'Ajantâ.

Comprenant que l'heure de la lutte approche, Gautama s'y prépare, à la façon d'un athlète. Il baigne dans un étang sacré son corps, épuisé par la pénitence. Ses membres recouvrent leur ancienne vigueur. Sa peau brille comme le soleil (1).

Sous l'arbre enchanté, les anges placent le trône de diamant. Le Bodhisattva s'y assoit. Impassible, il attend l'ennemi.

Mâra donne le signal à l'armée des démons. La terre tremble, le tonnerre gronde, les éclairs déchirent les nuages. Il grêle du feu, il pleut des flammes. Dans la jungle, les serpents sifflent, les oiseaux crient, les bêtes fauves rugissent, les grands arbres tombent foudroyés.

Les démons se précipitent sur l'ascète pour le déchirer. Des dragons, des oiseaux énormes menacent le Bodhisattva de leurs serres. Il voit des monstres aux yeux de tigre, à la crinière de lion, aux ailes de vautour, des dieux aux mille têtes, aux mille bras.

Leurs attaques ne l'effrayent pas. Il se tourne vers Mâra et lui dit : « Que la victoire reste au plus vertueux. »

« J'y consens », répond Mâra. Se tournant vers son armée : « Démons du ciel et de la terre, s'écrie-t-il, rendez témoignage à Mâra. » Et les milliers de milliers de ses démons lui répondent par un rugissement.

Le Sage n'a personne qui puisse l'assister. Il

(1) Le récit suivant, d'après le *Lalita Vistara*. WINDISCH, *Mara und Buddha* et *Buddhacarita*.

s'adresse à la terre et lui rappelle les paroles de Véssantara. Comme alors, la terre tressaille par sept fois, pour attester la grandeur des Bouddhas et le pouvoir sans bornes de la Pitié.

Aussitôt les démons se dispersent, l'air devient plus doux, les fleurs s'épanouissent. Gautama comprend qu'il vient d'atteindre l'état de perfection et le rang d'un Bouddha.

Le soleil se lève, éclatant comme au premier jour du monde. Au milieu de l'enchantement de la nature, les anges disent des cantiques. Les dieux descendent du ciel et se prosternent devant le Très-Saint pour l'adorer (1).

*
* *

Dans la gorge d'Ajaṇṭâ, l'orage aussi s'était calmé. L'on entendait seulement le bruit de la rivière grossie, qui roulait sur les pierres et se brisait contre les rochers.

(1) Le *Buddhacarita* ne date que du premier siècle de l'ère actuelle, mais l'auteur s'est inspiré du *Lalita Vistara*, dont quelques passages semblent très anciens. En tout cas, les légendes datent des premiers temps du Bouddhisme, comme le prouvent les bas-reliefs des stûpas.

CHAPITRE II

LA VIE DE GAUTAMA BOUDDHA

I

Dans tous les ermitages du cinquième siècle, les Yogîs, les émigrés, les philosophes, les vieillards, les jeunes gens, les femmes elles-mêmes redoublaient leurs pénitences pour mériter de voir le Bouddha.

Souvent l'un d'eux s'imaginait qu'il était le docteur attendu. Le soir, quand la flamme et la fumée des sacrifices s'élevaient sous la forêt, le Yogî inspiré jetait ses béquilles et se précipitait devant l'autel, en criant : « Je suis le Bouddha (I). »

Tremblant, les yeux hagards, il se mettait à prêcher, et les femmes éclataient en sanglots, les jeunes gens tombaient à genoux, les pêcheurs se frappaient la poitrine, tandis que les vieillards secouaient la tête, incrédules.

Le nouveau Bouddha quittait l'ermitage, suivi de ses disciples. Il s'enfonçait avec eux dans la jungle ou descendait dans les villes pour enseigner les foules. Ceux qui n'avaient pas la foi repre-

naient tristement leur vie habituelle dans l'attente
du sauveur inconnu.

II

Le plus influent de ces réformateurs fut Gautama. Il voulut imiter le héros légendaire; ses disciples confondirent à dessein sa vie avec le mythe
du Bouddha. Aussi semble-t-il impossible de faire
la part du vrai et du faux dans les récits incomplets
des livres saints et de leurs commentaires. L'on ne
saurait décider si le sage s'appelait vraiment Siddhârtha Gautama et s'il était le fils du roi de Kapilavastu, ou même d'un autre seigneur féodal.
L'époque de son existence est douteuse. Après
avoir parlé du septième siècle, l'on hésite maintenant entre le quatrième et le cinquième.

En reprenant les données fournies par les Piṭakas,
en les comparant avec les mœurs actuelles des
Hindous, nous pouvons cependant nous représenter
la vie que dut mener Gautama.

Il n'est pas d'année où l'Hindoustan ne voie
surgir un nouveau réformateur. Tout fanatique
peut sans danger s'y donner pour une incarnation
de Vishnu, du soleil, ou d'un autre dieu. Tout philosophe peut, sans encourir l'accusation d'hérésie,
y prêcher le panthéisme, le déisme ou même
l'athéisme.

Parmi ces prophètes, les uns se vêtent comme

des mendiants et prescrivent à leurs disciples une règle sévère. Ainsi faisait Gautama pour les premiers moines, qu'il avait réunis. D'autres saints vont accompagnés de soldats. Vers 1804, l'évêque anglican Heber eut une entrevue avec Svâmi-Nârâyana, l'un des plus fameux réformateurs hindous. Celui-ci se rendit au rendez-vous avec deux cents cavaliers. C'est ainsi qu'en de certaines occasions, les Çâkyas, les Mallas ou les Licchavis accompagnaient le Bouddha.

Pendant le temps de la mousson, Gautama se retirait dans la cave de Râjagriha ou dans celle du Pic du Vautour, que l'on peut encore visiter. L'automne venu, il allait d'une ville à l'autre pour prêcher.

Quand les moines s'arrêtaient à l'entrée d'un village, le chef du clan offrait au maître du riz cuit, des bananes ou des mangues. Appuyés sur leur charrue, les Çûdras le regardaient étonnés. Les femmes, entourées d'enfants nus, apportaient du lait ou des gâteaux. Et, s'il fallait en croire la légende, les singes descendaient des arbres pour déposer aux pieds du saint leur offrande de miel (bas-relief de Sanchi).

D'autres fois, Gautama visitait les villages des Santals, les castes, restées sauvages, des chasseurs, des fossoyeurs, des voleurs, des fabricants de paniers, des bourreaux, des tanneurs. Il s'établissait pour plusieurs jours au milieu des Lepchas, d'insouciants Mongols, habiles à tirer de l'arc, qui achètent leurs femmes et leur font cultiver la terre, pendant qu'ils bercent les enfants.

Le Bouddha ne craignait pas de s'aventurer dans les montagnes, où les brigands cherchaient leur asile. Les brigands d'alors ne formaient pas seulement une caste, mais une secte religieuse analogue à celle des Thugs. Ils portaient des colliers faits de doigts coupés et buvaient dans des crânes.

Parmi les premiers disciples de Gautama, l'on trouve des adorateurs du feu. Les uns, comme les Parsis d'aujourd'hui, ne voyaient dans la flamme qu'un symbole de la divinité. Les autres adoraient le principe destructeur : c'étaient des sauvages comme ceux qui brûlent du naphte dans la Transcaucasie.

L'enseignement du Bouddha était toujours le même, qu'il s'adressât aux Aryens ou aux parias. Le soir venu, il s'asseyait à l'ombre d'un figuier; des hommes de toutes les castes, des femmes, des enfants se pressaient autour de lui. Le maître leur parlait des malheurs de la vie, des métempsycoses et des moyens d'arriver au néant.

III

Les ermites de l'Ouest connurent aussi la réforme des communautés du Bengale. Si un moine, vêtu de jaune, se donnait pour un disciple de Gautama Bouddha, on l'interrogeait sur la doctrine de son maître. Le Bouddha recommandait-il la récitation des Védas et les sacrifices ?

Le moine répondait : — Qu'importent les Védas ? Le Maître a dit : « Vainement vous répétez cent strophes, dont vous ignorez le sens. Mieux vaut un seul mot qui calme vos passions (1). »

— Qu'importent aussi les sacrifices ? Le Bouddha vécut dans un ermitage pareil à celui-ci. Les rites des Brâhmanes l'irritèrent. Il leur dit :

« A quoi servent vos pratiques ? Vous vous plongez dans l'eau pour vous purifier. L'eau ne sera jamais que de l'eau. D'où lui viendrait la vertu d'effacer les péchés (2) ?

« Les sacrifices n'ont point de sens. Mieux vaut une seule parole de la bouche d'un sage, que cent années d'oblations et de prières. »

Puis, se tournant vers les Yogîs, le moine continuait :

— Comme il condamnait les sacrifices des Brâhmanes, le Bouddha condamnait vos pénitences inutiles. Voici en quels termes il a raconté son séjour dans la montagne (3) :

« Désireux de m'affranchir des passions pour découvrir la vérité, je pensai : Si je retenais ma respiration, si j'arrivais à l'extase, où l'on s'oublie soi-même !

« Ainsi fis-je une première fois, et le sang bourdonnait dans mes oreilles avec le bruit d'un soufflet de forge. Puis une seconde fois, et je croyais qu'un géant fouettait mon crâne avec une verge d'épines. La troisième fois, mes douleurs furent celles d'un

(1) DHAM.
(2) BUDDHACARITA.
(3) MAJJHIMANIKÂYO, trad. allemande de K. E. NEUMANN.

homme qu'on roule sur des charbons ardents.

« Ma volonté me semblait invincible, mais mon corps s'agitait fiévreusement. Je souffrais, et ma souffrance ne pouvait pas me satisfaire.

« Alors, je résolus de ne plus manger qu'une poignée de grains tous les jours. Mes bras devinrent pareils à des roseaux desséchés ; ma colonne vertébrale semblait une natte de cheveux ; mes côtes saillaient comme la charpente d'une maison, dont le chaume est tombé. Dans mes orbites creusées, mes prunelles étaient petites, comme les images vues au fond d'un puits.

« Et cette pensée me vint : Aucun ascète n'a pu souffrir plus que moi-même. Cependant la douleur n'éclaire pas mon esprit. Cette route-ci n'est pas la route du salut. »

*
* *

De telles paroles irritaient les Yogîs. Ils demandaient si Gautama niait que l'ascétisme donnât le ciel.

Les moines leur répondaient par les paroles mêmes de Gautama aux ermites du Nord :

« Le ciel change comme le monde ; le ciel passe comme le monde. Se mortifier pour revivre au ciel, c'est chercher dans la peine une plus grande peine.

« Vous souhaitez le ciel. Moi, je souhaite le Nirvâna. Vous voulez revivre. Je ne revivrai plus (1). »

(1) *Buddhacarita.*

IV

L'un des missionnaires racontait ensuite comment Gautama était parvenu à la connaissance de la vérité. Il répétait encore les paroles du Maître (1) :

« Persuadé que la pénitence est inutile, j'interrompis mon jeûne. Les forces me revinrent. Mon esprit s'éclaircit. Je me sentis heureux et j'eus la conscience du passé.

« Je me rappelai d'abord une vie, puis deux vies, puis trois, quatre, dix, vingt, cent vies, et mille vies, et cent mille vies, dans le monde présent, dans les mondes aujourd'hui disparus. Je me rappelai tous les incidents de chacune de ces vies, le nom que je portais, ma famille, ma caste, ma patrie. Et je me réjouissais de ma science. Mais cette jouissance ne pouvait pas me satisfaire.

« Alors de ces yeux surnaturels, qui sont ceux de l'esprit, je vis toute la succession des êtres. Ils apparaissent et disparaissent; ils reviennent et s'en vont, pour revenir encore. En voici de nobles et de beaux. En voici de hideux et d'ignobles. Les uns heureux, les autres malheureux, ils vivent la vie que leurs mérites leur ont faite.

« Telle fut ma vision. Je concentrai mon attention. Je découvris la première vérité. La vie est douleur.

(1) *Majjh.*

« Puis la seconde vérité. L'amour de la vie est la cause de la douleur.

« Puis la troisième vérité. Le renoncement à la vie amène la délivrance de la douleur.

« Puis la quatrième vérité. La voie moyenne, voilà le salut. »

V

Cette voie moyenne, qui évite les folies des Yogîs et les passions de l'homme du monde, est la voie monastique.

Les ermites voulaient savoir comment le Muni avait fondé son ordre et quelles règles il lui avait prescrites. Le moine leur répétait ce discours du Bouddha (1) :

« Dans ce temps, j'allais de vallée en vallée dans le royaume de Magadha. Je cherchais le vrai bien, la voie, qui conduit au repos. Je m'arrêtai près de la ville d'Uruvelâ, dans un paysage enchanteur. Une forêt; des pelouses en pente douce; un torrent à l'eau claire. Je m'assis et je songeai. L'illusion mourut en moi; j'atteignis la certitude et je me dis :

« — Voici que j'ai fait mon salut. Cette vie est la dernière que je vivrai. Jamais je ne renaîtrai plus.

« Alors, il me vint cette pensée. J'ai découvert la vérité, malaisée à découvrir. La vérité ne convient

(1) *Majjh.*

5.

qu'aux sages. La foule ne recherche, n'admire et n'aime que le plaisir. Si je m'adresse à la foule, je ne recueillerai que dérision. La vérité, que j'ai trouvée, je la garderai dans les ténèbres.

« Mais Sahampati, l'un des Brahmâs, lut dans ma pensée : « Hélas! songea-t-il, voilà que Bhagavat « veut rester silencieux. La terre pourrait connaître « la lumière, et la terre languira dans les ténèbres. »

« Sahampati quitta donc le monde des Brahmâs; l'épaule découverte, il joignit les mains devant moi, en disant :

« — Maître bien accueilli, prêche ta doctrine, enseigne la vérité, ouvre les portes de la vie.

« Ces paroles me touchèrent, j'eus pitié du monde, je répondis au Brahmâ :

« — Les portes de l'immortalité sont ouvertes. Que celui-là entende, qui a des oreilles pour entendre.

« Je dis, et le Brahmâ disparut. Demeuré seul, je pensai : A qui enseignerai-je ma doctrine? Le nom de l'ascète Kâlâma me vint d'abord à l'esprit. Cet ascète m'avait accueilli après ma fuite. Mais les dieux m'apparurent et me dirent : « Kâlâma mou- « rut il y a sept jours. »

« Le nom de l'ascète Uddaka me vint ensuite à l'esprit. Cet ascète fut mon second maître. Mais les dieux m'apparurent et me dirent : « Uddaka est « mort dans la soirée d'hier. »

« Alors je résolus d'aller auprès de Bénarès, dans les bois, où se trouve la pierre du Voyant. J'y trouvai cinq ermites, qui s'étaient détournés de moi, quand j'avais interrompu mes pénitences. Bien qu'ils ne voulussent plus me parler, force

leur fut de s'avancer à ma rencontre et de me traiter comme un frère.

« Je leur dis : Vous ne devez pas traiter le Bouddha comme un frère. Écoutez-moi, j'ai trouvé la
vérité.

« — Frère Gautama, me répondirent les moines,
tes austérités ne te firent pas trouver la vérité ; comment le pourrais-tu maintenant, que tu as cédé aux
entraînements des sens ?

« — Vous vous trompez, répondis-je. Je n'ai pas
cédé aux entraînements des sens... Vous avez
devant vous le Bouddha. Suivez-moi, je vous con-
duirai au but que les Saints ont vainement cherché.

« Mes paroles convertirent les ermites, et nous
vécûmes ensemble dans le bois. D'abord deux
moines restaient auprès de moi, pour s'instruire :
les trois autres allaient mendier. Puis les deux
premiers firent la tournée de quête ; je gardais les
trois autres, pour leur faire part de mon enseignement.

« Et bientôt, les cinq moines purent répéter avec
moi : « Nous sommes sauvés. Cette vie est la dernière : nous ne renaîtrons plus. »

*
* *

Ces premières conversions en amenèrent d'autres. La tradition a conservé les noms d'Ânanda, le
favori du maître ; de Kâçyapa, qui était un adorateur
du feu ; des Brahmanes Sâriputta et Moggallâna (1).

----

(1) Pour la vie de Gautama, cf. Bigandet.

« Moines aimés, leur disait Gautama. Les passions semblent un grand filet, jeté sur les hommes et les dieux. Nous sommes délivrés du mal, travaillons à la conversion des hommes et des dieux. »

Pendant la saison sèche, les disciples se dispersaient pour prêcher. La mousson venue, ils se réunissaient autour du maître. Dans les premiers temps, les moines dormaient dehors, dans la forêt, les cavernes ou les cimetières. Un Seṭṭhi charitable leur fit construire des huttes; ce fut le premier monastère.

VI

Parmi les ascètes, il y avait peu de conversions. Ces hommes indépendants et orgueilleux ne comprenaient pas une doctrine qui enseignait l'obéissance et l'humilité.

Les missionnaires s'adressaient aux femmes et aux jeunes gens, aux femmes surtout, qui se sentaient portées vers la religion nouvelle. Les paroles sévères du maître ne les effrayaient pas. Tout, dans ses actes, annonçait la bonté.

Pour satisfaire la curiosité des jeunes filles, les moines du Nord racontaient la vie de Yaçodharâ après le départ de Siddhârtha (1).

Quand le prince se fut retiré dans la forêt, son

(1) Ce récit, d'après le *Buddhacarita*.

ami Chandaka revint à Kapilavastu. Mais en arrivant au palais le cheval du prince s'arrêta, les yeux
remplis de larmes. Son hennissement fut si doulou-
reux, que les femmes accoururent effrayées.

Et Yaçodharâ s'écria, la voix coupée par les sanglots :

« Le bien-aimé de mon âme m'a quittée pendant
la nuit. Chandaka, n'as-tu pas honte de pleurer
devant moi? Car pour moi tu t'es montré sans pitié.
O le loyal, ô le bon serviteur! Le roi lui donna la
garde de son fils; et ce fils est parti pour ne plus
revenir. »

Se tournant vers le cheval Kanthaka, la princesse
ajoutait :

« Cruel animal, maintenant tu hennis, tes cla-
meurs remplissent le palais. Quand tu le fis évader,
tu restais silencieux. Le moindre cri de ta bouche,
et nous étions sauvés. Tu ne l'as pas voulu. »

Puis Yaçodharâ disait :

« Mon seigneur est un ingrat; il ne songe qu'à
son salut. Que m'importe mon salut? Je n'ai qu'une
pensée dans cette vie, dans toute autre vie, ne le
quitter jamais. »

Cependant le roi priait dans le temple; quand le
sacrifice fut achevé, il sortit pour rentrer au palais.
Le hennissement de Kanthaka, les cris des femmes
l'attirèrent. On lui dit la nouvelle; et soudain il
roula sur le sol; telle la bannière d'Indra, qu'on
abaisse après que la fête est finie.

Depuis ce jour, les habitants du palais vécurent
dans la tristesse. Yaçodharâ portait la robe blanche
des veuves. Le roi envoyait des messagers de tous

côtés ; les messagers revenaient toujours sans nouvelles (1).

Enfin, après sept ans, l'un d'eux fit ce récit : « Le
prince Siddhârtha est devenu un Bouddha. Le
peuple et les Brâhmanes chantent ses louanges.
Bimbisâra, le roi de Magadha, l'a reconnu pour
maître. »

Et le vieux râja dit au messager : « Retourne
auprès de mon fils, et répète-lui ces paroles. Toi
qui as pitié de tous, n'auras-tu pas pitié des tiens ? »

Gautama se rendit à l'appel de son père. Suivi
de ses disciples, il s'établit dans un bois près de
Kapilavastu. Le roi Çuddhodana vint l'y trouver,
avec les principaux chefs des Çâkyas. En voyant son
fils couvert de haillons, le vieillard ne put retenir
ses larmes. Les chefs se retirèrent à l'écart; ils
trouvaient la vie du prince indigne de sa naissance.

Le lendemain, les moines entrèrent dans la ville.
Gautama s'arrêtait devant chaque porte pour demander l'aumône. Le roi vint au-devant de son
fils : « Quoi ! lui dit-il, est-ce l'habitude des nôtres
de mendier ? »

Et Gautama répondit : « C'est l'habitude des
miens, des Bouddhas dont je descends. »

Çuddhodana prit la sébile de son fils et le conduisit dans le palais. Les parents et les serviteurs
attendaient dans la grande salle. Yaçodharâ n'était
pas descendue. Elle avait dit au roi : « Si mon mari
m'aime encore, il saura bien venir à moi. »

(1) Ce récit, d'après RHYS DAVIDS, BIGANDET. Textes : *Jâtakas*
et *Commentaire du Dhammapada*.

Les moines faisaient le vœu de n'approcher aucune femme : mais Gautama dit à ses disciples :
« J'irai trouver Yaçodharâ. Vous ne l'empêcherez
pas de me toucher. »

En voyant son mari vêtu de haillons et la tête
rasée, la princesse fondit en larmes ; puis tombant
à genoux, elle couvrit les pieds du moine de bai-
sers.

Gautama ne fut pas ému. Yaçodharâ comprit qu'il
ne l'aimait plus, et, se levant, elle se tint silen-
cieuse dans un coin. Alors le Bouddha se mit à
prêcher ; il lui raconta l'un des Jâtakas. « Tu fus
vertueuse, conclut-il, dans l'une de tes vies antérieures. Voilà pourquoi tu connaîtras la vérité. »

Quelques jours après Yaçodharâ prit son fils
Râhula et lui dit : « Va trouver ton père et de-
mande-lui de te céder son héritage. »

L'enfant obéit. Mais détachant son manteau,
Gautama le jeta sur les épaules de son fils.
« Prends ce manteau, dit-il. Voilà mon héritage. »

*
* *

Gautama se rendit une seconde fois à Kapilavastu, pour y célébrer les funérailles de Çuddhodana, qui mourut à l'âge de quatre-vingt-dix-sept
ans. Sa tante Mahâ-Prajâpatî vint le trouver dans les
bois des banians. Elle se tint respectueusement à sa
gauche et lui demanda par trois fois : « Maître, permets aux femmes de quitter leur demeure pour
vivre la vie sans demeure, sous l'autorité du Tathâgata. »

Gautama lui répondit : « Je ne le permets pas. »
Prajâpatî se tut et se retira en pleurant.

Quand le Très Saint se fut établi dans la salle de
la Pagode à Vaiçâlî, la Gotamide Prajâpatî rasa ses
cheveux et prit la robe jaune. Plusieurs centaines
de femmes l'imitèrent. Yaçodharâ était l'une de ces
femmes.

Prajâpatî et ses compagnes se rendirent à Vaiçâlî.
Accablées de fatigue et de tristesse, couvertes de
poussière, les yeux rouges, les pieds enflés, elles
se tinrent dans le bois, à l'entrée de la pagode.
Ânanda les vit et, comprenant pourquoi elles pleuraient, il se rendit auprès de Gautama.

« Maître, dit-il, aucune femme ne peut donc
quitter la voie du mal et faire son salut?

— Il n'en est point ainsi, Ânanda.

— Pourquoi leur refuser alors le bien, qu'elles
désirent tant? »

Ces paroles frappèrent l'esprit de Gautama, il
céda. Mais les religieuses durent observer une règle
sévère et jurer obéissance aux moines qui les diri-
geraient (1).

*
* *

Ces récits des missionnaires touchaient les jeunes
filles. Beaucoup versaient des larmes. Comme la Gotamide, elles pensaient : La vie est mauvaise, la vie
est perfide. Si le Bouddha ne nous vient en aide, comment échapperons-nous à la douleur et au péché?

(1) Ce récit d'après le CULLA-VAGGA. H. C. WARREN.

VII

Déjà les Bouddhistes ne conservaient de la vie publique de leur maître qu'un souvenir confus. Les Indiens, qui composèrent tant de poèmes et de traités philosophiques, ne possèdent pas un seul livre d'histoire. Mais les missionnaires faisaient un récit charmant des habitudes du Bouddha, ils ne se lassaient pas de rappeler sa douceur et sa bonté.

Tous, disaient-ils, entendaient les paroles du salut. Les plus humbles pouvaient entrer dans l'ordre. Le Bouddha reçut le barbier Upâli, le danseur de corde Uggasena. Il descendit chez la courtisane Sirîmatî. Les pécheurs venaient à lui pour être convertis, les malheureux pour être consolés. Ses paroles étaient toujours les plus propres à toucher ses auditeurs.

Gautama se trouvait une fois sur les terres du riche Brâhmane Bhâradwâja. C'était la saison des semailles ; chaque jour, l'on attelait plus de cinq cents charrues.

Un matin, à l'heure des aumônes, le Bouddha prit sa sébile et se rendit à la ferme. Il ne se mêla pas avec les autres mendiants, mais, se tenant à l'écart, il attendit patiemment que le donneur vînt à lui.

Le Brâhmane l'aperçut et dit :

« Moine, je laboure et je sème ; et mon travail

fini, je m'assois pour manger. Que ne laboures-tu et ne sèmes-tu comme moi! Ton travail fini, tu t'assiérais pour manger. »

Bhagavat lui répondit :

« Moi aussi, je laboure et je sème. Ma charrue a nom l'intelligence; mon soc est la sagesse, mon joug la modestie. Je sème la graine de la foi. Elle germera sous la pluie de la pénitence. »

Le Bráhmane prit une coupe d'or, et la remplit de riz au lait. Il la présenta au Bouddha en disant : « Accepte cette offrande. Tu es le véritable laboureur; ta moisson sera l'immortalité. »

Mais Bhagavat l'interrompit : « Tu ne m'offres pas la nourriture que je désire. J'ai faim et soif de bonnes actions. » — Le Bráhmane comprit ces paroles. Il se mit à genoux, et demanda le manteau des mendiants (1).

VIII

Voici le récit des derniers jours du Bouddha (2). Il était alors octogénaire.

Au matin, le maître se rendit, avec Ânanda, sur une montagne aux environs de Vaiçâlî. La vue du ciel pur et de la vallée remplit son âme de joie. Se tournant vers Ânanda, il lui dit :

(1) D'après la traduction de FAUSSBOLL. *Kasibháradvájasutta*.
(2) Tout ce récit, d'après le *Mahâparinibbâna Sutta*. Trad. de RHYS DAVIDS.

« Le Tathâgata connaît toutes choses. Aucun miracle ne lui est impossible. S'il le voulait, le Tathâgata pourrait vivre jusqu'à la fin de cet âge du monde. »

L'intention du Maître était claire; Ânanda ne la comprit pas. Il ne supplia pas le Très Saint de rester sur la terre pour le salut des hommes. Mâra, le tentateur, avait troublé l'esprit d'Ânanda. Trois fois, Bhagavat répéta les mêmes paroles. Trois fois, Ânanda demeura silencieux.

Le Maître lui ayant fait signe de se retirer, Mâra, le tentateur, s'approcha de Bhagavat, et dit : « Enfin, l'heure est venue où le Saint doit se dissoudre dans le Nirvâna. »

Bhagavat lui répondit avec douceur : « Mâra, tu peux être sans crainte. » Puis il renonça consciemment à la vie; la terre trembla, et le tonnerre retentit dans le ciel.

Ânanda revint auprès du Maître pour l'interroger. Celui-ci répondit :

« La nuit, que je compris la Vérité, Mâra voulut me persuader d'entrer aussitôt dans le Nirvâna. Mais je refusai de le faire avant d'avoir réuni autour de moi des religieux, des religieuses et des fidèles laïques des deux sexes. Voici que Mâra est venu me rappeler mon serment. Ânanda, aujourd'hui même Bhagavat a renoncé à la vie. »

Ânanda dit alors : « Que Bhagavat reste sur la terre pendant tout un âge du monde. »

Bhagavat lui répondit : « Il est trop tard pour m'adresser cette demande… Tout à l'heure, je t'ai fait signe que tu pouvais parler. Tu ne m'as pas compris.»

Le même soir, les moines s'assemblèrent dans la grande salle; le Maître s'assit au milieu d'eux, et leur tint ce discours :

« Moines, apprenez ma doctrine, et mettez-la en pratique. Vous la répandrez, afin qu'elle serve à la joie et au salut du plus grand nombre; afin qu'elle se perpétue par pitié pour le monde, et pour l'avantage des hommes et des dieux. »

Le lendemain, Bhagavat s'arrêta dans la ville de Pâvâ, chez l'orfèvre Chunda. Les orfèvres appartenaient à l'une des plus basses castes. Chunda lui offrit du riz mêlé avec de la viande de porc. Gautama s'était fait une obligation de ne refuser aucune offrande; il prit cette nourriture trop lourde pour un vieillard.

Sur la route de Bénarès à Kusinagara, les disciples s'arrêtèrent, et Bhagavat, s'approchant de la rivière Kukushṭâ, dit faiblement : « J'ai soif. ». Ânanda lui donna de l'eau de la rivière.

Alors le Maître sentit que sa fin était proche. « Ânanda, dit-il, Chunda pourrait se reprocher le repas que j'ai pris dans sa maison... Quand je serai mort, tu te rendras auprès de lui, pour lui rapporter mes paroles : « Deux présents entre tous furent chers à Bhagavat, celui de Sujâtâ, le jour qu'il atteignit le rang d'un Bouddha; celui de Chunda, le jour qu'il atteignit le Nirvâṇa. »

Dans le bois des çâlas, près de Kusinagara, Bhagavat s'étendit à la manière des lions, couché sur le côté droit, un pied posé sur l'autre. Quoique l'on ne fût pas au printemps, les fleurs épanouies des çâlas tombaient, et recouvraient son corps. D'autres fleurs pleuvaient du ciel; l'on entendait les chœurs des anges, accompagnés d'une douce musique.

Et le Bouddha dit : « De tels honneurs touchent peu le cœur du Tathâgata. Moines, suivez la règle, voilà comment il convient de l'honorer. »

Vers le soir, Ânanda se mit à pleurer en disant :

« Je n'ai pas atteint la perfection, et le meilleur des maîtres veut m'abandonner.

— Ânanda, lui répondit le Bouddha, ne pleure pas. Un moine, t'ai-je dit souvent, doit quitter tout ce qu'il aime. »

Puis, se tournant vers les moines assemblés :

« L'un de vous a-t-il des scrupules ou des doutes? Voici l'heure de parler, car le Maître va disparaître, et nul ne pourra plus l'interroger. »

Aucun des moines ne répondit. Ânanda ne put cacher son étonnement. Mais Gautama le réprimanda en disant : « Je lis dans les consciences. En vérité, tous ces moines ont foi dans la doctrine et feront leur salut. »

Bhagavat se tut quelques minutes, puis il reprit :

« Moines, n'oubliez pas que tous les êtres sont des composés; que tous les composés doivent se dissoudre et disparaître. »

Ce furent ses dernières paroles. Son corps prit la teinte dorée qui annonce l'éternel repos.

Le Bouddha franchit les quatre degrés de l'extase, puis il entra dans le règne de l'espace infini, dans le règne de la conscience infinie, dans le règne de l'inconscience, dans le Nirvâna.

Alors la terre trembla, l'on vit les montagnes osciller et les fleuves remonter vers leur source. Les

arbres frémissaient, les animaux hurlaient de douleur ; les nuages fuyaient dans toutes les directions,
chassés par le vent. Les hommes pleuraient sur la
terre, et les dieux pleuraient dans le ciel.

*
* *

Les disciples portèrent le corps de leur Maître
sur un bûcher, qu'ils entourèrent d'une muraille en
pierre. Les flammes consumèrent la chair, mais
une averse empêcha que les os ne fussent calcinés.
Les disciples les recueillirent. Ces reliques devinrent leur bien le plus précieux.

LE NIRVANA DE GAUTAMA.

TEMPLE BIRMAN

Bourne et Shepherd, phot.

CHAPITRE III

I

Après la mort de Gautama, les disciples tinrent leur premier concile dans la cave de Râjagriha. Ils chantèrent les versets des livres sacrés et choisirent pour chef le barbier Upâli, le premier patriarche.

L'Ordre s'accrut rapidement, mais les dissensions y étaient nombreuses. Du vivant même de Gautama, Devadatta son cousin l'avait accusé de professer une morale trop relâchée; il fonda un ordre schismatique, dont les règles rappelaient les pratiques de l'ascétisme brâhmanique.

D'autres moines trouvaient la discipline trop sévère. Cent ans après la première assemblée, une seconde se réunit à Vaiçâlî (377). La majorité des Pères se prononça contre les dix indulgences que l'on voulait introduire dans la règle des couvents; notamment la permission de boire de certaines liqueurs fermentées et de recevoir des aumônes en or ou en argent.

Cette majorité n'était qu'une majorité de rencontre. Les religieux dissidents convoquèrent un concile plus nombreux que le premier; l'on y décida que la règle serait adoucie.

Ce premier schisme fut suivi de bien d'autres. Deux siècles après la mort de Gautama, le Bouddhisme comptait dans l'Inde dix-huit sectes principales.

Le nombre des fidèles laïques augmentait aussi rapidement que celui des religieux. Il fallut donner une constitution à la nouvelle Église. Son chef fut le patriarche, successeur de Gautama. Les bouddhistes ont dressé la liste des patriarches avec les dates de leur avènement et de leur mort. L'on ne peut contrôler l'exactitude de ces renseignements; l'on ignore d'ailleurs où résidait le pontife et quelles étaient ses attributions.

Dans les grandes villes se trouvaient des évêques. Megasthènes, qui visita l'Inde au commencement du troisième siècle, rapporte que ces évêques étaient chargés de surveiller les mœurs des fidèles; ils s'occupaient aussi des institutions charitables.

Ce fut dans le même temps que se forma le Canon. Il comprend trois Piṭakas ou paniers de manuscrits : les règles de l'Ordre (Vinaya), les sermons (Sutta), et les traités de métaphysique (Abhidhamma).

Certains chapitres du canon faisaient sans doute partie des Thera Vâda, récités au concile de Râjagriha. D'autres sont antérieurs à celui de Vaiçâlî. Les deux premiers Piṭakas ne semblent pas s'être augmentés depuis le concile de Patna, en 242 avant Jésus-Christ.

Les Écritures des Bouddhistes reçurent le nom mystique de Dharma, la foi, la religion. Dharma devint la seconde personne de leur trinité. La première est le Bouddha et la troisième Saṅgha, l'Ordre, la communion des saints.

II

Pendant plusieurs siècles, le Bouddhisme s'étendit seulement dans le nord de l'Hindoustan. Les guerres, les révolutions, les difficultés intérieures de l'Église arrêtaient le prosélytisme.

Les communautés de l'Ouest avaient conservé leur indépendance. Mais la prédication des premiers missionnaires n'était pas restée inefficace. Le nombre des Yogîs diminuait. Dans beaucoup d'ermitages l'on n'admettait plus de femmes. Les filles des anachorètes se réunissaient sous l'autorité d'une supérieure.

Déjà la gorge d'Ajaṇṭâ devait avoir ses moines, vêtus de jaune. Ils creusaient leurs cellules dans le rocher; les fidèles l'appelèrent la ruche sainte, où bordonnent les abeilles de la prière.

Comprenant que la solitude est mauvaise pour l'homme, les ermites cherchaient à se réunir. Les jeunes gens surtout désiraient une règle et un père spirituel.

Nous retrouvons les traces de ces premières communautés. Là, près de la cave, qui servait au Bhikshu, au Maître, l'on voit les étroites cellules

des disciples. Ici, c'est déjà comme l'ébauche d'un couvent : une salle, entourée d'alcôves; dans chacune des alcôves, une couchette et un oreiller de pierre.

A l'entrée de la cave, nous découvrons, sous les ronces, la margelle d'une citerne. Et nous répétons la comparaison chère aux auteurs bouddhistes : « Sans l'eau de la citerne, comment s'étancherait la soif des lèvres ? Sans de sages enseignements, comment s'étancherait la soif de l'esprit ? »

Les moines habitaient Ajaṇṭâ durant la saison des pluies, de juin à la fin d'août. Peut-être s'y réfugiaient-ils dès le commencement de mai, quand la chaleur devient insupportable. Beaucoup y passaient les mois de septembre et d'octobre. A cette époque, les rivières sont encore débordées, les exhalaisons des marais répandent la fièvre.

Pendant ce temps de repos, chaque Bhikshu prescrivait à ses disciples les exercices qui lui semblaient les meilleurs. Mais, comme tous les moines professaient les mêmes croyances et s'inspiraient d'un seul exemple, les différences étaient légères entre les règles des communautés.

Dès le matin, les religieux, vêtus de la robe jaune, se dispersaient dans les vallées, pour mendier et prêcher la bonne nouvelle. Quand le soleil plus haut échauffait les rochers, ils faisaient la sieste dans leurs cellules, dont les figuiers ombrageaient l'entrée.

Le soir venu, les jeunes gens se réunissaient devant la grotte de leur maître. Il leur montrait les reflets du couchant sur la cime des rochers. « **Tout,** leur disait-il, doit, comme le soleil, naître pour mourir et mourir pour renaître. La suite des métempsycoses ne finit pas. »

Était-ce l'automne, l'on voyait dans le ciel, purifié par les pluies, la lune et toutes les étoiles. Le Bhikshu élevait la main et s'exprimait ainsi :

« Prenez garde, que votre vie soit calme comme le ciel pur de cette nuit.

« Il n'y a plus de souffrance pour celui qui arrive au terme de sa route.

« L'orgueil et le désir sont morts en lui. Ses sens, autrefois révoltés, semblent des chevaux bien mis, qui obéissent au moindre mouvement de leur cocher. » (*Dh.*)

III

Les novices s'étaient rapprochés du Bhikshu. Il se recueillait quelques instants, puis commençait de leur expliquer la doctrine du Karma.

« Moines, écoutez bien mes questions et répondez-moi. Chacun de vous porte-t-il un nom particulier?

— Oui, sans doute.

— Eh bien! ce nom n'est rien qu'une appellation conventionnelle. Car la personnalité, le moi résulte seulement de l'équilibre des Skandhas. Redites-moi, quels sont les Skandhas? »

Et, comptant sur ses doigts, suivant l'usage du

Bouddha, l'un des disciples donnait l'énumération des Skandhas.

— D'abord ceux de la matière : éléments, organes des sens, sexes, qualités des corps, etc.

— Puis les six classes des sensations dont cinq se rapportent aux sens et la dernière à l'intelligence.

— Troisièmement, les six classes des idées, qui correspondent aux six classes des sensations.

— Quatrièmement, les cinquante-deux classes des potentialités, telles que l'abstraction, la mémoire, l'individualité, etc.

— Enfin la raison.

L'élève avait achevé de réciter sa leçon.

« Eh bien ! reprenait le Maître, nous appelons moi, personnalité, l'équilibre des Skandhas. »

Les disciples se récriaient : Si la personnalité n'existait pas, nous n'aurions pas l'illusion d'êtres indépendants.

Le Maître ne se troublait pas : « Imaginez un chariot. Le timon est-il le chariot?

— Non, maître.

— L'essieu est-il le chariot?

— Non, maître.

— La caisse est-elle le chariot, ou les roues, ou la bâche, ou le joug, où les rênes?

— Non, maître.

— A vous en croire alors, il n'y aurait pas de chariot.

— Maître, le mot de chariot est une appellation conventionnelle qui désigne la réunion de ces objets.

— Ainsi, le mot de moi n'est qu'une appellation

conventionnelle qui désigne la réunion des Skandhas (1). »

IV

Le Bhikshu restait quelque temps silencieux. L'on entendait le bruit d'un serpent dans les feuilles sèches.

« Moines, reprenait le maître, je vous ai démontré la première vérité. Le moi est un composé. Je veux maintenant vous démontrer la seconde. Le moi, ou plutôt cette apparence de la personnalité, que nous appelons le moi, se transforme sans cesse. Je prendrai l'un de vous pour exemple. L'homme, que nous voyons aujourd'hui, est-il l'enfant qui jouait autrefois? le nourrisson qui demandait le sein? l'embryon? le germe? Non, il n'y a rien de commun entre un germe et lui.

— Maître, comment expliquer que tant d'êtres différents se remplacent, sans qu'on puisse remarquer où finit l'un, où commence l'autre?

— Moines, ramassez deux morceaux de bois sec.

— C'est fait, ô maître.

— Frottez-les... la flamme jaillit. Jetez-les maintenant dans ce tas de feuilles sèches...

— Elles brûlent déjà.

— Prenez une branche, mettez-y le feu.

(1) *Milindapañha*. Harvard Series.

— Nous t'avons obéi.

— L'étincelle jaillie des deux baguettes, les feuilles qui brûlent, la branche allumée, autant de flammes, toutes pourtant sorties de la même flamme.

Ainsi les éléments de l'être se succèdent si rapidement, qu'ils semblent composer un être. Et, si vous désirez une autre comparaison, je vous donnerai celle du lait, qui devient beurre frais et beurre clarifié (1). »

En ce moment, la fumée s'était dissipée, de grandes flammes jaillissaient du brasier, illuminaient toute la gorge, le torrent sous les lianes, les montagnes, les cavernes, les cellules creusées dans le rocher. L'on entendait le cri des chacals effrayés; puis la flamme tombait, les chacals se taisaient; du brasier, il ne restait plus que des cendres.

V

L'un des jeunes moines se hasardait à poser une question :

« Maître, le moi n'est qu'une apparence, à chaque moment cette apparence varie. Comment admettons-nous alors qu'un être puisse passer par la série des métempsycoses? Pourquoi disons-nous qu'un homme subit, dans sa vie présente, la récom-

____

(1) *Milindapañha*. HARVARD SERIES.

pense ou la peine des actes accomplis par lui dans une vie passée?

— Mes enfants, répondait le Bhikshu, la doctrine du Karma est un mystère. J'essayerai pourtant de l'expliquer. Vous me demandez pourquoi, dans cette vie, les uns sont bons et les autres mauvais, ceux-ci heureux, et ceux-là malheureux. Puisqu'il n'y a point de personnalité, point de moi, point d'être conscient de lui-même, changeons la question, et demandons-nous pourquoi tels actes sont bons, et tels autres mauvais.

Je me servirai encore d'une comparaison. Dans un panier plein d'œufs, distinguerez-vous les œufs pleins des œufs vides?

Dans un panier plein de graines, distinguerez-vous les graines fécondes des graines stériles?

Non, assurément, et, si vous prenez les œufs pleins, si vous les brisez, pourrez-vous me dire en quoi le jaune d'un œuf de pigeon diffère du jaune d'un œuf de poule?

Si vous prenez les graines fécondes et que vous les coupiez, y verrez-vous pourquoi la graine du froment produit toujours du froment, la graine de riz toujours du riz?

Eh bien! pour les actes de l'homme ou de l'animal, le mystère est le même; mais la réponse est aussi la même. Il pousse de mauvaises actions, quand de la graine de mauvaises actions fut semée. Il pousse de bonnes actions quand de la graine de bonnes actions fut semée. Une graine stérile ne produit rien. De la graine stérile du renoncement à la vie, rien aussi ne peut germer;

ce manque de germe est le bienheureux Nirvâna.

Peu de graines portent fruit dans la même saison. Ainsi peu d'actions portent fruit dans la vie présente.

Cette apparence, que nous appelons un être, disparaît. Qu'importe ? La graine ne meurt point avec la plante. L'oiseau tué n'empêchera point l'œuf de demeurer fécond. L'illusion de l'être disparue, la semence des actes reste, productive de bien ou de mal, de jouissance ou de peine ; productive d'autres vies sur la terre, dans le ciel ou dans l'enfer. Cette semence de vies est le Karma. »

Ainsi parlait le Bhikshu, et ses disciples l'écoutaient rêveurs, sans s'apercevoir que les astres avaient fini leur carrière et que le ciel blanchissait à l'orient (1).

(1) Les idées métaphysiques des premiers Bouddhistes semblent empruntées au dualisme du Sânkhya. Ce système athée était peut-être la philosophie laïque ; le Vedânta est la théologie Brâhmanique.

CHAPITRE PREMIER

L'ÉGLISE BOUDDHISTE AU TEMPS DE L'HÎNAYÂNA

I

Au quatrième siècle de l'ère ancienne, de graves événements bouleversèrent le nord de l'Inde. Pour les moines, le Bouddhisme n'était rien qu'une réforme des communautés d'ascètes. Mais les râjas le favorisaient, dans l'espoir de diminuer l'influence des Brâhmanes. Les Çudras souhaitaient que la religion nouvelle établît aussi une société nouvelle, où disparût toute inégalité entre les Aryens et les hommes de couleur.

Les uns et les autres expliquaient dans leur sens certaines paroles du Maître :

« Les différentes espèces d'animaux se distinguent par leur couleur et par leur forme, par leur manière de marcher et de se nourrir.

« De semblables différences n'existent pas entre les hommes.

« L'acte donne à chaque homme son rang. La naissance ne peut rien de pareil.

« Celui qui paît les bœufs est un pâtre, celui qui échange des marchandises un marchand, celui qui sacrifie un sacrificateur ; de tels hommes ne sont pas des Brâhmanes.

« Mais quiconque mène la vie d'un Brâhmane et se montre vertueux, sage et désintéressé ; quiconque, héros ou sage, s'élève au-dessus des autres hommes, je l'appellerai un Brâhmane.

« Un homme n'est pas un Aryen, un noble, parce qu'il fait souffrir des créatures vivantes. Celui-là seul est un noble, qui les prend en pitié.

« Pas plus que la naissance ne fait l'homme de haute caste, la naissance ne fait le paria.

« Celui qui est colère, haineux, méchant, hypocrite ; celui qui fait la guerre et qui détruit des villes, celui-là est un paria (1). »

Gautama ne s'adressait qu'aux moines ; il ne s'occupait pas de réformer l'État. Mais ses reproches touchaient les plus ignorants. Les royaumes étaient en guerre. Dans chaque royaume, il y avait lutte entre les adhérents des différentes sectes, les membres des différentes castes.

La conquête d'Alexandre acheva la révolution commencée par le Bouddhisme. L'Inde connut la religion et les mœurs de l'Égypte, de la Grèce et des peuples de l'Asie occidentale. Un commerce régulier s'établit par mer avec l'Égypte, par terre avec la Perse.

______

(1) *Dham. et Sutta Nipâta* (passim).

Pendant plusieurs siècles, des princes grecs de
Bactres régnèrent sur la contrée de l'Indus. Le
British Museum possède des monnaies frappées à
leurs effigies. Sur les plus anciennes, les visages ont
gardé les traits réguliers des Hellènes. Mais en suivant la série des pièces, nous voyons que le menton
s'affine, que le nez devient plus délicat. Avec leurs
traits efféminés et leurs lèvres sensuelles, les derniers de ces princes ressemblent aux jeunes Hindous
que l'on rencontre dans les rues de Delhi ou de
Jeypore (1).

Avant l'invasion macédonienne, les Indiens
n'avaient élevé aucun monument de pierre. Peut-
être ignoraient-ils l'usage de l'écriture. Pendant des
centaines d'années, les Védas, les épopées, tous les
Livres sacrés, bouddhistes ou bráhmaniques, furent
transmis oralement. Mais à partir du quatrième
siècle, les rájas reçurent à leur cour des artistes et
des philosophes, qui leur apprirent la civilisation de
l'Occident.

De pareils changements dans les idées et dans les
mœurs favorisaient l'ambition des hommes hardis.
Un chef de brigands s'empara du trône de Magadha,
conquit les royaumes voisins, repoussa l'invasion
de Séleucus et fonda un grand empire. Il prit le
nom de Candragupta, Protégé de la lune, mais les
Indiens virent en lui l'un des Cakravartins, célébrés
par leurs Livres saints.

L'intérêt de cet usurpateur lui commandait de

____

(1) M. Samuelson a reproduit quelques-unes de ces médailles
dans *India past and present.*

favoriser une religion qui ne reconnaissait pas le privilège de la naissance. Il fit de grandes libéralités aux couvents. Son nom fut sacré comme celui du Bouddha. La légende confondit le prince devenu moine et l'ancien chef de brigands devenu roi.

Cependant Candragupta n'embrassa pas la foi de Gautama. Son petit-fils Açoka fut le premier grand roi de l'Inde qui se convertit au Bouddhisme. (Quatrième siècle avant Jésus-Christ.)

***

Hiuen Tsiang, le pèlerin chinois, nous raconte comment la légende veut que cette conversion se soit accomplie. Pendant les premières années de son règne, Açoka fut un souverain cruel. Sa prison s'appelait l'enfer. Quiconque s'en approchait devait périr dans les supplices.

Un moine, surpris par le bourreau, demande quelques instants pour se recueillir. Pendant qu'il fait sa prière, l'on saisit son compagnon de chaîne, on lui coupe les bras et les jambes, on le broie vivant dans un mortier.

La vue de pareilles souffrances éclaire l'esprit du moine, purifie son cœur. Délivré de l'illusion qui nous fait croire à la réalité du monde, il n'est plus un homme, mais un Arhat, affranchi de la naissance et de la mort. Que peuvent toutes les inventions de la cruauté contre celui qui n'a que l'apparence d'un corps? On le précipite dans une cuve remplie d'huile bouillante, et voilà que cette huile se change en eau fraîche, que sur cette eau flotte un lotus, dont les pétales entr'ouverts portent le saint en extase.

Prévenu aussitôt, le roi accourt; il voit le miracle, tombe à genoux et se convertit. Un décret d'Açoka fait du Bouddhisme la religion de l'Inde; dans toutes les provinces l'on élèvera des monuments en l'honneur de Gautama.

II

Açoka était d'un naturel violent, ami du faste et des plaisirs, mais il possédait les qualités d'un souverain.

Les Bouddhistes vantent son zèle pour la foi. Il donna plusieurs fois son royaume aux moines et le racheta pour des sommes énormes. Ces libéralités formèrent le patrimoine de l'Église, qui s'agrandit constamment durant plusieurs siècles.

Dans une grave maladie, Açoka voulut abandonner tous ses biens aux couvents. Son ministre s'y opposa.

« Quel est le maître de Jambudvîpa? lui demanda le roi. (Jambudvîpa est l'un des noms de l'Hindoustan.)

— Tout appartient à Votre Majesté, lui répondit le courtisan.

— Ah! que non pas. Rien ne m'appartient, pas même cette moitié de fruit que je fais de vains efforts pour manger. Il est plus malaisé à l'homme de conserver aucun bien de ce monde que de garder sa lampe allumée dans la tempête. Va dans le monastère et dis aux prêtres : Recevez cette moitié de fruit, voilà tout ce qui reste au maître de Jambudvîpa. L'offrande vaut peu. Puisse-t-elle servir au salut du malheureux qui vous l'envoie. »

Açoka réunit un concile à Pâṭaliputra, aujourd'hui Patna. De hautes murailles, de larges rues plantées d'arbres, un palais de pierre, des pavillons de briques et de bois à plusieurs étages, des jardins, des étangs entourés de portiques rendaient cette ville si belle, que les Indiens la croyaient l'œuvre des génies.

L'on y vit s'assembler des moines de toutes les sectes, les uns vêtus de haillons, les autres déjà corrompus par les dons des princes et des fidèles. Il y avait aussi de riches Brâhmanes, célèbres par leur science et leurs vertus ; des rhéteurs, des philosophes, des cyniques, des Brâhmanes mendiants ; des ascètes, des Jains vêtus de blanc ; des Jains nus, qui portaient un voile devant la bouche, pour n'avaler aucun insecte : donner la mort à l'être le plus infime leur semblait un péché.

L'on a retrouvé des colonnes et des tables, qui portent l'édit de convocation au concile. Voici l'inscription de la roche de Bhabra :

Le roi de Magadha au cœur compatissant (Piyadasi) salue les membres de l'Ordre, leur souhaite bonheur et santé. Vous savez le respect que je professe pour le Bouddha, Dharma (la loi) et Sangha (l'Ordre). Toutes les paroles du Bouddha sont sacrées. Du respect qu'on leur garde, dépend la

durée de la Vraie loi. Suit la liste des écrits cano-
niques (1).

Le roi et les évêques, après avoir écarté la foule
des moines, des dissidents et des Brâhmanes, choisirent mille anciens, pour fixer le canon des Écritures et les lois de l'Église. Le concile dura neuf mois.

C'est la plus glorieuse époque de l'histoire du
Bouddhisme indien. Les troupes d'Açoka con-
quirent la péninsule. Les États voisins embrassèrent la religion qu'il professait, et lui payèrent
tribut. Dans les grandes villes de son Empire et des
royaumes voisins, le mahârâja faisait construire des
monastères, des églises, des monuments symboliques, des hôpitaux pour les hommes et pour les
animaux.

III

Dans les dernières années de sa vie, Açoka ne
put résister aux séductions d'une femme de son
harem et l'épousa. Elle persécuta les moines qui
ont chargé sa mémoire de tous les crimes.

La reine s'éprit du prince héritier Kunâla, que
le roi avait eu d'un premier mariage. Elle voulut le
forcer de céder à ses désirs. Mais le prince lui fit
des reproches, et dans la suite, il évita de la rencontrer.

(1) Cf. E. SENART, *Les inscriptions de Piyadasi.*

Quelque temps après, le gouvernement de Takkasilâ fut vacant. La favorite vint trouver Açoka et lui dit : « Sire, le prince est connu de tous pour son humanité et son obéissance. Nul mieux que lui ne peut régir cette province. » Açoka suivit les conseils de sa femme, et Kunâla fut envoyé à Takkasilâ.

Plusieurs mois se passèrent. Une nuit, la reine écrivit un ordre, mit un cachet de cire rouge, et le scella en l'appuyant sur la dent d'Açoka endormi.

Les ministres du prince s'agenouillèrent pour lire le message. Le contenu les frappa d'horreur : ils se regardaient l'un l'autre, sans prononcer une parole.

Le prince les surprit et les somma de lui dire ce qu'ordonnait son père. Ils lui répondirent : « Sa Majesté vous accuse de haute trahison. Elle ordonne que l'on vous crève les yeux et qu'on vous expose sur une montagne déserte. Mais nous avons décidé de vous retenir prisonnier, en attendant de nouveaux ordres. »

Kunâla leur répondit : « Les volontés de mon père doivent être obéies sur l'heure. » Il fit venir des Candâlas et leur ordonna de lui crever les yeux. Puis le prince et sa femme quittèrent le palais, ils allaient par les routes en demandant l'aumône.

Un jour l'aveugle entendit les dix bruits, qui annoncent l'approche d'une grande ville.

« Où sommes-nous? demanda-t-il à sa femme.

— Devant la capitale du Mahârâja.

— Hélas! je souffre de la faim et du froid. Cependant les dieux m'ont fait naître sur le trône.

Puissent-ils m'accorder de réfuter l'accusation portée contre moi ! »

La nuit venue, Kunâla s'introduisit dans l'enceinte du palais, prit un luth et se mit à jouer. Le roi habitait dans la plus haute chambre de la tour. Il crut reconnaître la voix du chanteur et donna l'ordre qu'on l'amenât.

« Mon fils, s'écria-t-il, qui t'a maltraité de la sorte? »

Kunâla lui répéta l'ordre que les ministres avaient reçu. Açoka comprit que la reine avait commis le crime et lui envoya le bourreau.

Il y avait alors dans un monastère de Bouddha-Gayâ un Arhat célèbre du nom de Ghôsha. Le roi le supplia de rendre la vue à Kunâla.

« Par moi-même, j'en suis incapable, répondit l'Arhat, mais rien dans le monde ne résiste à la pitié. »

Il réunit le peuple, lui récita les plus belles maximes du Bouddha et lui raconta les malheurs du prince. Tous furent émus jusqu'à pleurer. De ces larmes des misérables, recueillies dans l'écuelle d'un mendiant, le saint mouilla les paupières de l'aveugle, et l'aveugle fut guéri.

Açoka fit élever un monument au lieu de ce miracle. Fa-Hien (1) nous raconte que les aveugles y venaient en pèlerinage; ceux-là retrouvaient la vue, qui savaient méditer sur le mystère de la pitié.

____

(1) Pèlerin chinois du cinquième siècle.

I V

Le concile de Vaiçâlî avait décidé d'envoyer des missions dans tous les royaumes de l'Inde et dans les pays limitrophes. Ces missions atteignirent au nord l'Himâlaya; dans le midi, Ceylan; à l'ouest, la Bactriane; à l'est, la Birmanie et peut-être le sud de l'Indo-Chine.

Après la mort d'Açoka, son empire fut démembré; les princes féodaux épuisèrent leurs forces dans des guerres continuelles, et les Scythes purent s'établir dans le nord-ouest de l'Hindoustan.

Ces événements n'arrêtèrent pas l'influence du Bouddhisme, mais contribuèrent plutôt à son développement. Le roi scythe Kanishka en fit la religion de son empire, qui comprenait l'Inde jusqu'aux frontières extrêmes du Radjpoutana, l'Afghanistan et les deux Thibets. Il tint un concile à Peshawar.

Du Thibet, le Bouddhisme fut introduit en Chine. L'empereur Ming-Ti, de la dynastie de Han, l'embrassa en 64 de l'ère actuelle.

Des moines chinois convertirent les Mongols, les peuplades sauvages de la Sibérie, et la Corée en 372. Les Coréens, à leur tour, envoyèrent des missions dans les îles de l'archipel japonais. Le prince Shotoku Taishi (572-621), régent pour l'impératrice Suiko, embrassa le Bouddhisme, qui devint bientôt populaire.

L'enthousiasme des missionnaires et des pèlerins bouddhistes constraste avec l'apathie habituelle des peuples de l'Asie.

Des râjas, des Brâhmanes, des princes de Bactriane ou de la dynastie des Sassanides, des mandarins, des daimios et même des mikados prirent la robe des mendiants. Tandis que les uns se retiraient dans la solitude, les autres traversaient les déserts et les montagnes de l'Asie centrale ou s'embarquaient sur des bateaux mal dirigés pour des pays inconnus. Ils s'exposaient aux persécutions des princes, à la cruauté des tribus sauvages.

Les femmes quittaient les harems pour suivre les voyageurs. Des religieuses indiennes fondèrent des ordres dans l'île de Ceylan, en Birmanie et en Chine.

Aucun obstacle n'arrêtait les missionnaires. Dans certaines villes de l'Hindoustan, les Brâhmanes obtiennent du râja un décret, qui interdit la prédication du Bouddhisme. Des moines s'introduisent dans ces villes sous des déguisements. Puis soudain on les voit apparaître dans la cour du palais ou sur la place du marché. Ils frappent le gong, appellent la foule et proclament la sainteté de leur religion.

Dans le récit des pèlerins chinois, nous les trouvons toujours résignés au milieu des souffrances et des dangers.

En traversant les petites montagnes neigeuses, Fa-Hien et ses compagnons s'arrêtent, saisis par le froid. Ils n'ont même plus la force de parler. Hwui-King fait un dernier effort, l'écume couvre ses lèvres; il se retourne vers Fa-Hien et lui dit : « Je suis à bout. Laisse-moi et continue ta route. Que l'un de nous au moins arrive au terme de son pèlerinage. » En racontant la mort de son ami, Fa-Hien écrit simplement : L'intérêt n'était pas notre but.

Après six années passées dans les Indes, Fa-Hien s'embarque à Ceylan pour l'île de Java. Une voie se produit dans le vaisseau; l'on jette les marchandises par-dessus bord. Le pèlerin n'a d'inquiétudes que pour ses images saintes et ses transcriptions des Pitakas.

Il aborde à Java et prend passage sur un bateau en partance pour la Chine. Après un mois de traversée, une tempéte éclate pendant la nuit. Les marchands et les passagers sont terrifiés; Fa-Hien se retire à l'écart pour méditer.

Le matin paraît. Les Bráhmanes de Java déclarent que la présence du moine, ennemi des dieux, a causé la colère du ciel. Ils proposent de l'abandonner sur une île déserte. L'intervention d'un Chinois bouddhiste réussit à sauver le pèlerin.

Fa-Hien put enfin débarquer dans l'un des ports du midi de la Chine. Il avait voyagé pendant quatorze ans et visité plus de trente pays (I).

V

Les moines s'imaginaient qu'une puissance mystérieuse les soutenait au milieu des dangers. Les

(1) D'après la traduction du R[d] Beal.

persécutions des rois et des prêtres leur paraissaient l'œuvre du démon. Aussi la légende des saints bouddhistes est-elle pleine de prodiges.

Dans les Indes, ce sont les supplices des Bhikshus transformés en délices, leurs adversaires engloutis vivants dans les enfers. Un blasphémateur voit sa langue enflée lui sortir de la bouche. Les dieux portent eux-mêmes les lampes de leurs temples dans les couvents des çramaṇas, des moines. Au nom du Bouddha, les démons, qui aident les magiciens, s'enfuient en hurlant, et l'on ne trouve plus dans la hutte enflammée que le cadavre du sorcier étranglé.

Quand les moines se reposent dans la jungle, les Gandharvas, les Anges, font une douce musique; les Apsaras, leurs compagnes, répandent des parfums; des lotus tombent du ciel. Les animaux se pressent autour de la clairière, où les rayons de la lune illuminent le corps du religieux, absorbé dans sa méditation.

En Chine, les génies obéissent aux rishis des montagnes. Sur les rochers inaccessibles l'on voit s'élever des pagodes à vingt étages. Aux angles des toits superposés pendent des clochettes et des lanternes. La brise agite les clochettes : leur son, qui s'entend à des milliers de lieues, console les bons et tourmente les méchants. Quand la nuit vient, les lanternes s'allument d'elles-mêmes; partout, les fidèles, agenouillés sur les terrasses, regardent la pagode lumineuse, dont la vue purifie des péchés.

Au Japon, les hommes, les animaux, les éléments, tout obéit aux messagers de la bonne nouvelle. Les dragons soulèvent les flots et brisent les navires. Mais un missionnaire jette son manteau, l'eau s'apaise et le porte à la terre inconnue, qui sera bientôt l'île des Saints. Un autre moine touche de sa crosse une montagne, qui lui ferme la route. La montagne s'ouvre par le milieu. A la voix des ermites, les sources jaillissent du rocher; les bêtes s'apprivoisent; les serpents s'étendent au travers des fleuves pour leur servir de pont. Les dieux locaux cèdent leurs temples et leurs bois sacrés au Butsu.

VI

Les Bouddhistes ont élevé dans tous ces pays des édifices en l'honneur de leur maître. Ce sont des temples, des couvents et des monuments funéraires.

Au temps de l'Hînayâna, les couvents et les temples étaient bâtis en bois ou creusés dans les rochers. Mais les souverains, les nobles, les corporations témoignaient de leur foi en construisant ces monuments funéraires, dont nous retrouvons les ruines dans l'Inde et dans les pays limitrophes.

Les Indiens leur donnent les noms de chaityas, de dagobas ou de stûpas.

Les topes (stûpas) sont des tumulus de forme hémisphérique. On les construisait d'abord en terre, avec un revêtement de pierres à la base. Plus tard, l'on se servit de briques, recouvertes de ciment. La coupole de la tope était surmontée d'une pointe

DAGOBA DE SANCHI (Ier siècle)

Lala deen diyal, phot. Indore

ou d'une lanterne, sur laquelle on mettait un plateau. M. Fergusson pense que ce plateau où Tî
représente une boîte à reliques ; M. Senart croirait
que le Tî figure un autel. Au-dessus se trouvait un
ornement en forme de vase ; les pèlerins chinois
l'appellent la coupe de rosée.

Autour du dagoba, l'on élevait une balustrade
en pierre ; les blocs en sont disposés de manière à
former un treillis. L'espace qui se trouvait entre la
tope et la balustrade était réservé aux processions.
Aux quatre points cardinaux se trouvaient des portes
triomphales, dont les travées et les montants étaient
ornés de sculptures.

*
* *

Les dagobas sont des reproductions du monument
funéraire que les Çâkyas élevèrent au-dessus du corps
de Siddhârtha Gautama. Chaque dagoba devait
renfermer les reliques d'un Bouddha ou d'un Saint.

Celles du Bouddha Gautama furent dès l'origine
les plus sacrées. Les disciples avaient fait trois
parts des restes trouvés sur le bûcher : la première
pour les dieux, la seconde pour les râjas des huit
royaumes, la troisième pour les Nâgas, les serpents
à tête humaine.

Ces monstres, gardiens des trésors enfouis sous
la terre, ne voulaient pas se contenter de leur part ;
ils poursuivaient dans la mer ou sur les fleuves les
bâtiments qui portaient des reliques. Les matelots,
assaillis par la tempête, forçaient les moines à se
défaire de leur précieux dépôt. Aussitôt les Nâgas

le déposaient dans leurs grottes, étincelantes de pierres précieuses.

Pour le recouvrer, les saints s'exposaient à de grands périls. Car les Nâgas prenaient toutes les formes. Tantôt les saints luttaient contre des dragons gigantesques; tantôt il leur fallait se mettre en garde contre les conseils de faux moines ou les tentations des naïades.

Les reliques, attribuées aux huit royaumes, furent la cause de nombreuses guerres. On les considérait comme le premier des talismans.

Une légende a conservé le souvenir de ces luttes. Ânanda, l'ami du Maître, va mourir. Avant qu'il ait expiré, deux États rivaux lèvent des armées, pour se disputer ses reliques. Le saint traverse le Gange en bateau; il est ravi en extase. La foudre tombe, et sépare son corps par le milieu. Chacun des royaumes en conservera une moitié.

Lorsque Açoka réunit les principautés féodales dans un seul empire, il s'empara de leurs reliques. Les plus importantes furent réunies à Patna. L'on déposa les autres sous les milliers de dagobas qu'il faisait élever. Ces dagobas produisaient des miracles. L'un rendait des oracles; d'autres brillaient dans l'obscurité. Les éléphants les arrosaient avec leurs trompes, et les décoraient avec des guirlandes de lotus.

L'idôlatrie augmentant, l'on ouvrit les topes; les reliques furent déposées dans les temples. La tope ne fut dès lors qu'une tour, un clocher, qui permettait aux fidèles de se diriger vers le sanctuaire.

*
* *

Pendant plusieurs siècles, l'on attribua une vertu particulière à la sébile de Gautama. La légende de cette sébile (pâtra) rappelle, par plusieurs traits, celle du Graal.

Après avoir atteint la Sambodhi, l'extase, que donne la possession de la vérité, Bouddha Gautama demeura sept jours immobile. Deux Setthis vinrent à passer. Ils s'approchèrent de Bhagavat, et lui remirent de la fleur de farine avec du miel.

Bhagavat pensa : « Ces hommes viennent à moi, et je n'ai rien où recueillir leurs présents. » Aussitôt, les quatre dieux du ciel accoururent chacun avec une sébile d'or. Bhagavat leur dit : « Reprenez ces dons, qui ne sont pas convenables pour un religieux. »

Les dieux offrirent des sébiles d'argent, puis d'autres en cristal, en lapis-lazuli, en cornaline, en rubis. Gautama n'en voulut point. Mais il accepta quatre sébiles de pierre bleue, et les mit l'une dans l'autre pour n'en faire qu'une seule. Voilà pourquoi l'on trouve quatre lignes sur le bord du Pâtra.

Pendant toute sa vie, Gautama reçut dans ce Pâtra les aumônes des fidèles; ces aumônes y devenaient de l'ambroisie céleste. Comme il se rendait au lieu désigné pour son Nirvâna, les Licchavis (une peuplade originaire du Nord) demandèrent à l'accompagner. Pour les retenir, le maître fit

. couler devant eux une rivière aux bords escarpés ; mais, en témoignage de son amitié, il leur fit don de sa sébile. Les Licchavis construisirent un dagoba pour y déposer la relique. L'un des bas-reliefs de Sanchi représente l'inauguration de ce monument. Mais les Nàgas dérobèrent la sébile, puis des anges la transportèrent de royaume en royaume.

Quand Fa-Hien visita l'Inde en 403, le Pátra se trouvait à Peshawar. Le roi des Huns blancs était venu avec une armée pour l'emporter. Il mit la châsse sur le dos d'un éléphant ; l'éléphant tomba sur ses genoux et ne put se relever. Un chariot, construit à dessein, s'enfonça dans la boue. Le Khan comprit que l'heure n'était pas venue où sa horde devait posséder la relique. Il fit construire un monastère pour l'y déposer. Une garde de soldats défendait ce lieu sacré.

A midi, les prêtres, accompagnés des hommes purs, découvraient le Pàtra et lui rendaient hommage. Le soir, on l'exposait de nouveau, les prêtres déposaient des fleurs, brûlaient de l'encens, allumaient des lampes et des cierges.

Le public était alors admis. Quelques fleurs données par un pauvre remplissaient le Pàtra, et les riches ne pouvaient le remplir avec tous leurs présents.

Hiuen Tsiang nous apprend qu'au septième siècle le Pàtra se trouvait en Perse (1). Des prêtres de l'Hînayàna le conservaient dans un cou-

(1) Cf. édition BEAL, p. 277.

vent, compris dans l'enceinte même du palais royal.

Au treizième siècle, Marco Polo vit une sébile sainte à Ceylan, mais l'on peut douter qu'il s'agisse de la même sébile. Le roi de Ceylan aurait cédé la relique à Kublai Khan, le premier empereur mongol de la Chine.

Les anges emporteront un jour le Pâtra du Bouddha dans le quatrième ciel. Maitrêya, le Bouddha de l'avenir, se lèvera de son siège et dira : « Le règne de Gautama est fini. » Tous les dieux se prosterneront devant le Pâtra pour l'adorer une dernière fois. Puis on le cédera aux Nâgas, qui le déposeront dans leur palais sous-marin.

Alors, la loi du Çâkya-Muni disparaîtra du monde. Les hommes deviendront si méchants, que les herbes cueillies par leurs mains se changeront d'elles-mêmes en épées et en massues avides de carnage. Tous les saints devront s'enfuir et se cacher dans les montagnes.

Mais un jour, Kâçyapa (1) reviendra parmi les hommes. Après la mort du Bouddha, il dirigea l'Ordre pendant vingt années. Puis, ennuyé des dissensions des moines, le vieillard se retira dans la jungle; il fendit de son bâton le rocher, et s'ensevelit vivant sous la montagne des trois pics (près de Kurkihar). Quand les temps seront accomplis, Kâçyapa sortira de son tombeau. On le verra s'élever dans les airs, pour atteindre le Nirvâna. Les saints et les ermites quitteront leurs retraites;

____

(1) Le premier patriarche, d'après les Bouddhistes du Nord.

convertis par leurs discours, les hommes se prépareront à la venue du nouveau Maître. Il aura nom Maitrêya, le Miséricordieux.

VII

Dans l'Hindoustan, il ne reste plus que des monuments isolés pour rappeler la mémoire du Bouddhisme. A Ceylan, nous trouvons les ruines d'une ville entière Anurâdhapura. Cette ville devint la capitale de Ceylan, en 370 de l'ère ancienne. Après le concile de Patna, elle reçut une mission bouddhiste (1).

Le roi de Ceylan était alors Tissa (vers 230 avant Jésus-Christ). Açoka lui envoya son propre fils, Mahinda, qui avait pris les ordres douze ans auparavant. Ce prince et les moines qui l'accompagnaient, apprirent par cœur les Piṭakas, pour les traduire en cingalais.

La mission apportait des reliques du Bouddha ; Tissa les fit enfermer dans des sépulcres de pierre, au-dessus desquels l'on éleva le dagoba Thûpârâma.

Mahinda se retira dans un couvent, situé à quelques lieues de la capitale, sur la colline de Mihintale, dont les trois pics sont surmontés par des dagobas. L'on visite sa cellule creusée dans la roche escarpée de l'ouest, et la niche, qui lui servait de lit.

(1) Cf. GRANDIDIER, *Notice sur Ceylan* ; J. FERGUSON, *Ceylon*.

La vue s'étend sur la plaine, où se trouvaient jadis les maisons d'Anurâdhapura. Aujourd'hui, les ruines disparaissent dans la jungle. Les collines boisées, que l'on aperçoit, sont des dagobas gigantesques.

Dans ces derniers temps, le gouvernement anglais a fait restaurer le plus beau. Un ciment éclatant recouvre la coupole de briques. Quatre rangées de colonnes entourent le soubassement de pierres : ce cloître servait pour les processions.

Le roi qui bâtit ce dagoba fut pris par la fièvre, avant que les travaux fussent achevés. Il fit creuser dans le rocher un lit, que l'on montre encore, et mourut en regardant l'édifice, qui resterait comme un témoignage de sa foi.

Du sommet des topes, l'on voit de tous côtés la forêt tropicale avec ses arbres gigantesques, ses lianes, la multitude des singes et des perroquets. Au milieu, se trouvent d'immenses étangs creusés par les rois de Ceylan et réparés en partie par les Anglais. Des crocodiles dorment au milieu des lotus. Sur les îles, entourées de roseaux, il y a des flamants roses, des cygnes et des oies sauvages. Le matin et le soir, des troupeaux d'éléphants sortent de la jungle pour s'abreuver.

Sur la rive du grand étang, où les digues sont réparées, l'on a défriché la forêt. La nouvelle ville d'Anurâdhapura compte déjà près de trois mille habitants. Mais c'est à peine si l'on aperçoit ses maisons dispersées, tant les banians et les palmiers cachent les cloisons de bois et les toits de feuillage.

A l'ouest de la ville, se trouve une prairie avec des bouquets d'arbres. Seize cents piliers de granit marquent l'emplacement du monastère de bronze. Ce monastère avait la forme d'une immense pyramide, haute de cent mètres et surmontée d'une coupole de bronze. La pyramide en bois doré avait plusieurs étages avec des toits saillants, comme dans les pagodes chinoises. Des statues polychromes la recouvraient. Les novices habitaient au rez-de-chaussée, les moines dans les étages supérieurs et les Arhats au faîte, où l'on accédait par des échelles. Ils y restaient toujours absorbés dans leurs méditations.

Près des seize cents piliers, s'élèvent les terrasses du Bodhi. Sanghamittâ, la fille d'Açoka, se rendit à Ceylan pour y fonder un ordre de religieuses; elle apportait une branche du figuier de Bouddha-Gayâ, sous lequel le Maître avait lutté contre Mâra.

L'arbre qui sortit de ce rameau existe encore. Les prêtres construisent des terrasses sous les moindres branches, qui peuvent ainsi toucher la terre et jeter des racines. Le Bodhi se trouve maintenant à sept mètres au-dessus de la plaine.

Nous trouvons dans le chroniqueur cingalais cette description de la ville disparue :

« Innombrables sont les temples et les palais d'Anurâdhapura. Leurs coupoles et leurs pavillons d'or resplendissent au soleil. Les rues sont recouvertes de sable noir sur les côtés, de sable blanc au milieu. L'on passe sous des arcs de triomphe en bambous, que surmontent des drapeaux d'or et d'argent. De chaque côté, l'on voit des vases de métal remplis de fleurs ; dans des niches, des statues qui tiennent des lampes de grande valeur.

« Dans les rues, c'est une multitude de soldats armés d'arcs et de flèches, des hommes, forts comme des dieux, qui, d'un seul coup de sabre, feraient tomber la défense d'un éléphant.

« Des éléphants, des chevaux, des chariots, des milliers d'hommes passent et repassent continuellement. Il y a des jongleurs, des danseurs, des musiciens de divers pays, dont les timbales et les instruments ont des ornements en or. La distance de la porte principale à la porte du Midi est de 16 milles ; de la porte du Nord à la porte du Midi l'on compte aussi 16 milles.

« Les plus grandes rues sont celles de la Lune, du Roi, la rue couverte de sable et une quatrième. Dans la rue de la Lune l'on trouve onze mille maisons, dont beaucoup à deux étages. Le palais comprend un grand nombre de bâtiments, les uns à deux, les autres à trois étages (1). »

Les ruelles étaient innombrables ; l'on n'y trouvait que des paillottes. Les Caṇḍâlas habitaient en dehors des murailles. La légende veut que le prince Sali soit devenu l'amant de la belle Asoka-Malla, la fille d'un paria. Quand leur secret fut découvert, il renonça au trône pour l'épouser.

Voici maintenant un épisode qui peint la vie agitée de cette capitale. En 38 de l'ère actuelle, le

(1) Major Forbes.

prince Elluna fit assassiner la reine Singha et s'empara de la couronne. Le peuple se révolta et le jeta en prison. Sa femme, craignant que leur jeune enfant ne fût torturé par la foule, le fit revêtir de ses habits royaux et placer devant l'éléphant de parade. Mais celui-ci refusa de l'écraser; il défit ses liens, se précipita vers la prison, en brisa les portes et délivra le roi qui gagna la côte. Quand la révolte fut apaisée, Elluna fit bâtir un palais pour cet éléphant. On lui attribua les revenus de plusieurs villages.

Les Cingalais n'ont pas perdu tout souvenir de cette époque glorieuse. Ils croient que les fantômes de leurs anciens rois hantent la jungle d'Anurâdhapura. Quand la lune se reflète dans les étangs, personne n'ose approcher des topes, dont les ombres énormes se projettent sur les clairières. Les esprits des morts recommencent dans le silence la vie qu'ils ont menée jadis.

Cette légende n'est pas la seule où le Bouddhisme allie la croyance aux fantômes avec la doctrine de la métempsycose.

****

Les ruines d'Anurâdhapura et la chronique cingalaise sont d'un précieux secours pour l'étude de l'Inde ancienne. Les Indiens n'ont pas de livre d'histoire, et la conquête musulmane a fait disparaître jusqu'aux débris des monuments du passé. Mais, à Ceylan, l'on trouve les annales des princes, des-

DAGOBA D'ANURÂDHAPURA (CEYLAN)

cendus de Râma, et d'un peuple civilisé par les Brâhmanes. Près des ruines des anciennes capitales, l'on voit des temples modernes, où les Bouddhistes célèbrent les mêmes offices qu'ils célébraient au temps d'Açoka (1).

(1) La chronique cingalaise fut écrite en vers pâli par le moine bouddhiste Mahanama, en 460 A. D. Cette date est d'ailleurs contestée (voir la savante discussion de MAX MULLER dans l'*Introduction du Dhammapada*). Le « *Mahâwañsa* ou généalogie des grands » commence à l'invasion de Vijaya (page 217). Les moines l'ont continué jusqu'à la conquête anglaise.

CHAPITRE II

L'HÎNAYÂNA : LES FIDÈLES. — LES CHAITYAS D'AJANTÂ.

I

L'on distingue aujourd'hui dans le Bouddhisme deux grands systèmes : le Bouddhisme du Nord et celui du Midi. Le premier est professé dans le Thibet, la Chine et le Japon ; le second à Ceylan, dans le Siam et dans la Birmanie.

L'un et l'autre système sont originaires de l'Hindoustan. Le Bouddhisme du Midi s'y nommait Hînayâna ou petit Véhicule du salut. C'est la doctrine philosophique et morale que les disciples de Gautama tirèrent de ses instructions. Tous les couvents de l'Inde demeurèrent attachés à cette doctrine, jusque vers le premier siècle de l'ère actuelle. A partir de cette époque, la religion se modifia, d'abord dans l'Afghanistan et le Penjab, puis dans le Bengale. A Ceylan et dans le Dekhan, l'Hînayâna resta toujours prépondérant.

Le Bouddhisme du Nord se nommait dans l'Inde le Mahâyâna, ou grand Véhicule. Son influence ne cessa de grandir depuis le concile de Peshawar au premier siècle, où plusieurs de ses doctrines furent admises, jusqu'à celui de Kanauj au huitième, où l'Hînayâna fut définitivement condamné.

Ajaṇṭâ est l'endroit où l'on peut le mieux comparer les monuments des deux Écoles. Un intervalle de deux cents ans s'y écoula entre l'achèvement des caves de l'Hînayâna et l'ouverture des premières caves du Mahâyâna. Partout ailleurs la transformation se fit plus graduellement, et il est souvent difficile de faire la part de chaque doctrine. Ici leurs temples et leurs couvents diffèrent tant qu'on pourrait les attribuer à deux religions rivales.

II

Les caves Hînayâna d'Ajaṇṭâ furent construites entre le second ou peut-être le premier siècle de l'ère ancienne et le second siècle de l'ère moderne. Elles se trouvent au milieu de la rue des temples, à quelques mètres seulement au-dessus du torrent.

Les unes sont des monastères ou vihâras, les autres des églises destinées au culte public. L'on appelle ces églises des Chaityas, parce qu'au lieu d'autel l'on y trouve la réduction d'une tope ou Chaitya.

Au second siècle de l'ère actuelle, le monastère d'Ajaṇṭâ comprenait des ermitages (bhikshugṛihas), dont quelques-uns étaient fort anciens, trois couvents (vihâras) et deux églises (Chaityas).

Les moines y habitaient pendant la mousson; l'accès en était alors difficile à cause des débordements de la Wagora. Les pluies avaient rendu aux figuiers leur feuillage, brûlé par la sécheresse; les branches cachaient l'entrée des ermitages et des deux couvents, qui n'ont pas de vérandas. L'on apercevait au milieu des lianes le portique du troisième et les façades des deux églises.

Les architectes de ces églises prirent pour modèles les grandes salles en bois que nous voyons représentées sur les bas-reliefs des dagobas. Pour construire de pareilles salles, l'on plantait deux rangées de poteaux, on les réunissait au sommet par des arceaux en plein cintre, qui portaient les planches de la toiture : les côtés restaient ouverts; l'arche de la voûte apparaissait aux extrémités du bâtiment. Cette arche était surmontée d'un ornement en forme de pointe; l'on construisait jusqu'à mi-hauteur une cloison en planches, où l'on perçait des portes : le haut de l'arche prenait ainsi la forme d'un fer à cheval. L'on en fermait la baie avec un treillis fait d'arceaux de bois concentriques et de lattes perpendiculaires.

Cette baie, en forme de fer à cheval, est devenue caractéristique de l'époque de l'Hinayâna. Non seulement tous les Chaityas présentent cette même façade, mais la reproduction sculpturale de ce motif devint l'ornement le plus habituel dans les monuments de la fin de l'ère ancienne.

Les moines creusèrent des caves dans les rochers friables des Ghâts. Ils y placèrent des colonnes et des arceaux de bois. L'espace qui restait libre

CHAITYA DE KARLI (ENTRÉE)

HÎNAYÂNA   (IIe siècle avant Jésus-Christ)

Bourne et Shepherd, phot.

entre les colonnes et la paroi de la caverne reçut des poutres placées tranversalement. Plus tard l'on excava les colonnes, puis, vers la fin de l'Hînayâna, les arceaux de la voûte et les traverses des bas côtés.

Une pareille cave a l'apparence d'une église gothique. Les colonnes font le tour du chœur. Au milieu de l'abside, se trouve une réduction du Chaitya, également creusée dans le rocher et recouverte d'un ciment éclatant. Ce Chaitya est surmonté d'un Ti et d'une ombrelle en bois.

Comme dans les salles, l'on ferma sur le devant la grande arche par un jubé, percé de portes. Mais dans les caves, le jubé est le rocher même.

La baie, qui le surmonte, reçut un treillis de bois. Tout autour l'on sculpta dans la pierre de fausses baies plus petites. Dans certains Chaityas, la façade est masquée par une véranda, bâtie en briques ou creusée dans le rocher.

L'église ne s'éclaire que par la baie. La lumière frappe ainsi directement le dagoba, tandis que la nef reste dans la pénombre.

Des deux anciennes églises d'Ajantâ, l'une est une chapelle, l'autre une basilique. La véranda et le jubé de cette dernière se sont écroulés. Les façades de ces deux caves étaient peintes. Au milieu des lianes en fleur, l'on apercevait les piliers rouges de la véranda, les sculptures polychromes du jubé, le treillis peint en vert de la grande arche et des fausses baies qui l'entouraient.

III

Les caves d'Ajaṇṭâ sont les seuls monuments de l'Inde où nous retrouvions les anciennes fresques. L'influence de la Grèce y est sensible, mais les œuvres des Primitifs Indiens plaisent surtout par leur réalisme et leur naïveté.

Nous ne pouvons les regarder sans penser à l'Angelico bouddhiste, qui, sur le haut de l'échafaud de bambous, oubliait la terre dans son rêve mystique. Nous revoyons le Gozzoli de l'Inde, copiant, sur le roc passé à la chaux, quelque scène de la vie de tous les jours et riant avec les paysans qui lui servaient de modèles.

Ces peintures représentent des scènes tirées de la vie du Bouddha ou des Jâtakas. Ici nous voyons l'histoire du râja Çivi, l'une des incarnations du Bodhisattva. Indra se déguise en mendiant aveugle et demande l'aumône à la porte du palais. Çivi arrache ses yeux et les donne au mendiant.

Là, nous trouvons l'apparition de l'éléphant blanc à Mâyâ, le vieillard Asita bénissant le nouveau-né; le Bouddha prêchant aux Çûdras, aux Caṇḍâlas, à tous ceux que les Brâhmanes n'osaient pas même regarder.

De pareils sujets plaisaient au peuple. Les pauvres, y voyant toujours le Maître au milieu des pauvres, se plaignaient moins de leur misère, qui leur semblait moins dure. Ils ne maudissaient plus leur condition ; le Sage l'avait appelée une gloire et non pas une honte.

Comme le peintre avait pris les montagnards des Ghâts pour ses modèles, ceux-ci pouvaient s'imaginer que le Sage vivait encore au milieu d'eux. C'étaient leurs propres enfants qu'il appelait pour les bénir, leurs propres femmes, que consolaient ces paraboles. Eux-mêmes formaient cette foule, qui le suivait en portant des palmes et en jetant des fleurs.

Dans ces peintures, le paysage est tout de convention, comme dans les œuvres chinoises. Des briques disposées en damier représentent les montagnes ; deux lignes avec des têtes de poisson figurent une rivière. Pour indiquer un palais, l'on dessine le profil du toit, des colonnes et des portes vues de face.

Dans la cave X nous trouvons une procession comme celle du Gozzoli à la préfecture de Florence. C'est un long cortège de personnes de tous les rangs, les unes à pied, les autres à cheval. Les femmes sont nues, de curieux bandeaux jaunes relèvent leurs cheveux crépus au-dessus du front, de longs colliers tombent sur les seins. Leurs sourcils peints se réunissent au-dessus du nez et se prolongent en forme d'arc jusqu'aux tempes. Une ceinture, avec trois rangs de grosses boules, flotte autour des hanches. Le front et les bras sont tatoués.

Des soldats, les uns sont habillés, les autres nus. Plusieurs ont le turban. D'autres ont coupé leurs cheveux crépus en forme de capuchon, comme les Égyptiens de la quatrième et de la cinquième dynastie. Les armes sont des arcs avec des flèches, de lourdes haches et des hallebardes (1).

IV

Ces peintures, les bas-reliefs de Sanchi, le plan même des Chaityas nous permettent de reconstituer les cérémonies du culte dans le Bouddhisme primitif. Tantôt hommes et femmes découvraient leur épaule droite, et se tenaient à l'écart, immobiles ; tantôt les fidèles faisaient trois fois le tour de la personne ou de l'objet qu'ils voulaient honorer.

Au temps de l'Hînayâna, il n'existait pas d'image du Bouddha. L'on rendait un culte au Dagoba et à quelques symboles.

Celui du Bouddha était le trône de diamant, sur lequel il avait repoussé les attaques de Mâra. Au pied de ce trône vide, l'on sculptait l'empreinte de ses pieds. Cette empreinte portait les signes particuliers du Cakravartin : les doigts palmés, et sur la plante une roue entourée d'autres emblèmes.

Dharma, la loi, était figuré par la roue du Cakravartin. L'un des bas-reliefs de Sanchi représente la première prédication du Bouddha dans le bois des Gazelles, près de Bénarès. Nous y voyons une forêt, où paissent des antilopes debout ou cou-

______
(1) Cf. Fergusson.

chées. Au milieu des disciples aux mains jointes, se dresse la roue symbolique.

Un troisième signe, le Triçûla, se rapportait peut-être à l'ordre. C'est un foudre, formé par deux tridents aux pointes réunies. En Chine et au Japon, les prêtres s'en servent comme d'une arme contre les mauvais esprits; ils le tiennent pendant certaines parties de l'office.

Mais l'emblème propre du Bouddhisme est le Bodhi, l'arbre sacré. Devant chaque vihâra, l'on cultivait un figuier, de l'espèce connue sous le nom de *ficus religiosa*.

Pour les moines, l'arbre représentait la vie ascétique. Le peuple, qui adorait les Sylvains et les Dryades, rendit bientôt au Bodhi des honneurs idolâtriques. Bouddha Gayâ était un grand centre de pèlerinages. La légende raconte que la seconde femme d'Açoka fit couper le figuier de Gayâ. Quand le prince connut le sacrilège, il baigna les racines de lait parfumé. Ses prières furent si ferventes que l'arbre repoussa dans la même journée (1).

A l'intérieur des Chaityas, l'on ne célébrait pas de culte, mais les fidèles venaient y déposer des fleurs. Chaque matin, l'on peut assister à cette simple cérémonie dans le temple de Kandy, qui renferme la dent du Bouddha.

Les Cingalais, demi-nus, se réunissent à l'entrée du monastère. Les hommes ont une couverture de

_____

(1) Hiuen Tsiang.

couleur voyante roulée autour de leurs jambes. Leurs longs cheveux sont savamment coiffés; une fine barbe encadre leur visage alangui. Les femmes portent le même vêtement avec une camisole blanche. Les enfants sont presque nus.

Le couvent s'élève au bord du lac, qu'a fait creuser le dernier roi de Kandy. Une élégante balustrade borde l'étang et le couvent. Des palmiers géants, des caoutchoucs, des banians, des poivriers les recouvrent de leur feuillage. C'est à peine si l'on aperçoit la ville au pied des collines boisées.

L'entrée du monastère est imposante. Un perron bordé de pilastres, avec des bas-reliefs d'éléphants, conduit à la porte monumentale qui semblerait celle d'un château fort. Sous la voûte l'on voit un moine drapé dans son manteau jaune.

Le temple se trouve au milieu de la cour; c'est un pavillon de bois, entouré d'un portique aux colonnes sculptées. A l'intérieur, l'on trouve une grande salle; une porte, richement décorée, donne accès dans la petite pièce, où l'on conserve la dent du Bouddha. Cette relique n'est exposée que pendant les fêtes annuelles.

Au signal, donné par les gongs, les fidèles, conduits par les moines, viennent déposer leurs offrandes devant la porte close du sanctuaire. Les offrandes sont des lotus bleus et roses, des fleurs d'acacia ou de manguier.

L'on célébrait la même cérémonie dans la cave d'Ajaṇṭá, il y a deux mille ans. Les fidèles entraient par le bas côté de droite, et le suivaient jusqu'au dagoba. Ils remettaient leurs guirlandes au moine, qui en parait la coupole, puis ils faisaient le tour de l'abside, et sortaient par le bas côté de gauche.

Chaque matin, au lever du soleil, l'on voyait arriver les pâtres et les bouviers de la montagne. Leurs chèvres paissaient dans la gorge, les buffles s'arrêtaient au bord de la rivière pour boire ou pour se baigner. Les femmes donnaient aux moines du lait de chèvre, recueilli dans de grands vases de cuivre, du miel enveloppé dans des feuilles de figuier, et du beurre clarifié dans une écuelle de bois.

Les chasseurs se tenaient à l'écart, car la loi du Bouddha défendait de tuer aucune créature. Il arrivait pourtant que l'un d'eux jetât son arc, et se mêlât aux fidèles. Les moines l'accueillaient avec bonté, confiants que la grâce toucherait un jour ce paria, resté sauvage à cause de l'injustice des lois.

V

Les Bouddhistes attachaient moins d'importance au culte qu'à la prédication. A la tombée du jour, les pâtres de la montagne, les habitants des villages s'assemblaient devant le grand Chaitya. Des pèlerins se mêlaient à la foule : le Paria coudoyait le Brâhmane et l'esclave enfui le riche Gahapati, que poursuivait le remords d'un gain illégitime. Des princes, ennuyés de la puissance et des plaisirs, se hasardaient dans la gorge sous un déguisement. Des Yogîs y venaient, tourmentés par le doute. L'on y voyait des conducteurs de caravane, des soldats et des voleurs.

Beaucoup s'asseyaient sur les marches de la véranda, sur les piédestaux des colonnes, ou dans les niches des rochers. D'autres se tenaient debout sur la pente glissante. Parfois la multitude était si grande, que des enfants montaient dans les arbres et que des femmes se trouvaient repoussées dans le torrent, dont l'eau frappait leurs jambes nues. D'une main distraite, elles caressaient leur dernier-né à cheval sur leur hanche ou retenu sur leur dos par leur tunique serrée.

Un moine s'avançait sous le portique et saluait les fidèles. Sa main étendue leur faisait signe de se taire. Il commençait :

« Dans le monde de l'illusion, où l'âme n'est qu'une vapeur, le corps qu'une bulle teintée par la lumière ; dans cette vie de misère, d'éternelle misère, l'homme a pour premier devoir la pitié.

« Soyez pitoyables pour tous. Pour les plantes. Car le Maître a maudit ceux qui foulaient aux pieds les fleurs et saccageaient les arbres.

« Pour les animaux. Car l'intelligence de l'homme s'éveille dans l'animal. Vous savez les Játakas. Le faisan, qui devint le Bouddha, secouait ses ailes humides sur la forêt en feu. Indra le plaisanta. Le faisan répondit : « Si le roi du ciel avait montré « autant de zèle que l'oiseau, l'incendie serait depuis « longtemps éteint. »

« — L'éléphant, que vous connaissez, gémissait tout le jour devant sa mangeoire pleine.

« — Qu'as-tu ? lui demanda le roi, car, dans ces

temps anciens, l'homme, au cœur resté simple, comprenait les animaux et se faisait comprendre d'eux.

« — Je pleure sur ma mère aveugle. Sans mon aide, elle ne pourra subsister.

« Le roi touché commanda de ramener l'éléphant dans la forêt. En vérité, dit-il, cet animal agit comme un homme ; mais nous avons agi comme des animaux.

« — Dans la jungle, un orage fait éclater le feu. Toutes les bêtes courent vers la rivière ; les flots débordés les arrêtent. L'antilope se place en travers du courant, pour en amortir la violence. Au-dessous, les bêtes traversent le torrent. Mais la force de l'eau brise les pattes de l'antilope ; ses côtes sont broyées, à peine elle résiste encore. Un lièvre épuisé s'arrête alors sur la rive :

« Devrai-je seul périr, quand tous les autres furent sauvés ?

« L'antilope prend le lièvre sur son dos, le porte à la nage et le met en sûreté. Puis elle tombe dans le gouffre et se noie. Les dieux rassemblent ses ossements, les enterrent pieusement et bâtissent un dagoba sur le tombeau.

« — Mais sa pitié, l'homme la doit d'abord à l'homme. Qui connaîtra jamais tout le pouvoir de l'amour ?

« Pour sentir la pitié, il faut nous persuader que tous les hommes, malgré les différences des castes, sont exposés aux mêmes maux et ressentent les mêmes peines.

« Kisâgotami aimait son fils plus que la vie.

L'enfant mourut, et la mère ne pouvait croire qu'il était mort. Elle le gardait dans ses bras et demandait aux passants de lui indiquer un remède.

« Un moine lui dit : — Je ne puis guérir ton fils, mais je sais qui le guérira.

« — Comment nommes-tu le sauveur?

« — Je le nomme Gautama Bouddha.

« Kisâgotami vint trouver Gautama, lui rendit hommage et dit :

« — Maître, connais-tu un remède qui guérisse mon enfant?

« — J'en connais un, reprit Bhagavat. Mais, pour le composer, il me faut de la graine de moutarde; et cette graine doit provenir d'une maison où personne n'aura perdu l'un de ses parents, de ses enfants ou de ses esclaves.

« — C'est bien, reprit la mère, et, son fils mort dans les bras, elle s'en allait de porte en porte, en demandant le remède. Partout, on lui donnait de la graine de moutarde, mais partout l'on répondait : « Pourquoi t'informer si personne n'est mort « dans cette maison? Femme, le nombre des vi- « vants est petit; celui des morts est incommensu- « rable. »

« Enfin, Kisâgotami comprit les paroles du Bouddha. Elle enterra le corps de son enfant dans la jungle et revint auprès de Gautama :

« — Maître, lui dit-elle, me voici.

« — As-tu rapporté la graine de moutarde?

« — Hélas! maître, tous m'ont répondu : « Le « nombre des vivants est petit, le nombre des morts « est incommensurable. »

« — Pauvre femme, ces hommes sans instruction t'ont mieux instruite que les savants n'auraient pu le faire. Tous les hommes sont sujets aux mêmes maux, tous les ressentent aussi cruellement. Contre ces maux, il n'est qu'un remède, la pitié.

« — Celui qui veut apprendre la pitié lira l'histoire du futur Bouddha dans ses diverses incarnations.

« Le Bodhisattva fut l'enfant Sámaka, qui se dévouait pour ses parents aveugles. Un jour qu'il cueillait des mûres pour le repas, la flèche d'un chasseur lui traversa la poitrine... Les dieux furent touchés par son dévouement et le guérirent.

« Le Bodhisattva fut le dieu Çakra, qui, dans un temps de famine et de peste, se transforma dans le serpent Sûma. On coupa la bête vivante en morceaux; son corps suffit à rassasier tous les habitants du royaume; les vertus miraculeuses de sa chair les guérissaient de toutes les maladies.

« Le Bodhisattva fut enfin le roi Chandraprabha qui, par charité, coupa sa tête et la donna au Bráhmane Rudráksha, son ennemi.

« — Pendant sa dernière vie, comme Gautama Bouddha, le Maître ne cessa de témoigner de sa bonté pour les hommes. Un jour, il trouve sur le bord de la rivière un vieux Bhikshu, qui panse lui-même ses blessures. Bhagavat s'approche de l'infirme et lui dit :

« — N'as-tu point de parent ou d'ami, qui prenne soin de toi?

« Et le vieillard répond :

« — Dans ma jeunesse, je n'ai rien fait pour mes

semblables. Il est juste que dans ma vieillesse,
mes semblables ne fassent rien pour moi.

« — Lève-toi, lui dit le Bouddha. Tu es guéri.
Mais dans l'avenir n'oublie pas la sainte loi de la
pitié.

« Cette leçon, le Maître ne la donnait pas seulement au Bhikshu guéri. Il la donnait à tous les
hommes. »

Le moine avait fini de parler. Dans l'ombre l'on
entendait des prières et des sanglots. L'une après
l'autre, les étoiles commençaient à briller. La
rivière les reflétait entre les lianes en fleur. Un
lion rugissait dans la jungle; tous répétaient,
anxieux : « Nous avons mis notre confiance dans
le Bouddha. »

VI

Ces instructions générales s'adressaient à la foule
qui restait attachée aux doctrines du Brâhmanisme
et au culte des dieux locaux.

Les véritables fidèles se réunissaient à de certaines heures sous le portique du vihâra. Le
moine tirait son instruction du Sigâlovada Sutta,
qu'on pourrait appeler le catéchisme des Bouddhistes (1).

« Gautama vivait alors dans le bois des bambous

(1) Cf. Rhys Davids.

MOINES ET FIDÈLES BIRMANS EN PRIÈRE
Beato, phot. (Mandalay)

près de Râjagriha. Il sortit pour aller mendier. Le propriétaire Sigâla se tenait debout au milieu de son champ, les cheveux épars et les vêtements mouillés. Il joignait les mains et s'inclinait dans la direction des quatre points cardinaux, du nadir et du zénith. Bhagavat l'interrogea. Sigâla répondit que ses aïeux avaient toujours agi de la sorte pour se mettre en garde contre les esprits des six régions.

« — Sigâla, reprit Bhagavat, tes bonnes actions peuvent seules te garder contre les esprits des six régions. Ta sentinelle à l'ouest sera ta bonne conduite envers tes parents et tes enfants, ta sentinelle au midi ta bonne conduite envers tes maîtres et tes élèves. Les services rendus à tes amis te défendront au nord ; tes égards pour ta femme te défendront à l'est. Au nadir tu seras gardé par ta bonté envers tes serviteurs ; au zénith, par ta libéralité envers les moines. »

Le prêtre expliquait les dix devoirs contenus dans chacune de ces six divisions ; puis il renvoyait les femmes, la plupart des jeunes gens, et ceux qui lui paraissaient mal préparés pour entendre la vérité. Les fidèles qu'il conservait auprès de lui formaient un tiers ordre, soumis à des règles spéciales.

Dans le Dhammika Sutta, Bhagavat expose d'abord les devoirs des religieux, puis ceux des laïques. Il résume les derniers en huit préceptes.

Cinq étaient obligatoires pour tous :

Tu ne tueras pas ;

Tu ne voleras pas ;

Tu ne mentiras pas;

Tu ne t'enivreras pas;

Tu ne commettras pas l'adultère.

Trois n'étaient obligatoires que pour les membres du tiers ordre qui en faisaient le vœu :

Tu ne mangeras pas la nuit des mets défendus;

Tu ne porteras pas de guirlandes; tu n'useras pas de parfums;

Tu dormiras sur une natte, étendue par terre.

Ces hommes pieux observaient en outre le quatorzième jour de la nouvelle lune dans les mois courts; le quinzième de la nouvelle lune dans les mois longs, plus la première quinzaine du mois qui suit la saison des pluies. A ces époques, ils jeûnaient et se contraignaient plus rigoureusement à l'observation de leurs vœux.

Au matin du jour qui suivait le jeûne, les membres du tiers ordre pourvoyaient eux-mêmes à la nourriture des religieux. Quelques-uns faisaient vœu de ne pas user d'onguents et de parfums, de ne jamais porter de couronnes de fleurs et de s'abstenir des représentations théâtrales.

Le texte qu'ils préféraient était celui du Sermon sur le feu (1).

Un jour Bhagavat et ses disciples étaient assis sur le rocher de l'Éléphant, au-dessus de la vallée de Râjagriha. Un incendie éclata dans la montagne.

« Moines, dit Bhagavat, que cet incendie vous serve de leçon. Car toutes choses, ô moines, sont en feu.

____

(1) *Aditta pariyâya Sutta*. Rhys DAVIDS et WARREN.

« L'œil est en feu ; toutes ses perceptions, toutes ses sensations, plaisantes ou déplaisantes, sont en feu.

« Quel est ce feu ? Le feu de la passion, de la haine et de l'orgueil ; le feu de la naissance, de la vieillesse et de la mort, du chagrin, des lamentations, de la misère et du désespoir.

« L'oreille est en feu, comme les sons… ; le nez, comme les odeurs… ; la langue, comme les saveurs… ; le corps, comme tous les objets tangibles… ; l'esprit, comme toutes les pensées…

« Le disciple qui comprend cette vérité haïra ses yeux, ses oreilles, son nez, sa langue et son corps tout entier. Il haïra son esprit et toutes ses pensées. »

Le moine avait répété les paroles mêmes du Bouddha. Ses auditeurs se retiraient, en murmurant : « Chacune de nos actions est un péché. Comment nous affranchirons-nous des liens de la chair et parviendrons-nous au Nirvâna ? »

CHAPITRE III

L'HÎNAYÂNA : LES MOINES. — LES VIHÂRAS D'AJAṆṬÂ.

I

Les préceptes enseignés aux fidèles valaient seulement comme des conseils, qui devaient leur rendre la vie moins dure. Pour le véritable disciple de Gautama, hors du cloître il n'est pas de salut. Si l'on ne renonce pas à tous les biens de la terre, l'on ne saurait dissoudre le Karma, cette âme complexe et impersonnelle de la philosophie bouddhiste. Mais celui qui prend la Voie noble de la Vie religieuse atteindra le Paradis des Arhats, le lac d'Ambroisie où se lavent toutes les fautes, la bienheureuse Cité de Nirvâṇa.

Pour combattre les doctrines des Brâhmanes et les pratiques des Yogîs, pour mettre son enseignement à la portée des humbles, Gautama s'était servi d'expressions familières ; il avait parlé surtout de tolérance et de libéralité. Dans la légende, la vie du Maître se confondait avec celles des Bouddhas passés et des héros des *Jâtakas*. La foule regardait le Bouddhisme comme la religion de la charité universelle.

Les doctrines des prétres différaient de la croyance populaire. Un grand nombre de Brâhmanes entraient dans les ordres. La vie monastique avait presque entièrement remplacé l'ascétisme. Des savants et des poètes cherchaient dans le cloître un refuge, qu'ils ne trouvaient pas toujours à la cour des râjas. Ces penseurs, ces anachorètes modifièrent la religion primitive et en firent la philosophie de l'Hînayâna.

Dans leur pensée, la prédication, les aumônes importaient moins que l'observance de la règle, l'étude et la méditation. Et leur règle se faisait toujours plus minutieuse, l'étude les conduisait à l'athéisme, la méditation augmentait leur pessimisme et leur misanthropie.

Les sectes et les ordres étaient nombreux. Beaucoup se sentaient attirés vers les opinions mystiques, qui devinrent, au cinquième siècle, le Bouddhisme du Mahâyâna ; d'autres s'en tenaient à cette forme sévère de l'Hînayâna, que l'on pourrait appeler le stoïcisme de l'Inde.

La règle des moines d'Ajaṇṭâ était stricte. Mais, en visitant leurs caves, l'on ne peut oublier la maxime du Bouddha : « Que la discipline soit pareille au luth, dont les cordes ne doivent être ni tendues ni lâches. »

Les vihâras comprennent un portique et une grande salle, entourée de cellules sans fenêtres. La grande salle servait de réfectoire et de lieu de réunion. Les moines dormaient dans les cellules : une portière, faite de paille ou de jonc, en cachait l'entrée. Il y avait deux couchettes, creusées l'une au-dessus de l'autre dans le rocher. Plus tard les moines eurent des lits en bois.

L'on étendait sur la couchette une couverture, faite de trois espèces de laines, blanche, noire et brune. Cette couverture était renouvelée tous les six ans. Encore fallait-il recoudre quelques loques à l'étoffe nouvellement tissée.

A Nâsik, à Ellora et dans les couvents Mahâyâna d'Ajantâ, plusieurs caves forment un monastère : l'une était sans doute le réfectoire, l'autre la bibliothèque, une troisième servait de lieu de réunion. Les Dharmaçâlâs sont des salles d'une forme spéciale, où se tenaient les conciles des moines de la région, sous la présidence des évêques ou des abbés.

Les caves Hînayâna d'Ajantâ sont peu nombreuses : elles ont perdu leurs façades, et l'intérieur est en partie effondré. L'on ne peut reconnaître si ces caves étaient affectées à des usages différents, si elles appartenaient au même couvent ou à des communautés distinctes.

II

Les enfants étaient admis dans l'Ordre à l'âge de huit ans. Ils devaient obtenir le consentement de

leurs parents. Ces novices portaient la robe jaune ;
mais ils n'avaient pas la tête rasée. Un moine, déjà
vieux, recevait la mission de les instruire. Il leur
faisait apprendre par cœur les règles de l'Ordre et
les versets des Suttas.

Avant tout, le Bhikshu leur défendait de rien
détruire. Ils apprenaient à distinguer chaque plante,
à connaître ses besoins et ses propriétés.

Un jour, le maître leur racontait l'histoire de la
grenouille qui devint dieu, pour être morte en
écoutant la parole du Bouddha. Une autre fois, il
leur parlait du moine qui fut piqué par un cobra,
pour avoir torturé un serpent dans une vie antérieure (1).

Wagner a trouvé dans une légende indienne
l'épisode du cygne que tue son Parcifal. Un novice
abat une oie sauvage d'un coup de pierre. Ses compagnons le conduisent devant Gautama. « Tu as
péché, lui dit le Maître. Aucun de mes prêtres ne
doit faire souffrir une créature. »

Des scènes pareilles se répétaient souvent dans la
vallée d'Ajaṇṭâ. Si l'un des enfants blessait de sa
fronde un écureuil ou un perroquet, le vieux moine
lui montrait un chien, qui se mourait de la morsure
d'un cobra, les restes d'une antilope déchirée par une
panthère. « Voudrais-tu, lui disait-il, devenir méchant, comme ce cobra ou cette panthère? Voudrais-tu souffrir comme cette gazelle, ou comme ce
chien? »

L'enfant se mettait à pleurer.

____

(1) Pour ces légendes et suivantes, HARWARD SERIES, WARREN.

« Eh bien! reprenait le vieillard, prends garde que ton Karma ne te fasse renaître dans le corps d'un animal pour souffrir ou pour faire souffrir. »

La cruauté n'était pas l'unique défaut dont les enfants devaient se corriger. Il leur fallait sans cesse lutter contre la colère, la luxure ou l'orgueil. Pour les encourager, on leur racontait la légende du démon de la colère, qui grandissait sous les menaces des dieux. Il s'évanouit en fumée, quand Çakra, le roi du ciel, se mit à le complimenter.

C'était aussi l'histoire du moine qui vit quinze années dans le même endroit, sans mettre un seul objet de côté. Un ami lui rend visite; dans un seul jour, il se procure de l'huile de sésame, des sandales et un bâton. Le premier moine ne cache pas son étonnement.

« Ami, reprend l'étranger, je ne suis qu'un pécheur. Mais ta conduite me semble digne du Bouddha. Garde cette paix de l'esprit, qui est le seul bien véritable. »

Les novices devaient apprendre la vanité du bonheur. Le Bhikshu les arrêtait sous un arbre, où deux ramiers se becquetaient. Il leur montrait le faucon, qui planait dans le ciel en guettant les ramiers. Plus loin, une perruche voltigeait en criant autour de son nid vide; un bengali sautait de branche en branche, fasciné par un serpent.

Le vieillard conduisait ces enfants au pied de la roche écroulée, sur les bords du torrent débordé, devant un palmier frappé par le tonnerre. Il les forçait de s'approcher du lépreux qui mendiait, de toucher les jambes d'un homme affligé de l'éléphantiasis.

Le Bhikshu et les novices entraient dans la hutte, que les pluies avaient détruite à moitié. Le soleil l'emplissait de lumière, les oiseaux criaient sur le toit. Dans la hutte, il y avait deux couches faites de joncs pourris. Sur l'une, les enfants voyaient mourir un enfant de leur âge. Sur l'autre, une femme venait de mettre au monde.

Le Bhikshu disait à ses élèves :

« Voilà cette vie dont les hommes ne veulent pas se séparer. »

III

Quand les novices s'en montraient dignes, on leur permettait de faire leurs vœux. Dans quelques sectes, ils recevaient le diaconat entre quinze et dix-huit ans.

A vingt ans les novices prenaient les ordres. La cérémonie différait peu de celle qu'on célèbre encore à Ceylan. Sans doute, le chapitre d'Ajantâ se réunissait dans la cave XI, la plus ancienne où la grande salle soit supportée par des piliers. Au jour fixé pour la cérémonie, les moines s'asseyaient sur des nattes. Le supérieur prenait place sur le siège de pierre taillé du côté droit dans le rocher. L'on soulevait la portière faite de joncs tressés, qui fermait la cellule, où le novice achevait sa retraite.

Vêtu comme les hommes du peuple, mais la tête rasée, et sa robe jaune sur le bras, il s'agenouillait devant le supérieur, en disant :

« Maître, ayez pitié de moi. Permettez-moi de prendre les habits de l'ordre, afin que j'échappe à cette vie de misère, et qu'un jour j'obtienne le Nirvâna. »

Le prieur nouait la robe jaune au cou du novice en murmurant la formule de méditation, qui exprime la nature vile et périssable du corps humain. « Cheveux, poils du corps, ongles, dents et peau. »

Le moine rentrait dans sa cellule, pour revêtir ses habits de mendiant. Le plus souvent, ces habits étaient faits de haillons. Si des fidèles donnaient une étoffe neuve, on la déchirait, puis l'on recousait les lambeaux.

Au contraire des Indiens, qui sortent presque nus, les moines bouddhistes doivent se couvrir tout le corps; la moindre faute contre la décence est un péché grave. Celui qui dépouille la robe jaune renonce à faire partie de l'Ordre.

Les moines portent trois vêtements; ce sont de simples pièces de coton orange. La première, l'antaravâsaka, se roule autour de la taille; la seconde, le sanghâti, autour des jambes; la troisième, passée d'abord entre les jambes, se jette sur l'épaule gauche, comme un manteau. On l'appelle l'uttarâsanga.

En s'habillant, le postulant récitait ce verset :

« Si je prends cette robe, c'est pour me protéger du froid, de la chaleur, du vent, du soleil, des moustiques et des serpents; c'est pour cacher ma nudité. Je la porterai en toute humilité, pour mon usage, et sans aucune pensée de vanité. »

Puis il rentrait dans la salle, s'agenouillait devant l'officiant et répétait trois fois :

« Je cherche mon refuge dans le Bouddha; je cherche mon refuge dans sa loi; je cherche mon refuge dans l'ordre qu'il a fondé. »

S'étant levé, le moine continuait, la main étendue :

« Je ne détruirai aucune vie;

« Je ne volerai pas;

« Je ne commettrai pas de fornication;

« Je ne mentirai pas;

« Je ne boirai d'aucune liqueur forte;

« Je ne mangerai rien en dehors des heures fixées par la règle;

« Je ne ferai pas de musique; je ne danserai pas; je ne regarderai pas de représentation théâtrale;

« Je n'aurai ni guirlandes, ni bijoux, ni onguents, ni parfums;

« Je ne me coucherai pas dans un lit qui soit haut ou large;

« Je ne recevrai aucun objet d'or ou d'argent. »

Le novice se retirait sous le péristyle. On lui attachait au cou la sébile des mendiants. Il se présentait à la porte de la salle et demandait qu'on voulût bien l'admettre.

Deux examinateurs l'interrogeaient sur sa famille, son âge, sa santé, ses occupations antérieures, ses goûts et son caractère.

Quand le prieur s'estimait édifié, il demandait

aux moines : « Voulez-vous de celui-ci pour votre frère ? »

Les moines répondaient : « Nous voulons de lui. » Le prieur étendait ses mains sur le novice et le proclamait son fils spirituel.

IV

Après son ordination, le nouveau moine devait observer les prescriptions minutieuses de la règle. Mais la vie en commun durait seulement pendant les quatre mois de la saison des pluies. L'automne venu, les Çramaṇas se répandaient dans toute la région des Ghâts pour mendier et pour prêcher.

Ils allaient deux par deux, enveloppés dans leur manteau jaune, leur bâton à la main, la sébile attachée au cou. La règle défendait qu'aucun moine sortît seul. Le prêtre le plus anciennement ordonné marchait le premier, son compagnon le suivait à quelques pas.

Dans les villages, les moines s'arrêtaient devant chaque maison. Aucune ne devait être passée, même celle de l'impie qui les insultait, même celle du pauvre qui, au lieu de donner, demandait. Ils n'avaient pas le droit de vider dans sa main la sébile que les aumônes avaient remplie. Si l'Ordre tout entier se consacrait à faire le bien, chaque religieux, pris individuellement, ne connaissait jamais l'orgueil, ni la consolation de donner.

Pendant l'hiver, les Bhikshus d'Ajaṇṭá visitaient les couvents des Ghàts : les uns étaient des huttes construites dans la forêt; d'autres, des caves creusées dans le rocher.

Dès que les hôtes s'annonçaient, un novice apportait de l'eau; il leur lavait les pieds, puis en pansait les blessures avec de l'huile. Le supérieur s'avançait au-devant d'eux, les interrogeait sur leur âge et la date de leur ordination.

Après le repas du soir, qu'ils prenaient en commun, les moines se réunissaient sur un rocher. Le ciel était pur, et la lune se reflétait dans le torrent, au fond du précipice.

Le supérieur récitait un discours tiré des Livres saints; puis il posait des questions aux religieux. Chacun exprimait librement sa pensée. Jamais il ne s'élevait de discussion entre ces hommes, qui s'en tenaient à l'interprétation la plus simple du texte sacré.

Le matin venu, les moines se rendaient dans les hameaux pour prêcher. Bien des vallées étaient habitées par des chasseurs presque sauvages, qui adoraient les anciens dieux des Dasyus.

Les missionnaires gravissaient les sentiers abrupts, les marches taillées dans le rocher. Un tronc jeté d'un bord à l'autre leur servait de pont pour franchir les précipices. Ils avaient toujours à craindre la rencontre de bêtes féroces ou de bandits. Mais leur vie était celle même que leur maître avait vécu. Leur parole touchait les barbares. Les conversions étaient nombreuses, et la robe du moine en imposait même aux infidèles.

V

Les religieux devaient visiter les hôpitaux. Avant le Bouddhisme, l'Inde avait des fondations charitables. Mais, le premier, Açoka en rendit l'usage général.

Au dire des pèlerins chinois, les râjas prenaient soin des voyageurs; ils bâtissaient des hôtelleries, creusaient des puits et plantaient des eucalyptus dans les endroits où les marais donnaient la fièvre. L'on trouvait, même dans les États limitrophes, des hospices construits par des princes bouddhistes pour les vieillards, les infirmes et les malades. Il existait des dispensaires gratuits; l'on pouvait y consulter les médecins les plus habiles.

Ajantâ possédait son hôpital. On l'avait sans doute construit en briques dans la partie la moins étroite de la vallée. Le bâtiment s'élevait au-dessus de terrasses superposées; leurs vérandas le préservaient du soleil. En été, l'on recouvrait ces vérandas de feuilles, qu'arrosaient les frères et les domestiques.

Pendant les pluies, les moines s'occupaient seulement de cet asile. L'automne venu, ils devaient visiter leurs autres hôpitaux. Dans toutes les vallées environnantes, de pieux fidèles avaient bâti des maisons, des cabanes, de simples huttes de jonc. Les unes servaient aux voyageurs pour s'y reposer pendant la nuit. D'autres étaient le refuge des lépreux. Dans beaucoup, l'on voyait des perchoirs pour les oiseaux, des lits de feuilles pour les bêtes.

Des moines, des religieuses surveillaient ces abris. La règle prescrivait qu'ils eussent toujours leur boîte de remèdes. Ils soignaient les hommes et les animaux. Un vieillard, une jeune fille passaient la nuit auprès d'un singe ou d'une antilope, comme ils le faisaient auprès d'un moine, d'un paysan ou d'un voleur.

VI

Un autre devoir des moines était de diriger les religieuses. La règle défendait qu'on bâtît au même endroit des monastères pour les deux sexes; mais elle voulait que les femmes reçues dans l'ordre s'établissent toujours auprès d'un couvent d'hommes.

L'ermitage des nonnes d'Ajaṇṭâ se trouvait peut-être sur l'un des plateaux qui dominent le défilé de la Wagora, au-dessous de la gorge en cul-de-sac où les caves sont creusées.

Les batiments étaient de bois et sans fondations. Moins les pagodes à neuf ou dix étages et l'abondance des ornements, ces couvents devaient ressembler à ceux de la Birmanie.

Au milieu du jardin, un grand pavillon renfermait la salle de réunion et l'oratoire, que séparait une natte pendue sous la baie. Dans l'oratoire l'on voyait un dagoba. Des peintures couvraient les murs; les poutres faisant saillie étaient décorées d'ornements symboliques; les cabanes de bois disparaissaient sous les lianes, les acacias et les figuiers.

Ces cabanes avaient deux étages. Au rez-de-chaussée, les religieuses se réunissaient pour coudre et pour travailler; une novice gardait les enfants; la supérieure instruisait les novices. Au premier, il y avait des cellules aux couchettes superposées.

Les chasseurs ou les pâtres qui traversaient le défilé voyaient de loin, sous les arbres, le manteau jaune des Bhikshunîs, car elles s'habillaient comme les moines et se rasaient la tête.

*
* *

Les religieuses observaient les prescriptions minutieuses des Vinayas, et de plus les huit règles spéciales que Bhagavat avait données à Prajâpatî. Ces règles leur imposaient d'obéir aux moines et de ne rien faire sans leur autorisation.

Si l'ordre des femmes dépendait de l'ordre des hommes, aucune religieuse ne devait dépendre d'un religieux en particulier. Les Bhikshunîs changeaient tous les mois de directeur spirituel. Un prétre ne pouvait pas entrer dans un couvent de femmes après le coucher du soleil. C'était pour lui un péché grave de sortir seul avec une religieuse, de l'accompagner en bateau, ou de lui expliquer les Écritures.

*
* *

Les cérémonies de l'ordination étaient les mêmes pour les Bhikshunîs que pour les Bhikshus. L'on parait de voiles blancs la salle qui donnait dans l'oratoire. Deux lampes brûlaient devant le dagoba.

Le moine qui présidait à la prise d'habit montait sur le trône en face du dagoba. Les religieuses, formées en deux lignes, se rendaient devant l'officiant, le saluaient, puis s'asseyaient le long des cloisons, sur leurs nattes déployées. La supérieure se tenait près du Bhikshu, en tête de la rangée de droite.

La postulante s'avançait entre ses deux marraines. Elle portait ses habits ordinaires. Pour les jeunes filles de haute caste, c'était un vêtement d'étoffe légère, quelquefois même transparent, avec des colliers de perles de plusieurs rangs. Les cheveux, épars sur les épaules, étaient retenus au-dessus du front par un bandeau.

Le costume des filles du peuple se composait d'une tunique de laine rouge et d'un capuchon de couleur. Les bayadères avaient une robe large et longue sur des pantalons serrés aux chevilles, un manteau drapé sur l'épaule gauche. Leurs cheveux, relevés sur la nuque et peignés avec art, étaient entourés de couronnes de fleurs. Elles se peignaient les lèvres et les yeux, et portaient des bijoux en profusion.

La postulante s'agenouillait devant l'officiant. Il lui répétait d'abord deux fois la formule d'humilité : « Ongles, dents, peau, cheveux et poils du corps. »

Suivait la lecture de quelques passages des Livres saints.

« Quel plaisir trouverons-nous à regarder ces ossements blanchis, pareils à des gourdes, que, l'automne venu, l'on jette de côté?

« Sur l'échafaudage des os, il y a de la chair vivifiée par le sang. C'est là le temple de l'orgueil, du mensonge, de la vieillesse et de la mort. » (*Dh.*)

Puis le moine faisait un discours, dont le rang de la postulante lui inspirait le sujet. Pour une femme du peuple, il comparait les troubles de la vie quotidienne avec la paix du cloître. Pour une jeune fille de grande naissance, il montrait que la véritable noblesse réside dans la vertu.

Les vocations étaient fréquentes parmi les courtisanes. Les bayadères de chaque ville forment une caste distincte. Dans certaines provinces, elles n'ont pas le droit de se marier; dans d'autres, leurs maris doivent exercer l'un des métiers infâmes. Les filles suivent toujours la profession de la mère. Peut-être les conquérants Aryens imposèrent-ils la profession de courtisane aux femmes de certaines tribus comme les Candâlas et d'autres peuplades sauvages du Bengale durent exercer celles de corroyeur, de fossoyeur et de bourreau.

Le moine, qui ordonnait une bayadère, tirait sans doute son sermon du Buddhacarita. Pour la première fois, le prince Siddhârtha vient de regarder un cadavre. Chandaka conduit le char dans le jardin public.

« Les yeux du prince ne se lassent pas de contempler la forêt. Les arbres sont en fleur. Les kokilas grimpent sur les feuilles. Au bord des étangs, couverts de lotus, l'on a construit des abreuvoirs pour les bestiaux.

« Les bayadères l'attendent. Leurs regards sont ivres de désir. Telles des fiancées qui viennent au-devant de l'époux.

« D'abord leurs sourcils, leurs regards, leurs coquetteries, leurs sourires, leurs mouvements délicats, tout, dans leur visage et leur pose, affecte la terreur.

« Bientôt elles reprennent confiance. Siddhârtha s'avance dans le bois, entouré de ses compagnes ; l'on dirait l'éléphant de l'Himálaya au milieu du troupeau des femelles.

« Les plus passionnées se pressent contre sa poitrine.

« D'autres, feignant de tomber, appuient leur épaule sur la sienne, leurs bras l'enlacent pareils à des lianes.

« L'une chante, l'autre rit : celle-ci jette une guirlande au cou de Siddhârtha, celle-là le punit de ses plaisanteries et de ses reproches ; ainsi le cornac frappe l'éléphant de son trident.

« Mais tant de coquetteries n'obtiennent pas un sourire. Le Gotamide n'a qu'une pensée : il faut mourir.

« Malgré les charmes, les parures de ces jeunes filles, le Sage comprend leur véritable condition et se demande :

« — Que manque-t-il donc aux femmes pour qu'elles ne voient pas combien la jeunesse passe vite, combien la beauté dure peu ?

« A moins d'avoir perdu la raison, l'on ne saurait

connaître la vieillesse, la maladie, la mort, et se sentir jamais tranquille. Qu'on se tienne debout, qu'on s'assoie ou qu'on dorme, l'angoisse est toujours là, et ces femmes peuvent rire !

« Ceux qui s'aiment ne se disent rien que des mensonges. L'homme qui trompe ainsi la femme se rend indigne qu'elle le regarde. La femme qui trompe ainsi l'homme se rend indigne qu'il la regarde. »

A ces paroles, la courtisane éclatait en sanglots. Elle tombait à genoux, en disant :

« Je cherche mon refuge dans le Bouddha, dans sa loi et dans son église. »

L'officiant reprenait :

« Souviens-toi que c'est un péché de regarder un joli visage ou de tirer vanité du sien. Malheur à qui voit avec plaisir des yeux peints, un cou gracieux, des dents pareilles à des perles ou même un objet d'une forme heureuse, une étoffe d'une couleur éclatante. Pour avoir péché de cette manière, le roi Bimbisâra mourut et renaquit comme un esclave dans le harem de son ennemi. »

La courtisane levait la main et disait :

« Je haïrai tout ce qui est beau.

— Souviens-toi, reprenait le moine, que c'est un péché d'écouter les sons du luth ou de la guitare, les éclats des trompettes ou le bruit des cymbales. Pour avoir entendu les chants des Gandharvas, les Rishis de l'Himâlaya perdirent leur recueillement et leur intelligence. »

La courtisane levait la main et disait : « Je haïrai tout ce qui charme l'oreille.

« — C'est une faute aussi de respirer des parfums. Un Bhikshu qui méditait près de l'étang des lotus, ivre de leur senteur, s'éprit d'une naïade.

« C'est une faute de distinguer une saveur d'une autre saveur. Pour avoir trop aimé la crème, un novice devint à sa mort l'un des insectes qui vivent dans la crème.

« C'est une faute si l'on se réjouit de mettre un vêtement chaud pendant l'hiver, une robe mince pendant l'été ; une faute de palper des plumes, de la gaze ou de la soie ; une faute grave d'éprouver du plaisir au contact d'une peau fraîche et douce. Pour s'être souillé de la sorte, le Rishi Èkaçriṅga fut, dans son incarnation suivante, la courtisane Ganika(1). »

La bayadère promettait de ne plus connaître aucune de ces voluptés. Le Bhikshu lui demandait : En signe de pénitence, fais-tu le sacrifice de tes cheveux ?

— J'en fais le sacrifice.

L'officiant coupait les longues boucles de la bayadère. Deux novices lui lavaient la téte et la rasaient.

Elle se retirait alors dans sa cellule et dépouillait ses bijoux, que l'on distribuait aux pauvres ; on la revêtait des trois manteaux, faits de haillons recousus et tachés de boue.

Quand ses marraines l'avaient ramenée dans la salle du chapitre, on l'interrogeait sur ses parents, sa profession, son âge et sa santé. Puis, après avoir

____

(1) Pour ce discours et celui du Bhikshu sur la mort d'une religieuse, voir BEAL, *Catena of Buddhist Sriptures*. Dans les sectes chinoises, ces instructions des premiers moines devinrent de véritables dogmes.

pris l'avis de toutes les religieuses, l'officiant bénis-
sait la novice agenouillée, en disant :

« Tu fais partie de l'ordre du Bouddha. »

*
* *

Les occupations des religieuses consistaient à
tenir proprement le monastère et la chapelle, à
prendre soin des pauvres, à visiter les hôpitaux.

Une grande partie de leur vie était consacrée à
la méditation. Après leur repas du matin, elles se
retiraient dans la forêt pour réfléchir.

La vue de la jungle avec ses arbres serrés, ses
lianes, ses milliers de bêtes et d'oiseaux troublait
souvent la religieuse la plus affermie dans la vertu.
C'était l'heure que Mâra choisissait pour la tenter.
Caché derrière un arbre, il lui adressait des paroles
perfides. Tantôt c'était pour l'effrayer dans la solitude, tantôt pour la faire douter de son salut. Mais
le plus souvent l'esprit mauvais la plaignait de ne
pas connaître l'amour.

Un matin, nous dit la légende, la nonne Uppalavaṇṇâ prit son manteau et sa sébile, et vint mendier
dans les rues de Sâvatthi.

Son repas achevé, elle se rendit dans le bois
pour y passer la journée et s'assit à l'ombre d'un
çâla en fleur.

Mâra, le Mauvais, s'approcha d'elle pour la
tenter :

« Nonne, aucune jeune fille ne t'égale en beauté.
Cependant tu t'égares dans le bois sans compagne.
Ne crains-tu pas d'y rencontrer quelque libertin ? »

Et la nonne Uppalavaṇṇâ pensa : « Qui peut parler ainsi? C'est Mâra, le Mauvais.

— Mâra, répondit-elle, cent mille libertins comme toi ne réussiraient pas à m'effrayer. »

Mâra s'aperçut qu'il était reconnu et se retira plein de confusion (1).

Mais la religieuse ne maudissait pas le tentateur. Elle s'imaginait que le démon lui-même ne pouvait haïr le Bouddha, que tant de vertu et de patience avaient dû l'éclairer sur le véritable bonheur.

Ce fut sans doute dans les couvents de femmes que naquit la légende de la conversion de Mâra. Touché par les discours du moine Upagupta, le démon du plaisir se jette à ses pieds en disant :

« Toujours j'ai poursuivi le Bouddha; toujours le Bouddha m'a rendu l'amour en échange de la haine. »

Upagupta répond :

« La grâce du Tathâgata peut seule purifier des fautes commises contre le Bouddha. C'est pourquoi le Maître t'a regardé avec bonté; ses regards ont éveillé ton amour. Même un commencement d'amour pour le Bouddha suffit à mériter le fruit du Nirvâna. »

*
* *

Quelquefois des religieuses allaient chercher un moine après le coucher du soleil. L'une des leurs allait mourir.

____

(1) Cf. Windisch, *Mara und Buddha.*

On la transportait dans la salle voisine de l'oratoire. C'est là qu'elle avait prononcé ses vœux et là qu'elle voulait expirer. La lumière de la lune éclairait son visage; ses mains appuyées l'une contre l'autre formaient un calice de lotus. Les ombres des arbres, agités par le vent, passaient sur sa robe jaune. Deux lampes brûlaient devant le dagoba.

Les religieuses étaient agenouillées sur leurs nattes, comme pour la cérémonie de l'ordination. Le Bhikshu s'avançait près de la civière, que recouvraient des voiles blancs. La malade était couchée, avec le buste légèrement relevé. Deux compagnes la soutenaient.

Le prêtre lui récitait quelque passage des Écritures propre à l'encourager.

Sur le visage des mourants, l'on voit le sort que leur réserve leur Karma. Les cris de fureur des uns, leurs yeux injectés de sang leur font le masque des damnés. Les regrets des autres, leurs regards, qui cherchent les images du plaisir enfui, leurs traits marqués par les passions leur donnent, dès cette vie, l'apparence de la brute : ils sont encore des hommes, et déjà leurs passions animales les ont rendus des animaux.

Mais le doux visage de la malade montrait le calme de son âme. Ses yeux étaient fermés, sa bouche était close, sa poitrine se soulevait à peine, elle paraissait dormir.

L'heure de la délivrance complète ne pouvait encore venir pour elle. Aucune femme n'atteint le Nirvâna. Mais ses vertus lui permettraient de renaître comme un saint; en attendant cette nouvelle

existence, elle vivrait dans le ciel. Déjà son salut
était assuré.

A ces mots, un vague sourire passait sur la
bouche de la mourante. Elle entr'ouvrait les yeux
et regardait doucement. Ses paupières retombaient,
et son visage, éclairé par la rougeur de l'aube,
semblait celui d'un enfant qui repose.

Sur un signe du moine, deux novices sortaient.
Bientôt, elles revenaient et déposaient sur le front
de leur compagne une couronne de lotus, encore
humides.

Le moine, se tournant vers les sœurs agenouillées,
disait :

« Voici qu'elle a bu la douce rosée. »

Pour les Bouddhistes, cette expression désignait
la mort.

VII

Vers le commencement de juin, les moines
d'Ajaṇṭâ se réfugiaient dans leurs caves. Ils forti-
fiaient leur esprit par l'étude, leur caractère par
une observance plus rigoureuse des règles de
l'Ordre (1).

Dès que les premières lueurs du crépuscule se
reflétaient sur le rocher, le Bhikshu s'asseyait sur
sa couche de pierre et méditait :

(1) Cf. Rhys Davids et Beal, *Catena.*

« Comme je m'éveille du sommeil de la nuit, puissent tous les êtres de ce monde s'éveiller un jour du sommeil de la vie matérielle et connaître la vérité. »

Puis, se tenant les mains l'une contre l'autre, il pensait : « Le chagrin dure peu, la sagesse ne peut finir. Que la loi du Bouddha rachète un jour toutes les créatures. »

En se levant, le moine disait : « Que mon pied, fermement posé sur le sol, me rappelle sans cesse : Ai-je fait un pas de plus sur la route du Nirvâna? »

Il revêtait sa robe jaune et murmurait : « Puisse ce vêtement de pénitence me rappeler à moi-même et à tous que, hors la pénitence, il n'est pas de salut. »

Le Çramana balayait sa cellule et la salle commune. Il égalisait la terre autour du bodhi, puisait de l'eau dans la citerne et la filtrait avec soin. Tuer aucun insecte, même en l'avalant par distraction, était un péché.

Suivait une courte méditation sur les devoirs de l'Ordre. Puis le moine cueillait des fleurs dans la jungle et les déposait devant le dagoba.

Les Bhikshus allaient deux par deux mendier dans la vallée. La plupart acceptaient tout ce qu'on mettait dans leur sébile; d'autres faisaient le vœu spécial de s'abstenir de viande.

Dans les premiers temps, les religieux se retiraient dans un bois pour manger. Plus tard, ils se réunirent dans un réfectoire. L'on devait se taire pendant les repas.

Après une heure de méditation, le moine se mettait au travail dans la bibliothèque. Le long des murs, l'on voyait des corbeilles remplies de feuilles de palmier. C'étaient les rouleaux du Canon et des commentaires.

Pendant longtemps, l'on n'écrivit pas les Livres saints. On les apprenait par cœur. Les Indiens se défient de la fidélité des transcripteurs, et les Cingalais furent les premiers à posséder les Piṭakas.

Dans les premiers siècles de l'ère actuelle, les deux procédés étaient également en usage. Sous la véranda, un Bhikshu enseignait la loi aux novices accroupis; il en psalmodiait un verset, et tous le répétaient en balançant leur buste et leur tête. Dans la cave, un Çramaṇa copiait le chapitre que le supérieur lui avait indiqué. Il se servait d'un roseau taillé, qu'il trempait dans le jus de diverses plantes.

Un autre moine composait un poème sanscrit. Parfois, il en récitait des fragments devant les moines assis contre les rochers ou sur les piédestaux des colonnes.

Le soir venu, l'on allumait des lampes; et les moines, réunis autour du supérieur, écoutaient ses instructions.

Les visites étaient défendues; seuls, les pécheurs repentis, les voyageurs égarés ou les malades venaient troubler la paix des religieux. Ceux-ci ne conservaient aucun rapport avec leur famille. L'anecdote suivante montre combien la règle était sévère (1).

(1) H. C. Warren.

Des parents n'avaient plus de nouvelles de leur
fils depuis son entrée en religion. Ils demandèrent
au supérieur de leur désigner un novice, qui viendrait tous les matins prendre ses repas dans leur
maison. Le supérieur leur envoya leur propre fils.

Plusieurs années d'absence avaient changé le
visage du jeune homme, ses parents ne le recon-
nurent pas. Pendant deux mois, il frappa tous les
matins à leur porte, mais il ne parlait que pour les
remercier et partit sans leur dire son nom.

Quand le supérieur apprit à ces parents que ce
novice était leur enfant, ils tombèrent à genoux,
en s'écriant : « Bénie soit la religion du Bouddha,
« qui donne aux hommes un pareil caractère. »

VIII

Deux fois par mois, l'on célébrait le Pâtimokkha (1). C'est la confession générale. L'office des
moines de Ceylan diffère peu de celui que récitaient les Çramanas d'Ajantâ, il y a deux mille ans.
Un prêtre désigné assistait à l'examen des religieuses dans leur couvent. Les Bhikshus se réunissaient dans la cave qui servait pour les ordina-
tions.

Ils sortaient de leurs cellules, leurs nattes sous le

______

(1) Traduction anglaise de l'office pâli, par J.-F. DICKSON ; de
l'office sanscrit (d'après le chinois), par le révérend BEAL.

bras, puis se formaient en deux lignes ; le prieur conduisait l'une, le plus ancien des moines conduisait l'autre.

Les deux lignes s'arrêtaient de part et d'autre du siège vide. Les moines se saluaient, puis se mettaient à genoux. Deux par deux, ils se confessaient à voix basse. Quand ils avaient repris leurs places, le supérieur s'asseyait. Les moines tombaient à genoux, en disant :

« Père, donne-nous l'absolution pour les fautes que nous avons commises par pensée, par parole ou par action. »

Le supérieur répondait : « Frères, je vous absous. Absolvez-moi. »

Les moines :

« Avec ta permission, père, nous t'absolvons. »

Le plus ancien des prêtres s'asseyait ; les autres lui demandaient l'absolution, et il les absolvait. La même cérémonie se renouvelait pour chacun d'après la date de son ordination. Tous s'agenouillaient ensuite, en disant : « Loué soit le Bouddha, l'auteur de toute vérité. »

Suivait l'acte de foi dans le Bouddha, les Écritures et la communion des saints. Puis le supérieur montait sur le siège de pierre creusé dans le rocher et commençait l'examen général.

Quelqu'un des moines s'est-il rendu coupable de l'un des quatre péchés mortels, fornication, meurtre, vol, présomption de sa vertu ?

Celui qui aurait commis l'un de ces péchés est exclu de l'ordre pour toujours.

Suivait l'examen des fautes qui entraînaient

l'exclusion temporaire de l'ordre, comme de toucher une femme dans une intention coupable, d'accuser un moine injustement, de mettre la discorde dans le couvent. Le pécheur était excommunié pour six jours, et ne pouvait rentrer dans l'ordre qu'avec l'approbation d'une assemblée de vingt prêtres.

Le supérieur donnait ensuite la liste des trente fautes qui entraînaient forfaiture ; des quatre-vingt-douze fautes plus légères qui exigeaient la confession et l'absolution ; des quatre fautes qui exigeaient la confession, mais pas l'absolution ; enfin, des soixante-quinze règles de conduite, et des sept manières de mettre fin aux disputes. Car la loi, fixée par le Bouddha et les premiers patriarches, est si minutieuse qu'elle prévoit l'attitude du moine dans toutes ses actions, et jusqu'aux gestes permis au prédicateur.

L'examen fini, le supérieur lisait un chapitre des Livres saints.

Dans ce moment, les lampes fumeuses commençaient à s'éteindre devant le siège de pierre et les piliers. Sous la véranda, l'on voyait le ciel gris rayé par les éclairs. La pluie frappait les rochers. Les échos des gorges répercutaient le bruit de la foudre et du torrent débordé.

Les moines pensaient à la tentation du Maître ; ils pensaient aux luttes de la vie. Ils disaient :

« Comme la pluie traverse un toit mal fait, ainsi la passion traverse un cœur mal gardé. » (*Dh.*)

CHAITYA DE KARLI (INTÉRIEUR)
HÎNAYÂNA (IIe siècle avant Jésus-Christ)
Bourne et Shepherd. phot.

IX

Souvent l'un des religieux se levait la nuit pour se rendre à l'église. La lune apparaissait par moments au milieu des nuages. Il faisait de grands éclairs. Les échos des gorges se renvoyaient le bruit de la foudre et celui des torrents, grossis par l'averse.

Le moine s'arrêtait sous la porte basse de la petite cave VIII, où nous pouvons à peine pénétrer aujourd'hui. La rivière en lavait le seuil. Sous les lianes tordues, sous les branches qui cassaient, les flots roulaient des pierres, des bêtes mortes, des arbustes déracinés.

Ainsi, pensait le Çramaṇa, la mort emporte l'homme distrait qui cueille des fleurs, comme les eaux emportent le village endormi. (*Dh.*)

Puis, relevant sa robe de la main gauche, avec la droite il s'appuyait au rocher. Ses pieds nus cherchaient à se poser sur les cailloux, sur le sable détrempé, qui cédait.

Des marches, creusées dans le roc, conduisaient au grand Chaitya. La nef de l'église était sombre, mais les rayons de la lune, traversant la baie, frappaient en plein le dagoba. Le moine faisait effort pour ne pas invoquer les dieux, dont il avait appris les noms dans son enfance. Le tombeau du Bouddha disparu lui rappelait que son devoir était de réfléchir sur les misères de la vie, et le moyen de s'en affranchir. Il prenait la posture conseillée par le Maître : assis, avec les jambes repliées, les bras croisés l'un sur l'autre, les paumes des mains retournées.

****

La règle indique cinq méditations (*Bhâvanâs*) (1). La première est sur la bienveillance.

« Une mère, dit l'Écriture, met ses jours en danger pour soigner son enfant. C'est ainsi qu'un religieux soignera sa bonne volonté. » (*S. N.*)

« Cette bonne volonté doit s'étendre au monde tout entier, aux êtres qui vivent au-dessus de la terre, au-dessous de la terre, comme à ceux qui nous entourent; aux bêtes qui nous nuisent comme à celles qui nous servent; à nos ennemis comme à nos parents et à nos amis. » (*S. N.*)

Le bonheur, souhaité par le sage à toutes les créatures, n'est pas l'assouvissement, mais la fin de leurs désirs. Sans cesse, il répète ces versets du Livre Saint :

« La soif de l'insensé grandit comme une liane. Il saute de vie en vie, comme un singe d'une branche à l'autre, pour chercher des fruits. » (*Dh.*)

Les derniers grondements de l'orage, le bruit du vent et des flots soulevés arrachaient le moine à ses réflexions. Il pensait : « Emportés par le torrent,

(1) D'après RHYS DAVIDS et HARDY's *Eastern Monachism.*

nous cherchons en vain un rocher où poser le pied.
Quand atteindrons-nous le seul refuge, la douce île
de Nirvâṇa? »

La seconde méditation a pour objet la pitié.

Le moine se rappelait les douleurs de tous les
êtres pour les endurer toutes. Il souffrait avec
l'arbre que l'été brûle; le singe qui pleure sur le
cadavre de sa mère; l'éléphant qui cherche en vain
ses petits, volés par le chasseur.

Il s'efforçait de s'oublier lui-même pour s'api-
toyer sur l'humanité.

« Comment, a dit le Maître, puis-je trouver
encore le rire et la joie, quand ce monde est la proie
des flammes!

« Regardez ce moignon, habillé de chair, blessé
de partout, brisé de partout, malade, hideux de
pensées mauvaises, et qui n'a pas de force, et
dont les morceaux mal reliés ne tiennent pas
ensemble. (*Dh.*)

« Comme un bouvier pousse, avec son bâton,
ses vaches dans l'étable, ainsi l'âge et la mort
poussent le troupeau hurlant des humains. » (*Dh.*)

L'orage était passé; comme le vent avait changé
de direction, le bruit du torrent ne parvenait plus
jusqu'à l'église. Une tiède brise répandait le parfum des fleurs.

Le moine commençait la troisième méditation sur
la joie. Dans cette vie de misère, l'homme voit
quelquefois comme un mirage du bonheur. Le reli-

gieux renonce à toutes les consolations de ce monde; il se réjouira pourtant du rire de la mère, qui berce son premier-né; de l'orgueil du père, qui bénit son fils; de la première étreinte des fiancés.

Mais se réjouir avec les hommes, c'est leur souhaiter la véritable joie, et le religieux ajoutait :

« Vivons heureux, sans haïr ceux qui nous haïssent.

« Vivons heureux, sans tomber malades, au milieu des malades.

« Vivons heureux, sans rien convoiter, au milieu de ceux qui convoitent.

« Vivons heureux, en ne possédant rien. Nous serons comme les dieux lumineux, qui se nourrissent de bonheur. » (*Dh.*)

En ce moment les hyènes et les chacals remplissaient la gorge de leurs cris. Mais le tigre commençait à miauler, et les hyènes se taisaient effrayées.

Le moine frappait sa poitrine et répétait : « Les passions, voilà les bêtes fauves, qui nous poursuisuivent pour nous dévorer. »

La quatrième méditation est celle de l'impureté.

Le moine s'absorbait dans la contemplation que recommande Bhagavat.

Si un prêtre voit dans un cimetière un corps mort depuis la veille ou l'avant-veille, déjà gonflé, noir et putride, ce prêtre se dira : « En vérité, telle est la nature de mon corps et telle sera ma destinée. »

Cimetière premier.

Si un prêtre voit dans un cimetière un corps déchiré par les vautours et les corbeaux, rongé par les insectes, dévoré par les chiens et les chacals, ce prêtre se dira : « En vérité, telle est la nature de mon corps et telle sera ma destinée. »

Cimetière second.

Si un prêtre voit dans un cimetière un squelette, d'où pendent des tendons et des veines, un squelette dépouillé, des ossements épars, blancs comme une coquille ou lavés par les pluies, de la poussière d'ossements, ce prêtre se dira : « En vérité, telle est la nature de mon corps et telle sera ma destinée. »

Cimetières (de trois à neuf) (1).

Seul dans les ténèbres, le moine tremblait devant les images qu'il avait évoquées. Puis le calme se faisait dans son esprit. Le souvenir des misères humaines lui inspirait la dernière, la plus belle méditation, celle de la Sérénité.

Il réfléchissait à toutes ces choses, que les hommes disent bonnes ou mauvaises ; et ces choses lui paraissaient indifférentes. Son corps pouvait renfermer les germes de la maladie et de la corruption ; son corps ne lui importait pas plus que sa robe de mendiant, faite de haillons recousus.

*
* *

En ce moment, le crépuscule commençait. Dans les figuiers, les perroquets se mettaient à crier.

Le moine, absorbé par ses réflexions, ne voyait,

(1) *Dîgha Nikâya* (trad. WARREN).

n'entendait rien que vaguement et comme dans un rêve. Une corneille effrayée traversait l'église; elle lui rappelait une comparaison, chère aux commentateurs des Livres saints.

Quand les marins s'éloignent des côtes, ils prennent à bord l'une de ces corneilles, qui découvrent la terre. Si le vent empêche de diriger le bateau, l'on met l'oiseau en liberté. Il s'arrête d'abord sur le mât, puis s'élance et cherche dans toutes les directions. La corneille qui découvre le rivage s'envole; celle qui ne trouve rien revient sur le bateau (1).

Pour les écrivains sacrés, le vaisseau naufragé représente upâdi, le Vouloir-Vivre, et la terre des Élus, le Nirvâṇa.

Upâdi (d'*upâdâ*, saisir) est l'action du naufragé, qui s'accroche à l'épave; du naufragé de la vie, qui, au lieu de s'abandonner aux lames, s'accroche à l'épave du bonheur perdu et des passions jamais satisfaites.

Le port, où s'enfuit l'homme, délivré de l'upâdi, est le Nirvâṇa. Mais les Saints eux-mêmes n'atteignent pas tous directement au Nirvâṇa.

La première étape est celle des fidèles qui entrent dans la bonne voie. Ils se délivrent des trois premiers liens : l'illusion du moi, les doutes concernant la doctrine du Bouddha, la foi dans l'efficacité des rites et des cérémonies.

La seconde étape est celle des moines pieux, qui ne reviendront plus qu'une seule fois sur la terre.

____

(1) *Visuddhi-Magga* (trad. WARREN).

Voilà comment ils se représentent les plaisirs de ce monde :

Un homme surprend un rival, près d'une femme qu'il aime de passion. Il les soupçonne et devient jaloux. Mais, si on lui fournit la preuve de leur faute, sa jalousie disparaît; pour lui, cette femme est comme une inconnue (1).

De même, un religieux sera tourmenté du désir du bonheur, tant que les malheurs de ce monde lui paraîtront de simples accidents. Mais, quand il comprendra que la vie est une fille, le religieux se détournera d'elle avec dégoût. Sa pensée se repliera sur elle-même, comme les gouttes de la rosée se rassemblent dans le creux du lotus. Il dépouillera tout ce qui est de l'homme, comme le serpent dépouille sa peau ridée. (*S. N.*)

La troisième étape est celle des Saints, qui atteindront le Nirvâṇa à leur mort et ne reviendront plus sur la terre. Ils se délivrent du quatrième et du cinquième lien, la sensualité et la malveillance.

Mais les Sages, qui sentent le Nirvâṇa proche, doivent se garder de la tentation du suicide.

« Prêtres, a dit le Bouddha, malheur à celui qui attente à ses jours; on le châtiera comme l'ordonne la loi... Car l'humanité a besoin des Saints. Leur vertu est le remède qui guérit la maladie du péché; le guide qui conduit la caravane à travers les déserts de la vie; le vent qui fait tomber la fièvre des passions. »

(1) *Visuddhi-Magga.*

D'ailleurs, la mort ne finit que l'existence présente. Seul le Nirvâna guérit des existences à venir.

La quatrième étape est celle de l'Arhat, qui brise les cinq derniers liens :

Désir d'une existence matérielle ;

Désir d'une existence immatérielle ;

Orgueil ;

Présomption de sa propre vertu ;

Ignorance.

Dès cette vie même, il obtient le Nirvâna. Car ce monde est pareil à l'étang, où s'épanouissent les fleurs du lotus, les unes bleues, les autres blanches ou roses.

« Parmi ces fleurs, l'on en voit qui s'élèvent au-dessus de l'eau, exposées aux ardeurs du soleil ; d'autres qui reposent à la surface, moitié humides et moitié desséchées.

« Mais il en est de bleues, de roses, de blanches, qui naissent dans l'eau, et se développent dans l'eau, et ne dépassent jamais la surface de l'eau. Les corolles, les racines de ces lotus bleus, blancs, roses, sont si bien abreuvées, que leur moindre parcelle jouit de l'humidité bienfaisante (1). »

— « Ainsi l'Arhat s'abreuve de la joie du Nirvâna. Il ne possède rien, ne regrette rien et ne désire rien, la maladie et le danger, l'éloge et le blâme lui sont indifférents.

« Les liens sont coupés, qui le retenaient à la vie.

_____

(1) *Majj. Nik.* NEUMANN.

Ce qui fait croire aux hommes qu'il existe, n'existe plus pour lui. (*S. N.*)

— « Même avant la dissolution de son corps, l'Arhat ne dépend plus du temps, ni de l'espace. S'il semble encore vivre, c'est comme la lampe dont le vase n'a plus d'huile et qui brûle encore tant que la mèche reste humide. Bientôt la lampe s'éteindra pour ne plus se rallumer; bientôt le corps mourra pour ne jamais renaître. » (*S. N.*)

*
* *

Le matin venu, les Çramaṇas entraient dans l'église que l'aube rougissait; ils trouvaient leur frère ravi en extase. Son corps ne touchait pas le sol. Les jambes repliées, les bras croisés, les yeux sans regard, un vague sourire sur ses lèvres, l'Arhat semblait en vérité le fantôme d'un homme, affranchi de la volonté de vivre et du rêve du monde sensible.

Dans la gorge, tout donnait l'illusion de la joie. A peine voyait-on quelques nuées dans le ciel purifié par l'orage. Le torrent diminué roulait des eaux claires et bouillonnantes. Les oiseaux chantaient dans les arbres, d'où tombaient des gouttes de pluie. Les fleurs humides répandaient leurs parfums. Des serpents et des lézards rampaient sur les rochers et sur la terrasse; partout l'on voyait sortir des rats, des fouines et des mangoustes. Des singes se balançaient aux branches; un troupeau d'antilopes s'abreuvait dans la rivière au détour de la gorge. Sur la frise de la véranda, de grands vautours dormaient, leur tête chauve sous leur aile à demi étendue. Dans l'église même, un ramier s'était perché sur l'ombrelle du dagoba.

Les moines s'arrêtaient sous le portique et murmuraient, en se montrant l'Arhat :

« Le présent de la Loi surpasse tous les présents. La douceur de la Loi surpasse toutes les douceurs. La jouissance de la Loi surpasse toutes les jouissances. L'extinction de la soif de vivre détruit toutes les peines (1). »

(1) Les moines de Ceylan et de la Birmanie célèbrent encore les offices de l'Hînayâna et professent la même doctrine, mais, cédant à l'influence du Mahâyâna, ils ont dans leurs temples des images des différents Bouddhas.

Du reste, c'est un point controversé de savoir quand et sous quelle influence les Bouddhistes commencèrent de faire des images du Bouddha pour les honorer. Dans les anciennes sculptures de l'école dite Hindoue, l'on représente les épisodes de la jeunesse de Siddhârtha comme les aventures des héros des Játakas. Mais le Bouddha est figuré par l'un de ses symboles. Sans doute, ce furent les Grecs qui apprirent aux Indiens le culte des images.

QUATRIÈME PARTIE

LE MAHÂYÂNA

CHAPITRE PREMIER

LES DOCTRINES DU MAHÂYÂNA

I

C'est au concile de Peshawar que furent rédigés les premiers traités du Mahâyâna. Mais les couvents du Dekhan et de Ceylan restèrent plus longtemps fidèles à l'Hînayâna. Cette dernière doctrine ne reçut même sa dernière forme qu'au cinquième siècle, dans les ouvrages de Buddhaghosha, un fameux commentateur.

Dans le Nord, au contraire, le nombre immense des moines (plusieurs centaines de milliers), l'influence du Brâhmanisme et des religions de l'Asie, les discussions des Universités, les richesses de l'Église, tout contribuait au développement des croyances nouvelles. Les écrits de trois grands docteurs en assurèrent le succès. L'on admet généralement qu'ils vécurent à l'époque de Kanishka; ils auraient gouverné l'Église du Nord, comme onzième, douzième et treizième patriarches. (Premier siècle.)

Le premier en date, Açvaghosha est l'apôtre de la pitié. Dans son poème du *Buddhacarita,* ses hymnes et ses discours, il ne cesse de recommander la douceur, comme le plus sûr moyen de convertir les hommes.

Un roi de Ceylan, nous racontent les *sermons,* fit placer un énorme rubis sur le haut d'un dagoba. L'on s'aperçut un matin que le rubis avait disparu. Mais les juges parvinrent à retrouver le voleur et le condamnèrent à mort.

Le roi ne voulut pas ratifier cet arrêt. « Si nous tuons cet homme, pensait-il, nous ne pourrons plus rien pour son âme. Lui laisser la vie, c'est nous laisser le moyen de le convertir. » Il prit de l'argent et le remit au voleur en disant : « Porte cette offrande au Bouddha, et puisses-tu obtenir la rémission de tes péchés. »

Touché par cette clémence, le coupable s'agenouilla devant le stûpa et fit cette prière :

« Maître, plein de pitié, tu as disparu dans le Nirvâna. Cependant ta miséricorde ne m'a pas abandonné. Je prendrai le manteau des mendiants et je te servirai comme l'un de tes religieux. »

*
* *

Nâgârjuna, le successeur d'Açvaghosha, fut le fondateur de la Scolastique. Il enseigne l'Idéalisme transcendental. Pour lui, tous les phénomènes sont des illusions ; rien n'existe que le Nirvâna, qui n'est pas le Néant, mais la négation du Conditionnel, l'Absolu. Ce fut aussi le premier qui voulut réconcilier le Bouddhisme avec le Brâhmanisme, et conseilla aux fidèles le culte des dieux hindous, surtout de Pârvatî, l'épouse de Çiva.

Híuen Tsiang rapporte une curieuse légende sur la mort de ce patriarche.

Nâgârjuna vivait dans le royaume de Kôsala au nord du Krishnâ. Il fit creuser dans le rocher un couvent à plusieurs étages ; des Brâhmanes et des moines l'habitaient. Le peuple, qu'étonnaient la science et la piété du vieillard, le soupçonnait d'avoir trouvé la pierre philosophale et l'élixir de longue vie.

Un jour, la reine de Kôsala dit au prince héritier : « Voici que ton père a dépassé l'âge des plus vieux. Cependant, il ne meurt pas ; Nâgârjuna le nourrit de ses herbes magiques. Si tu veux obtenir le trône, fais périr le Bodhisattva ; mais il ne peut mourir que si lui-même y consent. »

Le prince se rendit dans le monastère et dit au patriarche :

« Quel est pour toi le premier devoir d'un saint?

— La pitié.

— En quoi consiste la pitié?

— A donner tout ce qui nous est demandé.

— Fût-ce notre vie?

— Fût-ce notre vie.

— C'est bien. Tu m'as promis ta propre tête. »

Nâgârjuna comprit qu'on lui avait tendu un piège, et que le prince héritier souhaitait la mort du râja. Mais il ne crut pas devoir manquer à son serment. Avec une feuille de roseau desséchée, il se coupa la tête. En arrivant au palais, le jeune homme apprit la mort de son père.

Déva fut le précurseur des mystiques du quatrième siècle.

Originaire de Ceylan, il voulut devenir l'élève de Nâgârjuna ; mais approcher le patriarche était chose malaisée. Déva demandait une audience ; sans rien dire, les moines lui présentèrent un verre d'eau. Il y déposa une aiguille.

« Qu'on le reçoive, dit le Bodhisattva, je le crois digne de se mesurer avec moi. Ce verre signifiait que mes arguments s'adaptent au sujet traité, comme les liquides au vase qui les contient. L'étranger m'a répondu : « Je connais la science de « Nâgârjuna, et me déclare prêt à la percer jusqu'au « fond. »

Deux anecdotes nous permettent de juger des doctrines de Déva. Il aurait arraché les yeux d'une idole, en disant : « Un esprit doit être d'essence spirituelle. » Toute forme extérieure du culte lui paraissait condamnable (1).

Une autre fois, des Brâhmanes le virent à genoux sur la rive du Gange. Il puisait de l'eau pour en répandre sur le sable :

« Que fais-tu là, Déva? lui demandèrent les hérétiques.

— Je porte secours à mes parents restés dans l'île de Ceylan. Peut-être souffrent-ils de la faim ou de la soif. »

(1) Beal. *Catena.*

Comme ces paroles éveillaient l'hilarité des assistants, Déva reprit : « Nos prières peuvent nous mettre en rapport avec les trépassés, qui sont séparés de nous par des myriades de lieues et les murailles de l'enfer. A plus forte raison, nous uniront-elles aux vivants ; entre eux et nous, il n'y a que la mer et les montagnes (1). »

*
* *

Le véritable fondateur du mysticisme indien fut le vingtième patriarche, Vasubandhu (quatrième siècle). Dans sa jeunesse, il défendait l'Hînayâna. Son frère Asaṅga lui donna rendez-vous dans un couvent des environs d'Ayôdhyâ. Vasubandhu répondit à cet appel. Le supérieur l'accueillit avec bonté, ne lui parla que de choses indifférentes, et, le repas achevé, le conduisit dans une cellule, située en haut d'un pavillon, qui dominait le Gange. Il faisait une belle nuit d'automne ; le ciel était sans nuages. Sous les branches des banians et des palmiers, l'on voyait les marais, couverts de nénufars, le fleuve débordé, où la lune se reflétait. Vasubhandu s'assit dans l'embrasure de la fenêtre, et se mit à méditer.

Un moine se tenait au pied de la fenêtre. Il feignit de ne pas remarquer la présence de l'étranger, et commença de réciter un traité mystique. Vasubandhu fut étonné, puis ravi ; les larmes coulaient de ses yeux. Comme la philosophie de l'Hînayâna

_____

(1) Hiuen Tsiang.

11.

lui paraissait aride auprès des doctrines nouvelles!
Il avait cru que l'homme ne peut espérer aucun
secours surnaturel, et que la seule récompense de
la vertu est le Néant.

Voilà qu'on lui parlait de la pitié du Bouddha,
toujours présent au milieu de ses fidèles, et de leur
devoir de s'unir mystiquement à lui.

Le moine avait achevé sa lecture. Vasubandhu
prit un roseau pour couper sa langue, qui avait
blasphémé de pareilles doctrines. Asaṅga se tenait
caché derrère la porte; il saisit la main de son
frère et lui dit :

« Ne coupe pas ta langue, car maintenant elle
proclamera la vérité. »

*
* *

Peu de temps après la mort de Vasubandhu, le
roi de Lahore Mahirakula voulut détruire le Bouddhisme. Le Penjab fut ravagé; l'on incendia les
couvents, l'on massacra les moines, et le vingt-troi-
sième patriarche, Siṁha, périt dans les supplices.

Ces épreuves augmentèrent l'influence des mystiques. Le vingt-huitième patriarche, Bodidharma,
professait le quiétisme. Il vint en Chine, en 526, et
fut invité à la cour de Nanking.

« Depuis mon avènement au trône, lui dit l'empereur, je n'ai cessé de bâtir des temples, de fonder
des monastères, de faire transcrire les livres sacrés.
Ai-je acquis des mérites pour la vie future?

— Non.

— Pourquoi?

— Le monde est une ombre. Par suite, les bonnes œuvres ne sont que l'ombre d'une ombre.

— Quelle action trouves-tu sainte?

— Aucune; partout, je ne vois que le vide.

— Comment vis-tu?

— Je rêve et je m'efforce de ne plus rêver. Que tout ce qui m'entoure soit la quiétude, image du Nirvâna. »

Cette doctrine aboutit au Panthéisme. Dans les dialogues mystiques, les disciples, à genoux et baignés de larmes, demandent au Bouddha pourquoi l'ou trouve encore le crime et la douleur. Toutes les créatures ne sont-elles pas des émanations de son cœur infini?

Le Bouddha leur répond : « Vous êtes le jouet de l'Illusion. Un homme affligé de la cataracte voit des lotus dans le ciel. Qu'on l'opère, il ne les verra plus. De même, les Saints, qui se délivrent de l'égoïsme, ne connaissent plus de créatures distinctes. »

Bhagavat prend alors un mouchoir de soie.

« Ânanda, fais plusieurs nœuds dans ce mouchoir.

— Le maître est obéi.

— As-tu rien changé à la nature de cette soie?

— Non, maître.

— Ainsi en est-il des créatures de ce monde. Elles ne transforment pas le cœur du Bouddha, non plus que ces nœuds n'ont transformé cette soie.

— Maître compatissant, s'écrie Ânanda, comment perdrons-nous l'illusion de la vie personnelle?

— Passe ta main sur ce mouchoir.

— Voici, maître.

— As-tu défait les nœuds?

— Non, maître, ce n'est point ainsi que l'on défait des nœuds.

— Où faut-il donc les prendre?

— Au cœur.

— Eh bien! agissez de même. C'est en défaisant
votre cœur égoïste, que vous vous dissoudrez dans
le cœur infini du Bouddha (1). »

II

En 610, un grand prince monta sur le trône de
Kanauj, dans le haut bassin du Gange. C'est Çîlâ-
ditya, qui soumit le nord de l'Inde et força tous les
râjas indépendants à le reconnaître comme leur
suzerain. Il prit pour ses modèles Açoka et Kanishka,
protégea le Bouddhisme, et réunit un concile, auquel Hiuen Tsiang assista. Toutes les doctrines du
Mahâyâna y furent approuvées.

Outre les dieux hindous, les Bouddhistes adoraient alors une multitude de divinités symboliques
comme Prajñâ Pâramitâ, la Vertu, la Sagesse
transcendantale, et le célèbre Sûtra, qui traite
des vertus des Bouddhas.

Le nombre des Saints était considérable. On les
divisait en Bodhisattvas et Pratyéka-Bouddhas. Les

(1) Beal. Catena (Surângama Sûtra).

premiers deviendraient des Bouddhas dans une incarnation future; les seconds étaient des Bouddhas, qui obtiendraient le Nirvâna sans enseigner aux hommes la Voie du Salut.

Au-dessus des Saints, il y avait les Bouddhas véritables, divisés en petits et en grands Bouddhas. Ceux-ci formaient cinq trinités correspondant aux cieux des Hindous, qui marquent divers degrés d'épuration de l'âme.

Chacune de ces trinités comprend un Dhyâni Bouddha, un Bouddha humain et un Bodhisattva. La plus populaire se compose d'Amitâbha, le créateur du Paradis d'Occident; de Çâkya-Muni, le Bouddha historique, et d'Avalokiteçvara, le Bodhisattva de la Pitié. C'est la seule dont on voie les images sur les autels du Thibet, de la Chine et du Japon.

III

Sur le sort réservé aux élus, l'on admettait deux doctrines. Les Bouddhistes orthodoxes souhaitaient de renaître dans le ciel Tushita, où Maitrêya règne sur les Saints en attendant de revenir sur la terre, pour y prêcher la foi nouvelle.

L'un des disciples d'Hiuen Tsiang nous a laissé la biographie de son maître.

Revenu en Chine après quinze ans de voyage, le pèlerin traduisit les principales œuvres des mystiques indiens. Arrivé à soixante-cinq ans, il comprit que sa fin n'était plus éloignée. Tous les jours, il répétait à ses moines : « Puissè-je avoir la force de terminer ma traduction du Prajñâ Pâramitâ ! »

Quand l'ouvrage fut achevé, Hiuen Tsiang ne songea plus qu'à se préparer à la mort : « Mes fils, disait-il aux religieux, quand vous me porterez à ma dernière demeure, que ce soit en toute simplicité. Vous choisirez pour ma tombe un vallon écarté. Il n'y aura dans le voisinage ni palais de l'empereur, ni couvent. Je ne mérite pas de reposer à l'ombre de ces illustres demeures. »

La maladie d'Hiuen Tsiang dura vingt-trois jours, pendant lesquels il ne cessa de consoler ses disciples. Le dernier jour, il distribua des aumônes. Les moines se réunirent autour de son lit, pour être témoins de ses adieux à ce corps vil et misérable.

« Je souhaite, leur dit-il, que les mérites accumulés par mes bonnes actions profitent à l'humanité entière. Puissè-je renaître dans le ciel Tushita pour y voir Maitréya, le Bouddha de l'amour ! Puissè-je vivre un jour avec lui sur la terre, pour le servir comme un bon et fidèle disciple ! Qu'enfin, après bien des existences, il me soit donné d'atteindre la Bodhi, la parfaite sagesse. »

Le mourant resta quelques heures immobile. Au milieu de la nuit, ses disciples lui demandèrent : « Maître, avez-vous obtenu de renaître dans le ciel de Maitréya ?

— Oui », murmura-t-il faiblement, et il rendit l'esprit (1).

(1) BEAL, *Life of Hiuen Tsiang* (trad. du chinois).

La foi de Hiuen Tsiang est celle que les Birmans, les Siamois et les Cingalais professent encore. Dans leurs temples, l'on voit, à côté des statues dorées de Gautama, l'image blanche de Maitréya, le Bouddha de l'amour.

*
* *

La seconde doctrine, que l'on attribue à Déva, est devenue populaire dans tout l'Extrême-Orient. On la nomme religion du Paradis d'Occident.

Amitâbha, comme tous les Bouddhas, fut d'abord un Bodhisattva. Il consacra les mérites de ses milliers de vies à créer une contrée bienheureuse, où les élus obtiendraient tous les biens.

Une grille de pierre, pareille à celle des stûpas, une ceinture de banians, des lignes de pavillons, d'ombrelles et de bannières séparent ce paradis du reste de l'univers. L'on voit une plaine immense sans un rocher ni une montagne. Le ciel est d'or, avec des nuages, qui font de la musique et répandent des averses de fleurs. Autour de ces nuages, volent les chœurs des Gandharvas, les anges, et des Apsaras, leurs belles compagnes.

Des fleuves, larges de milliers de lieues, traversent le paradis. Leur lit est de sable d'or. Tantôt ils arrosent des prairies à l'herbe d'émeraude, tantôt ils coulent sous d'impénétrables forêts. Les arbres ont des troncs d'or, d'argent, d'ambre et de cornaline; des feuilles d'agate, de turquoise et de rubis; des perles au lieu de bourgeons et des fleurs en diamants, le tout plus agréable au toucher que la plus fine soie.

Dans les branches, sur les îles aux joncs d'or, au milieu des lotus de la rivière, c'est un concert perpétuel de faisans, de bengalis, de paons, de coucous, de perroquets, de canards, de hérons et de cygnes. Ces oiseaux ne renaîtront pas sur la terre : Amitâbha les a créés pour son paradis.

Sur le bord des fleuves, l'on voit errer les chœurs des élus. Hommes et femmes sont plus beaux que les dieux. Leur corps est doré, comme celui des Bouddhas : il s'en dégage de la lumière. Un simple vœu suffit pour leur créer des palais enchantés avec des pavillons d'or et d'argent, des colonnes d'ambre et de jade, des murs de marbre incrustés de pierres précieuses, des jardins arrosés de fraîches fontaines, des oiseaux, des anges et des nymphes.

Sous un bodhi gigantesque, Amitâbha est assis immobile ; la lumière émanée de son corps remplit le monde entier (1).

La religion de ce Bouddha est une religion de pure foi. Sa puissance de prière fut si grande qu'à l'avance elle obtint tous les biens pour ceux qui invoqueraient son nom. Il n'abandonne jamais ses fidèles et vient les consoler à l'heure de la mort.

La cellule du religieux s'illumine tout à coup. Des parfums la remplissent; une douce musique

____

(1) Trad. de Max Müller du *Sukhâvatî Vyûha.*

retentit, le toit s'entr'ouvre, des lotus pleuvent du ciel. Le moine voit s'avancer Amita, suivi du peuple des élus. Ravi, en extase, il expire, et les anges emportent son âme dans le Paradis d'Occident.

Un religieux chinois se trouvait sur un navire en détresse. Les passagers se poussaient pour trouver place dans les bateaux, lui demeurait à genoux immobile.

Les matelots étaient de pieux bouddhistes. Ils supplient le moine de les suivre. Le moine ne les entend pas; tourné vers l'Occident, il répète : « Amita! Amita! »

Les vagues montent, engloutissent le navire. Le prêtre murmure encore une fois : « Amita », et disparaît.

*
* *

Le culte d'Amita est surtout cher aux Japonais.

Dans le temple de l'Eikwando, à Kyoto, l'on voit une statue de ce Bouddha ; elle tient la tête retournée vers la statue d'un moine à genoux. La légende raconte qu'Eikwan priait depuis des mois dans ce temple. Une nuit, on l'appela par son nom ; il leva les yeux et vit Amita, qui le regardait. Voilà des siècles qu'Eikwan, immobile, contemple l'image miraculeuse.

Le fameux Dai Butsu de Kamakura est un Amita; mais les pèlerins lui préfèrent le sanctuaire de Koyasan. Des milliers de lumières y brillent sans cesse pour rappeler que le visage du Bouddha éclaire tout son paradis. Un jour, deux fidèles s'agenouillè-rent en même temps devant l'autel. L'un était un riche daimio, il donna dix mille lampes d'or. L'autre était une pauvre veuve ; d'une main tremblante elle alluma sa lampe de terre cuite. Et voilà que, toutes les portes s'étant ouvertes, le vent éteignit d'un seul coup les dix mille lampes du mauvais riche. La lampe de la veuve resta seule allumée dans le sanctuaire (1).

Les adorateurs d'Amita forment la secte du paradis de Pureté. Leurs traités mystiques rappel-lent la *Voie du pèlerin* de Bunyan et la *Divine Co-médie* de Dante.

Comme le poète italien, le fidèle Bouddhiste se trouve exposé aux attaques des bêtes féroces, qui représentent les Passions. Puis il traverse le cercle des Violents, s'engage sur le Pont d'argent de la Pure foi. A sa droite, c'est l'enfer de la Colère, à sa gauche l'océan furieux de la Luxure. Conduit par les anges, le pèlerin franchit le Pont d'argent et voit se dérouler à ses pieds les merveilles du Paradis d'Occident.

IV

Dans l'Inde même, le culte d'Amitâbha ne fut jamais aussi populaire que celui de son Bodhisattva.

(1) CHAMBERLAIN : *Handbook for Japan* ; *Things Japanese.*

L'on ne trouve son image dans aucun temple, mais seulement sa médaille sur la couronne d'Avalokiteçvara (1).

Celui-ci est le Maître de la Pitié. Il descend dans Avîchi, le plus profond des cercles de l'enfer. A son approche, les supplices s'arrêtent, la chaudière éclate, les flammes se changent en lac de miel.

Les gardes, accourant vers Yama, lui disent : « Voici qu'un homme est descendu dans les enfers. Sa beauté surpasse celle des dieux. Un diadème d'or couronne ses cheveux bouclés. Sous ses regards, le feu s'éteint, et nos armes se brisent dans nos mains. »

Yama se demanda : « Quel est ce dieu plus puissant que moi-même? » Et déjà le Bodhisattva se trouve devant lui :

« Tu veux connaître ma puissance. Elle s'appelle la Pitié. »

Vaincu, Yama tombe aux genoux du nouveau maître et l'adore.

Avalokiteçvara délivre les damnés, puis il s'approche des Prêtas, des diables maigres comme des squelettes, rouges comme des piliers mis au feu. Car, dans l'un de ses Jâtakas, le futur Gautama s'ouvrit les veines pour désaltérer la soif des démons Yakshas.

A la voix du Maître de la Pitié, la cité de feu devient froide, la foudre s'arrête. Le Charon de cet enfer accourt, sa javeline levée dans une main, sa fiole de poison dans l'autre. Il rugit, ses yeux rou-

(1) Cf. Fergusson.

lent du sang et des flammes. Et voilà que ses bras restent en l'air comme paralysés, des larmes mouillent ses paupières : le gardien de l'enfer se sent vaincu par la Pitié.

Avalokiteçvara fait alors ce serment solennel :

« Je ne deviendrai pas un Bouddha et ne me dissoudrai pas dans le Nirvâna, avant que j'aie consolé toutes les douleurs, guéri tous les maux et racheté tous les crimes. »

*
* *

Quiconque invoque le Bodhisattva le trouvera fidèle à sa promesse. Le plus souvent il apparaît sous la forme d'une créature. Si un homme maîtrise un éléphant furieux, si une femme arrache aux flammes son enfant, si un chien sauve son maître qui se noie, cet homme, cette femme, cet animal, sont le Bodhisattva lui-même. Pour la foule, il a pris l'apparence d'un mortel. Pour les mystiques, quiconque se dévoue devient le Maître de la Pitié en s'unissant de cœur avec lui.

Avalokiteçvara se montre quelquefois sous sa forme véritable. C'est sur les montagnes que l'on a de pareilles visions.

Certains pics de l'Inde centrale étaient constamment assiégés par la foule. Des moines, des hommes pieux jeûnaient pendant sept jours, puis tentaient d'escalader les rochers. Quelques-uns seulement parvenaient jusqu'au faîte. Le Bodhisattva leur apparaissait, pour les récompenser de leurs efforts.

Ils revenaient sur la terre, avec un visage illuminé des reflets du visage divin.

Les femmes, les enfants, les vieillards, les malades se tenaient au bas de la montagne. Ils poussaient des cris de joie, quand l'un des pèlerins redescendait. On l'entourait sans oser le toucher ; on lui offrait du riz et des fleurs ; on l'accompagnait en portant des palmes et en récitant des cantiques.

Soudain, l'un des paralytiques jetait ses béquilles et se mettait à courir. Les aveugles ouvraient les bras et s'écriaient : « Nous voyons. » Les muets parlaient, les sourds entendaient, et les malades étaient guéris. Des femmes, des vieillards tombaient à genoux, ravis en extase. Au milieu de la foule bruyante, leur foi leur méritait de voir le Maître de la pitié (1).

Hiuen Tsiang rapporte que les ministres de Kanauj vinrent trouver Çilâditya après la mort de son frère aîné, pour lui demander d'accepter la couronne. Le prince leur répondit :

« Gouverner un royaume est un redoutable devoir ; je n'en ai ni le talent, ni la force. Abandonner le trône, où ma naissance m'appelle, serait une lâcheté criminelle. J'invoquerai la statue d'Avalokiteçvara. Qu'il décide de mon sort, pour le plus grand bien de mon peuple. »

Pendant plusieurs jours, le prince jeûna et pria devant l'image miraculeuse. Enfin, le Bodhisattva lui apparut et dit :

(1) Conf. Hiuen Tsiang.

« Dans une incarnation précédente, tu fus l'ermite de cette forêt. Tes vertus d'alors t'ont mérité de renaître dans une famille royale. Accepte donc la couronne, mais souviens-toi que le premier devoir d'un roi est de secourir les pauvres et de les aimer. »

*
* *

De bonne heure, les Indiens prirent le Maître de la pitié pour un dieu. Et, comme il surpassait tous les dieux par sa tendresse et par sa beauté, le peuple fit de lui un être féminin. Dans le Dekhan, on le confondit avec Pârvatî, l'épouse de Çiva. Dans l'Iran, son culte remplaça celui d'Anaitis, l'ancienne déesse des Persans.

Les Chinois ont imaginé une légende particulière. Ils ont traduit le nom d'Avalokiteçvara par celui de Kwan-Yin, celle qui se penche pour écouter les plaintes de l'humanité souffrante.

Kwan Yin (en japonais, Kwannon) est la fille d'un mandarin, qui lui ordonne d'épouser un prince féodal. Elle a fait le vœu de rester vierge et refuse d'obéir à son père. Celui-ci s'emporte et l'envoie au supplice.

L'âme de Kwan Yin descend dans les enfers, et les enfers se changent en paradis. Yama irrité rend la vie à la sainte. Elle s'assoit sur un lotus. Glissant sur les vagues, la fleur la transporte dans l'île de P'u-to, au large d'Hang-Chow. Cette île est encore consacrée à son culte.

Plus tard, l'on confondit Kwan Yin avec Mâyâ la mère de Gautama. Dans beaucoup de temples chinois et japonais, l'on voit une image de Kwan Yin, qui tient dans ses bras le petit Bouddha. La déesse de la pitié présente à l'humanité souffrante le Maître, qui a trouvé la route du Nirvâna.

*
* *

Au Thibet, le culte d'Avalokiteçvara s'est développé différemment. Le Bodhisattva s'incarne dans le Dalai Lâma.

Les récits des voyageurs nous apprennent que la cathédrale de Lhassa est une église à trois nefs, comme les Chaityas des Ghâts ; au lieu d'un jubé, une grille d'argent y sépare le chœur de la partie réservée aux fidèles. Derrière l'autel, l'on trouve un retable, du même style que ceux des anciens monastères du Penjab. Mais ce retable est d'argent, avec une statue en or du Bouddha Gautama.

Le trône du Dalai Lâma se trouve du côté gauche du chœur ; celui du Pantshen Lâma, du côté droit. Les autres moines prennent place sur des nattes ; d'abord les évêques ou Chutuktus, puis les dix-huit ordres du clergé inférieur.

Les prêtres s'assemblent au bruit des trompes, des cloches et des gongs. La cérémonie commence comme pour le Pâtimokkha. Suivent des leçons, des hymnes et des litanies. L'officiant se place alors devant l'autel ; il tient un miroir. Les assistants portent une coupe, une amphore, un triçûla, d'autres objets symboliques. L'on sonne toutes les cloches, l'on frappe les gongs, on lance les grands encensoirs.

L'image d'Avalokiteçvara passe sur le miroir,

l'officiant le lave avec de l'eau parfumée, puis il recueille cette eau dans une coupe, s'en marque le front et la boit. Tous les moines répètent la même cérémonie.

Il semblerait que le miroir est depuis longtemps rattaché au culte du Bodhisattva, car Hiuen Tsiang parle d'un roi qui vit dans une glace une image d'Avalokiteçvara d'une incomparable beauté. L'on fit des fouilles au pied d'une montagne sainte, et l'on y trouva une statue miraculeuse.

V

La mythologie confuse du Mahâyâna ne pouvait suffire aux philosophes et aux mystiques. Ils imaginèrent un Âdi-Bouddha, dont émanent tous les Bouddhas : le Bouddhisme athée se transforma en déisme. Dans certaines sectes, ce dieu personnel s'appelle Hari ; les plus grands saints ne peuvent faire leur salut, s'ils n'obtiennent sa grâce. Mais un commencement d'amour pour lui (Bhakti) suffit à racheter de toutes les fautes. Le Mahâyâna finit donc par enseigner une doctrine contraire à celle de l'Hînayâna, qui disait :

« En se proclamant supérieur aux sages, le roi des dieux a menti. Les dieux sont la proie des passions, des douleurs et de la mort. Le sage a pu s'en affranchir et mériter le Nirvâna. »

AJANTÂ (CAVE XIX) — CHAITYA

MAHÂYÂNA (VIe siècle)

CHAPITRE II

L'ART DU MAHÂYÂNA. — LES MONASTÈRES D'AJANTÂ.

I

Les bouddhistes divisent l'histoire de leur religion en trois périodes : l'âge des écritures, l'âge des images et la décadence. Le Mahâyâna est l'âge des images. Au contraire des premières caves, celles du sixième et du septième siècle sont couvertes de statues des Bouddhas, des Bodhisattvas, des dieux hindous et des divinités symboliques.

La statue de Gautama est placée partout, non seulement sur les façades, mais dans l'oratoire des couvents et sur le chaitya des églises. Ici, nous le voyons sur un lotus entr'ouvert, les jambes repliées, les paumes des mains retournées, dans l'attitude d'un ascète qui médite. Plus loin, il est assis sur le trône de diamant; deux lions en supportent les bras. L'on voit sur le soubassement des cerfs et la roue symbolique; de part et d'autre du siège, des Dwârpâls ou gardiens avec des éventails (Chauris). Plus tard, l'on remplaça les deux Dwârpâls par quatre Bodhisattvas.

Là, Gautama, debout, semble prêcher, le petit

doigt de la main droite entre le pouce et l'index de la main gauche. Ailleurs, nous le voyons étendu et la tête appuyée, prêt à s'endormir du sommeil éternel du Nirvâna.

Ces statues égalent les plus célèbres d'aucun temps. L'on y reconnaît l'influence de la Grèce. Mais l'art indien y conserve sa tendance propre au pessimisme. La grande beauté du type qu'il inventa pour le Bouddha provient même de ce qu'unissant les deux esprits, il a su produire une œuvre qui soit mystique, sans rien de précieux ou de morbide. Le Bouddhisme a son Jupiter Olympien, qui, moins puissant, est plus calme encore que celui de Phidias.

Il n'est pas jusqu'à certains détails, fournis par l'histoire ou la légende, dont les artistes n'aient tiré heureusement parti. Ainsi les Indiens d'alors portaient, comme les Cingalais d'aujourd'hui, des anneaux si lourds dans leurs oreilles que le bout s'en allongeait et touchait leurs épaules. Ces oreilles pendantes, encadrant le visage du Bouddha, le font plus rêveur et plus doux.

* *
* *

Les fresques et les sculptures complétaient l'enseignement donné par les statues. Un bas-relief nous montre l'enfance du Bouddha : Prajâpatî (1) le tient sur ses genoux, des femmes l'éventent, une autre lui présente une mangue et un perroquet. Des enfants nus sautent, luttent, jouent de la flûte ou du tam-

_____

(1) Prajâpatî, sœur de Mâyâ, éleva le fils de celle-ci.

bour. L'on dirait les petits chanteurs de Donatello et de Lucca della Robbia sur l'orgue de Florence.

Les peintures qui retracent les Jâtakas ou la prédication du Bouddha pourraient se comparer aux Giotto d'Assise : le *Saint se dépouillant des habits que son père lui a donnés ;* le *Saint prêchant aux oiseaux et aux poissons ;* le *Saint se fiançant à sa douce dame Pauvreté.*

L'on trouve dans la cave XXVI une statue gigantesque de Gautama, couché entre deux çâlas ; il vient d'atteindre le Nirvâna. Au-dessus de lui, les dieux se lamentent ; en bas, des hommes et des femmes à genoux adorent le Bouddha ressuscité.

Peut-être l'artiste a-t-il représenté une légende chère aux peintres japonais, Mâyâ priant sur le corps de son fils.

Mâyâ était devenue l'une des divinités favorites du Mahâyâna. Déjà les sculptures de Sanchi nous montrent le Bouddha qui, sur une échelle d'or, monte dans le ciel Tushita, pour y prêcher sa doctrine à sa mère.

Quand Gautama fut mort, Anuruddha, l'un des disciples, se rendit dans le ciel pour prévenir Mâyâ. Elle descendit sur la terre ; tous les dieux l'accompagnaient. Mâyâ embrassa la robe et le pâtra de son fils en disant : « La joie des hommes et des dieux a disparu ; le monde est vide. »

Alors le cercueil d'or s'ouvrit de lui-même, et l'on vit le Bouddha. Il était assis, les mains jointes ; son corps lançait des rayons. « Mère, dit-il, vous êtes venue de loin. Mais les Saints ne doivent pas connaître la tristesse. »

*
* *

Le Bouddha, disparu dans le Nirvâṇa, est toujours présent dans son Église ; et les sujets mystiques semblent continuer l'histoire de sa vie. Voici des Apsaras ailées, qui conduisent un Élu dans le ciel. Des cygnes les suivent, car le Dhammapada dit : « Le Saint, qui a vaincu la tentation, s'élance en dehors du monde, comme les cygnes traversent l'éther dans le sillon d'or du soleil. » Le groupe de ces figures envolées rappelle l'Angelico ; la vue de la terre, presque oubliée, fait penser aux tableaux de Dürer.

Là, c'est le Bodhi du ciel. Ses fleurs sont des lotus épanouis, qui portent des Bouddhas, couronnés de l'auréole. Le moine qui sculpta ce bas-relief se plaisait sans doute à relire la vie de Vasubandhu, si populaire à cette époque.

Le célèbre patriarche, son frère Asaṅga et leur disciple Buddhasiṁha s'étaient fait un serment. Le premier d'entre eux qui renaîtrait dans le ciel Tushita reviendrait sur la terre pour enseigner à ses amis la doctrine de Maitréya.

Buddhasiṁha mourut. Trois ans s'écoulèrent, et Vasubandhu le suivit. Ni l'un ni l'autre ne tint sa promesse. Asaṅga et ses moines ne cessaient de prier et de se lamenter : ils craignaient qu'une légère offense n'eût privé les deux saints de la vue de Maitréya.

Mais une nuit, qu'Asaṅga expliquait à ses disciples les moyens d'arriver à l'extase, toutes les lampes s'éteignirent, une lumière céleste remplit la salle, Vasubandhu se trouvait au milieu d'eux.

« Frère, lui dit Asanga, es-tu du nombre des Élus?

— Oui, répondit le patriarche.

— As-tu vu Maitrêya?

— Je l'ai vu.

— Qu'enseigne le Bouddha de l'Amour?

— Sa doctrine diffère peu de celle du Mahâyâna.

— Pourquoi tarder tant à venir m'apporter ta réponse?

— Je naquis dans un bouton de lotus. Pour quelques fautes légères, ce bouton ne pouvait s'ouvrir. Un jour, enfin, Maitrêya vint à passer auprès de moi. La fleur s'épanouit : je vis le Bodhisattva. Son visage est si beau que les yeux ne se lassent pas de le contempler. Une lumière divine se dégage de son corps. Les Saints et les Anges l'accompagnent en jetant des fleurs, en brûlant des parfums, en disant des cantiques.

Aussitôt que le chœur céleste eut passé, je suis descendu sur la terre pour tenir ma promesse et t'annoncer la vérité.

— Et Buddhasimha?

— Je l'ai vu dans le chœur des Élus, tellement enivré de joie, qu'il ne pouvait que chanter et ne m'a pas même reconnu (1). »

(1) Hiuen Tsiang.

II

L'âge des images eut son genre d'architecture
particulier. Pour le plan, il est vrai, ses temples diffèrent peu des édifices plus anciens; mais partout
le style flamboyant a remplacé le style simple d'autrefois.

Ajaṇṭâ possède deux chaityas de l'époque du
Mahâyâna. Le premier date du commencement du
sixième siècle : l'art bouddhiste est alors à son apo-
gée. Le second chaitya fut construit vers la fin du
septième siècle; l'on y reconnaît déjà des signes de
décadence. Dans les deux façades, la grande baie
est entourée par plusieurs rangs de statues.

Partout, sur le rebord de cette baie, sur les colonnes et les pilastres, sur le parapet de la véranda,
le long des rochers, l'on a sculpté des frises, des
architraves, des baldaquins, des niches, des ornements; partout aussi des statues de toutes les di-
mensions, depuis des Bouddhas gigantesques jusqu'à des masques grimaçants ou des têtes d'anges
dans des médaillons en forme de fer à cheval.

A l'intérieur, les piliers, carrés dans le bas, puis
octogones, s'arrondissent vers leur milieu. Au fût
lisse s'enroulent deux ceintures ouvragées. Le chapiteau, en forme de lotus, supporte l'image du

Bouddha, entouré par les anges. Nous retrouvons le même motif sur les panneaux de la frise.

Dans l'église du sixième siècle, le dagoba est surmonté de trois baldaquins, qui représentent les différents cieux, où l'âme s'épure; sur le devant se trouve un Bouddha debout dans une niche.

Le dagoba de la seconde cave est plus beau encore : des bas-reliefs ornent le piédestal; des groupes d'anges volent autour de la coupole. Sur le devant du chaitya, l'on a sculpté un baldaquin à deux étages. Au-dessous, le Bouddha est assis. Des lions supportent son trône; ses pieds reposent sur des coussins. Le visage est charmant de jeunesse et de douceur.

III

Le plan des vihâras s'est modifié davantage. L'on en trouve vingt-deux de l'époque du Mahâyâna. Le plus beau groupe est celui du sixième siècle, qui se trouve à droite et en aval des caves de l'Hînayâna. Il comprenait une église, une salle synodale, deux grands couvents et plusieurs petits (1).

Ce monastère est celui dont Hiuen Tsiang nous fait la description.

A l'est du royaume de Mahârâshtra, l'on atteint une montagne aux sommets abrupts; ses rocs amoncelés sont entourés de précipices. Là, dans une

(1) Caves XIV à XX.

gorge sauvage, se trouve un monastère (sanghâ-râma), aux salles hautes et profondes creusées dans le rocher.

Achala, le fameux Arhat, bâtit ce couvent en l'honneur de sa mère. Celle-ci était morte à l'époque où son fils connut la vérité. Mais le saint découvrit qu'elle était revenue sur la terre comme une jeune fille d'un village des Ghâts.

Il se rend dans ce village, s'approche de la jeune fille et lui demande l'aumône. Aussitôt du lait s'échappe de la poitrine de l'enfant.

« Ce miracle, s'écrie le saint, te prouve la vérité des paroles que je vais prononcer. Dans une précédente incarnation, tu fus ma mère bien-aimée. Voilà pourquoi je suis venu te convertir. »

Touchée par ce discours, la jeune fille devint elle-même un Arhat. Le monastère d'Ajaṇṭâ fut creusé en souvenir de ce miracle.

« Le grand vihâra, continue le pèlerin, a cent pieds de hauteur avec une statue du Bouddha de soixante-dix. Cette statue est surmontée de sept baldaquins de pierre, retenus en l'air par la puissance du vœu de l'Arhat. Les murs du vihâra sont ornés de fresques et de sculptures, qui représentent la vie du Bouddha et les Jâtakas. A l'entrée du monastère, deux éléphants taillés dans le roc poussent des cris à faire trembler la montagne. »

Bien que Hiuen Tsiang n'eût pas visité Ajaṇṭâ, sa description paraît exacte. L'on a retrouvé les deux éléphants de pierre à droite de la cave XVI et en haut d'un escalier, qui conduisait à la rivière. L'escalier et les hauts-reliefs ont presque disparu dans

AJANTÂ (CAVE I) — VIHÂRA

MAHÂYÂNA (VIIe siècle)

un éboulement. Une inscription atteste que le couvent est l'œuvre du moine Achala. Il semblerait que la statue colossale et son baldaquin étaient sculptés dans le rocher, au-dessus des caves. L'on n'en retrouve aucune trace.

*
* *

Les monastères du septième siècle forment deux groupes distincts, aux deux extrémités de la ligne des caves. Le groupe de gauche comprend un chaitya, celui de droite a quelques beaux couvents.

La cave I mériterait le nom de « Chartreuse de Pise » d'Ajaṇṭâ. La façade se compose de deux ailes et d'un portique avec un pavillon central. La frise représente, à droite du pavillon une chasse au sanglier, à gauche des combats d'éléphants et de taureaux.

Sur la corniche, il y a des masques dans des fers à cheval. Cette disposition rappelle les médaillons en terre cuite des façades florentines. Au-dessus se trouve une seconde frise avec des oies symboliques et de petits sujets dans des panneaux. Plus haut encore, nous voyons une rangée de têtes de tigre, puis une seconde ligne de masques dans des fers à cheval.

Trois portes, dont celle du milieu très ornée, et deux fenêtres éclairent la cave. La grande salle est carrée. Vingt piliers séparent le centre des bas côtés. Leurs fûts ont des tambours de formes différentes, les uns plats, les autres cannelés. Sur leurs ceintures l'on a sculpté des bêtes fantastiques, de beaux

masques, des figures grimaçantes, et des petits médaillons si fins sur des ornements si délicats, que
l'on dirait des broderies rapportées sur de la den-
telle.

Un premier chapiteau, en bouton de lotus, rappelle ceux de Luqsor. S'appuyant au calice, quatre
nains, comme les aimaient nos sculpteurs gothiques,
portent le second chapiteau, en forme de proue,
avec des sirènes et des anges, qui adorent le
dagoba.

La porte du sanctuaire égale les plus belles de la
Renaissance italienne. De part et d'autre se dressent
des figures symboliques qui représentent le Gange
et la Jamnâ. A l'attitude, à l'expression de ces
figures, on les croirait l'œuvre du maître strasbour-
geois, qui nous a donné l'Église et la Synagogue.

Les caves du Mahâyâna ont toutes un oratoire; il
est situé au fond de la grande salle, une antichambre
y conduit. Les deux pièces n'ont pas de fenêtres,
mais des lampes brûlaient toujours devant leurs
statues d'or.

L'oratoire de la cave II a seul conservé ses peintures, dont la délicatesse et la variété font penser à
la Sainte-Chapelle de Paris. Autour du Bouddha,
des Apsaras et des anges volent en tenant des guirlandes de fleurs, qu'ils déposeront aux pieds du
Maître. Une bordure blanche et noire aux ornements très simples encadre ces peintures et repose
l'œil, que les couleurs éclatantes auraient pu fa-
tiguer.

IV

Les murailles de ces couvents sont ornées de fresques remarquables, les seules que l'on connaisse dans l'Inde. Elles ne représentent pas seulement des sujets religieux, mais des scènes de la vie quotidienne.

Les sujets en sont variés. Voici un harem : le râja étendu ; des courtisans avec des parasols ; un esclave, tirant le panka ; des femmes qui dansent, des jongleurs, un charmeur de serpents ; au fond de la salle, des eunuques et des servantes aux longs cheveux, retenus dans des filets.

Voilà des processions, des cavalcades, des chasses, un long défilé d'éléphants. Les soldats ont des casques et des cottes de mailles, des arcs, des lances, des sabres du Népal avec une entaille pour mettre le pouce. Les uns portent des boucliers ovales, les autres en ont de ronds avec une tête de Gorgone.

L'on trouve des panneaux rudes, mais pleins de vie, que l'on dirait d'un vieux maître allemand ; des figures gracieuses comme des Boticelli. Une scène d'intérieur rappelle la manière du Ghirlandajo, à Sainte-Marie Nouvelle. Deux femmes soutiennent une jeune princesse étendue sur son lit et qui va mourir. Elle les regarde anxieusement. D'autres femmes assises, deux hommes debout font effort pour ne point trahir leur crainte et leur douleur.

*
* *

Les plus belles fresques furent sans doute exécutées sur l'ordre de rois indiens ou étrangers, pour rappeler des libéralités faites aux moines d'Ajaṇṭâ.

Dans la cave I, une peinture représente la réception d'ambassadeurs persans par un prince hindou. Le plafond de cette même cave est divisé en panneaux rectangulaires : trois d'entre eux figurent la cour d'un roi de l'Iran.

Au contraire des Indiens demi-nus, les Persans étaient complètement vêtus. Le Shah et sa femme portent de riches habits. Les esclaves ont des pantalons et des tuniques blanches. Nous sommes dans le harem : des almées déposent aux pieds du prince des boîtes à parfums, des coffrets à bijoux et des plateaux chargés de sucreries.

M. Fergusson pense que ce roi est Khosrew Purviz (590-628), qui prit Jérusalem d'assaut et emporta la relique de la vraie croix. Le *Shah Nâmeh* de Firdusi célèbre le faste du conquérant, ses triomphes, ses palais, surtout son amour pour la belle Shirin, celle même que nous voyons sur la fresque.

Les revers succédèrent aux victoires. L'empereur grec Héraclius poursuivit les envahisseurs jusque dans leur pays. Khosrew fut jeté en prison par son fils Kobad. L'usurpateur souhaitait moins le trône que l'amour de Shirin. Mais la favorite demeura fidèle au vieux roi dont elle voulut partager la prison. Kobad, irrité, fit tomber son père sous le poignard d'un assassin.

*
* *

Dans la cave XVII, de grandes fresques rappellent par leur fouillis les batailles d'Altdorfer; par leur disposition certains tableaux de Memling, où les événements d'une vie, les épisodes successifs d'une action figurent dans un paysage comme s'ils se passaient en même temps.

Ces fresques retracent l'histoire des rois d'Anurâdhapura, qui étaient d'origine indienne. Leurs ancêtres avaient envahi Ceylan, six siècles avant l'ère moderne. Comme ils protégeaient le Bouddhisme, la légende voulait que Gautama se fût rendu à Ceylan et eût prononcé sur le pic d'Adam plusieurs Sûtras.

Les rois de Siṁhala (Ceylan, de *simha*, lion) sont les Wälsungen de l'Inde. Mais, tandis que Siegmund avait pour père un loup, Sîhabâhu était le fils d'un lion.

La princesse Supradêvî s'était échappée du palais de son père avec un chef de brigands. Simha, le roi des lions, se jette sur la caravane et la dévore. Il emporte la princesse dans son antre et la nourrit de sa chasse. Supradêvî met au monde un fils. Devenu grand, ce fils, Sîhabâhu, veut retourner parmi les hommes et force sa mère à le suivre. Simha est le frère des lions de la *Légende des siècles,* il ravage la contrée tout entière, met en fuite les troupes envoyées contre lui, prend d'assaut les villes les plus fortes. Un homme pourra ce que n'ont pu des armées. Cet homme est

13

Sîhabâhu. En reconnaissant son fils, le lion pleure et se laisse tuer sans défense.

A cette nouvelle, Supradêvî, touchée, maudit le parricide. Sîhabâhu est envoyé en exil. Il se réfugie dans le midi de l'Inde, soumet les Tamils et fonde un puissant royaume, d'où son fils Vijaya partira pour la conquête de Ceylan.

Cette seconde expédition fait le sujet des dernières peintures de la cave XVII, en partie détruites. Le prince et des marchands de ses amis s'embarquent pour visiter l'Ile des Perles. Ils tombent au pouvoir des Râkshasîs, les sirènes de l'Inde, qui se nourrissent de chair humaine. Les compagnons de Vijaya cèdent aux charmes de leurs maîtresses; mais Vijaya s'échappe sur un cheval ailé, malgré les prières et les menaces de la reine des Râkshasîs. Celle-ci le poursuit jusque dans les Indes, séduit Sîhabâhu, obtient l'exil de l'infidèle, épouse le roi; puis, une nuit, aidée de ses compagnes, appelées en secret, elle dévore le vieillard avec toute sa cour.

Vijaya, monté sur le trône, lève une armée, passe le détroit, conquiert l'Ile des Perles, massacre les sirènes, délivre et guérit ses amis, à moitié dévorés. Il transporte sa capitale à Ceylan, dont ses descendants feront la contrée sainte du Bouddhisme.

*
* *

Partout, sur les murailles peintes ou les frises sculptées, l'on voit des Nâgas, les dieux de la pluie et de la tempête. Dans les bas-reliefs les plus anciens, ce sont des serpents avec un buste d'homme, comme les monstres polychromes du premier Parthénon. Plus tard, on leur donna la forme humaine, mais un cobra sort de leur dos entre les épaules et leur fait un diadème de son chaperon à plusieurs têtes.

Dans la cave I, une belle fresque rappelle sans doute l'origine des râjas d'Udyâna.

Pendant la vie même de Gautama, le roi Virûdhaka conquit les terres des Çâkyas et les fit tous périr. Une oie sauvage emporta sur son dos le dernier prince de cette maison et le déposa sur le bord d'un lac, au sommet d'une montagne. Le fugitif s'étendit sur l'herbe et s'endormit.

Le soir venu, la fille du roi des Nâgas sortit du palais, pour se baigner dans l'étang où les glaciers se reflétaient avec les nuages, rougis par le couchant. Elle vit l'héritier des Çâkyas et le trouva si beau qu'elle rampa jusqu'à lui dans les roseaux. L'enlaçant dans ses anneaux, la sirène lui caressait le front de ses mains froides.

Le jeune homme s'éveille en sursaut; pris de frayeur, il fait de vains efforts pour s'échapper. Les pleurs de la sirène l'étonnent, puis l'émeuvent. « Des péchés, commis dans des vies antérieures, sont la cause, dit-elle, de sa malédiction. L'amour d'un homme lui rendrait la forme humaine. » Le Çâkya, touché, offre ses mérites pour obtenir la délivrance de la naïade, et la naïade devient une femme.

Leur noce fut célébrée dans le palais des Nâgas.

L'on y trouvait des grottes merveilleuses, dont les stalactites étincelaient de pierres et de diamants. Mais le jeune homme voyait les griffes des dragons et leurs queues monstrueuses. Saisi d'horreur, il voulut retourner parmi les hommes.

Son beau-père lui fit présent d'un coffret et d'un sabre enchanté. Des esclaves portèrent ce coffret à Virûdhaka. Le Çâkya se tenait déguisé derrière les esclaves, il tira l'épée magique et frappa son ennemi, qui roula mort à ses pieds.

Toutes les fautes de la princesse n'étaient pas expiées. Quand elle s'abandonnait aux caresses du roi, un cobra lui sortait des épaules et lui couvrait la nuque de son chaperon à neuf têtes. Une nuit, son mari, la trouvant endormie, abattit le chaperon d'un coup d'épée. « Qu'as-tu fait? dit l'ancienne naïade réveillée en sursaut. Ton impatience portera malheur à nos enfants. » Elle disait vrai; tous les princes d'Udyâna furent sujets à des crises de folie. (Hiuen Tsiang.)

*
* *

Au milieu de ces peintures, qui célèbrent les plus orgueilleuses maisons, les moines ont peint un roi prosterné devant Gautama, vêtu du manteau jaune et tenant la sébile. L'on pense au grand tableau du palais des Doges, qui représente l'humiliation de Barberousse.

CHAPITRE III

LA VIE CIVILE ET RELIGIEUSE AU TEMPS DU MAHÂYÂNA. — AJAṆṬÂ AU SEPTIÈME SIÈCLE

I

En visitant les caves, en comparant leurs peintures avec les récits d'Hiuen Tsiang, l'on se représente ce qu'était Ajaṇṭâ au sixième siècle et pendant la première moitié du septième.

La ville de ce nom et Fardapur, qui se trouve à l'entrée du défilé, devaient former des bourgs considérables. Dans la vallée de la Wagora, le sentier, que nous suivons avec peine, était une route, foulée par les pieds des voyageurs, les tangas attelées de bœufs ou de chevaux.

Aux endroits où cette vallée s'élargit, l'on voyait des auberges pour les pèlerins, des écuries pour les bêtes de somme, les chevaux et les éléphants. Les marchands, les ouvriers, employés à la construction des temples, vivaient dans des hameaux séparés. Les serviteurs et les tenanciers du monastère habitaient de grandes fermes, composées de huttes en terre et d'écuries couvertes de chaume.

En certains endroits, le sentier paraissait une rue; mais les maisons se trouvaient toutes du même côté, adossées à la montagne.

Aux jours de fête, la foule se pressait dans cette rue. Hiuen Tsiang écrit des habitants des Ghâts qu'ils étaient grands et forts, sans mesure dans leur rancune comme dans leur reconnaissance. Plusieurs centaines de champions, soldés par le roi, relevaient tous les défis. Ils enivraient leurs éléphants, avant de se jeter dans la mêlée.

Auprès d'eux, l'on voyait des Tamils, noirs comme des nègres; des Telegus, aux lèvres épaisses; des Cingalais, au corps efféminé. Leurs cheveux, longs comme ceux des femmes, étaient relevés en torsades et maintenus par de grands peignes en écaille. Il y avait aussi des Bengalis au visage rusé, à la démarche languissante; des habitants du Lahore à la mine hardie; des Aryens du Kashmir, pâles comme les neiges de leurs montagnes, et les montagnards du Népal, petits, avec le visage aplati et les paupières bridées des Thibétains.

Les hommes du Nord se vêtaient chaudement, ceux du Midi allaient presque nus. Dans l'Inde centrale, les Çûdras de basse caste portaient un linge blanc autour des hanches et la casaque aux raies de couleur. La plupart marchaient pieds nus, quelques-uns se chaussaient de sandales. Les marchands se peignaient les dents en rouge ou en noir; ils s'arrangeaient les yeux et passaient des anneaux dans leur nez et leurs oreilles.

Les pauvres se coiffaient d'un toquet de couleur, les gens plus riches d'un turban. Souvent les jeunes gens mettaient des couronnes de fleurs ou des aigrettes de plumes de paon.

L'on trouvait dans la foule des pèlerins, venus de tous les royaumes de l'Asie. Les Persans au menton carré, au nez épais, avaient de longues robes et des bonnets pointus. Auprès des Birmans, habillés de soie jaune ou rose, l'on voyait des ambassadeurs siamois, coiffés de la tiare ; des nobles javanais avec un sarong bariolé, des sabres passés dans leur ceinture.

A cette époque, le Bouddhisme et la civilisation de l'Inde se répandaient dans l'Extrême-Orient. La comparaison des sculptures d'Ajaṇṭâ et de celles du Bôrô Budur, dans l'île de Java, prouvent qu'elles appartiennent à la même école. Le Bôrô Budur est le plus beau monument de l'Asie et servit de modèle aux architectes d'Angkor, au neuvième siècle. Vers la même époque, des missionnaires, venus de Ceylan, construisirent les temples de Pagan sur les bords de l'Irawaddy.

Enfin Ajaṇṭâ reçut la visite de pèlerins du Nord, des Thibétains, des Mongols et des Chinois.

*
* *

Cette foule se pressait contre les boutiques et les tréteaux des marchands. Les uns vendaient des tuniques, des turbans, des tapis, des vases de bronze et de cuivre. D'autres offraient du riz avec des épices, des légumes, des bananes et des mangues, des feuilles de bétel, que tous mâchaient de leurs dents rougies.

Sur le devant des tables, l'on étalait des objets de piété, des amulettes, des chapelets de cent huit billes, sur lesquelles on comptait les qualités du Bouddha; des cierges, de l'encens, des images d'Amitábha en terre glaise ou en bronze, de petits dagobas faits en cire parfumée.

Baissant la voix, de vieilles femmes proposaient des charmes, des statuettes de Krishna ou d'autres dieux hindous, quelque étrange objet qui se rapportait à des cultes mystérieux.

Les charmeurs s'installaient au milieu de la route. On formait le cercle autour d'eux. Au son du chalumeau, le cobra sortait du sac, et, les deux tiers de son corps enroulés, se balançait en suivant les mouvements du charmeur.

D'autres faisaient battre une mangouste contre de grands serpents, qui cherchaient en vain à mordre ou à presser de leurs anneaux son dos, couvert de crins.

Plus loin, des magiciens ou des jongleurs semaient des graines dans le sable, étendaient un tapis, faisaient des incantations. Bientôt l'on voyait le tapis se soulever; tombant enfin, il découvrait une plante déjà haute.

Partout, sur des tréteaux, élevés à la hâte, l'on donnait des pièces de théâtre. Là, c'étaient des mystères, comme aux premiers temps du Bouddhisme. Mais les plus pieux avaient oublié la légende primitive. Les imaginations du Maháyána se mêlant à celles de la religion populaire, l'on représentait des féeries à grand spectacle, où les Gandharvas lut-

taient contre les démons, les saints contre des
Nâgas ou des génies.

Sur d'autres scènes, l'on donnait des tragédies.
L'influence de la Grèce transforma l'art dramatique
des Indiens, mais ce fut seulement vers le cinquième
ou le sixième siècle de l'ère moderne que vécurent
Kâlidâsa, l'auteur de Çakuntalâ et les autres maîtres
du théâtre.

Si l'on ne jouait des pièces qu'une seule fois,
dans la grande salle ouverte du palais des râjas, les
troupes ambulantes en donnaient partout des imita-
tions en langue vulgaire

*
* *

Les acteurs s'étaient retirés, la foule restait silen-
cieuse; chacun y rêvait encore des héros et des
dieux. A coups de bâton, des eunuques faisaient
s'écarter les spectateurs. Dans une litière rouge,
que portaient des hommes haletants, l'on voyait une
princesse étendue sur des coussins. Elle avait l'une
de ces robes d'étoffe si légère, que les peintres
d'Ajantâ en dessinent seulement le contour; ses
lèvres, ses yeux étaient peints, ses cheveux bouclés
retenus par un cercle d'or. Des anneaux couvraient
ses jambes et ses bras.

Les femmes des hautes castes ne sortaient pas
encore voilées. Ce préjugé auquel les Hindous tiennent si jalousement aujourd'hui, leur vient des
Musulmans.

En voyant la princesse, les montagnards se demandaient si la douce Sîtâ, l'épouse de Râma, s'était

incarnée tout entière dans une fille de sa race. Les enfants tiraient la robe de leur mère, qui semblait elle-même une enfant. Honteuse de ses haillons et de son teint bruni, celle-ci baissait les yeux et pensait : « Dans une incarnation future, je serai la fille d'un roi. Mes compagnes me serviront. La mahârani, que je vois dans cette litière, s'agenouillera devant moi, mon esclave. »

II

La foule, où chacun se poussait sans regarder rien, s'arrêtait tout à coup. Au détour de la route, elle apercevait le fond de la gorge, les rochers qui se touchaient presque, la rivière dont les eaux brisées contre les pierres s'engouffraient sous le pont des lianes en fleur. Au milieu des figuiers et des plantes grimpantes, les temples, dorés ou peints de couleurs éclatantes, resplendissaient au soleil.

Ces monuments, qui nous semblent sévères, avaient alors autant d'éclat que les pagodes du Dekhan et les palais des empereurs mongols. Hiuen Tsiang ne décrit jamais un temple sans parler d'ornements polychromes, de dagobas dorés, de façades revêtues de faïence bleue, comme celles des tombeaux de Golconde. Il nous dit que l'on couvrait les coupoles de filets de perles, et que les princes suspendaient leurs bijoux aux chapiteaux des colonnes.

Devant plusieurs caves, l'on a retrouvé les fondations de façades de briques. En de certains endroits, des marches, taillées dans le roc, descendaient vers la rivière; leurs parapets étaient couverts de sculptures. Au faîte, au pied de ces perrons, l'on voyait de gigantesques statues d'éléphants, de lions fantastiques ou de Nâgas. Ailleurs les escaliers étaient de bois, bordés de boutiques, et surmontés de kiosques à plusieurs étages, comme celui de la grande pagode de Rangoon.

Partout, l'on avait planté des mâts avec des oriflammes, des images d'anges ou de monstres, qui flottaient au vent. Il y avait des arcs de triomphe, des oratoires, des pavillons de repos, faits de branches et tapissés de lianes en fleur.

Aussi, quels n'étaient pas les cris des pèlerins, quand, au fond de cette gorge sauvage, ils voyaient tout à coup vingt-sept temples avec leurs façades aux bas-reliefs polychromes, leurs immenses statues peintes de la couleur de la chair, leurs images de dieux superposées, rouges, bleues, vertes, jaunes, comme dans les gopuras de Madura et de Chilambram! Les colonnes des vérandas étaient rouges, leurs chapiteaux dorés. Autour des portes et des fenêtres, se croisaient des guirlandes, des arabesques, avec des médaillons, où les dieux et les déesses se tenaient embrassés, des nymphes montées sur des monstres, des anges au visage de femme, des rois couronnés du serpent à sept têtes, le tout peint de couleurs exquises, comme celles des tombeaux des Pharaons ou de la grille ouvragée de Nikko.

Les façades des cathédrales dépassaient toutes les autres. Autour de la grande baie sombre flamboyaient des centaines de statues. Et, par la porte du jubé, l'on apercevait, au fond de la nef, le dagoba, peint en bleu, avec des groupes d'anges aux ailes blanches, et, sous le pavillon multicolore, un grand Bouddha d'or, couvert de fleurs, devant qui brûlaient des centaines de cierges et de lampes, au milieu de la fumée de l'encens.

Sur le piédestal du dagoba, l'on avait planté des ombrelles de soie, brodées de pierres précieuses. Aux murs, aux piliers, pendaient des *ex-voto,* des armes, des peaux de bêtes, des tableaux, des béquilles.

Tous les temples possédaient leur image miraculeuse. Pendant que le Bouddha se rendait dans le ciel Tushita, les anges avaient sculpté la statue de Kauçâmbî. Celle de Gayâ était si belle que sa vue éveillait des pensées de foi et d'amour. On l'attribuait à Maitréya.

Un Brâhmane inconnu avait proposé aux moines de leur faire une image du maître : on l'enfermerait dans le temple; pendant six mois, nul ne viendrait le distraire. Au bout de six semaines, les moines, poussés par la curiosité, se glissèrent dans l'église. Le Brâhmane avait disparu; mais l'on voyait sur l'autel un Bouddha d'une merveilleuse beauté. Comme l'impatience des religieux avait troublé l'artiste, le bras gauche n'était pas achevé.

Un jeune novice ne se lassait pas de contempler le visage de Bhagavat et son sourire plein de bonté. Il fut transporté dans le ciel Tushita, où Maitréya lui apparut et dit : « J'étais moi-même le Brâhmane mystérieux (1). »

Les idoles d'Ajantâ, que nous voyons noircies, brisées, couvertes de ruches, de chauves-souris et de serpents, furent autrefois des images bénies. Des femmes leur tendaient des enfants grelottant de fièvre ; des hommes leur montraient leur bras déchiré par les griffes d'une panthère, ou gonflé par le venin d'un cobra ; des vieillards leur demandaient l'absolution de leurs péchés.

L'oratoire des vihâras renfermait des reliques. A la lueur des lampes, l'on voyait des murs couverts d'or et d'argent, une châsse étincelante de pierres précieuses. Certains temples du midi de l'Inde, Madura par exemple, possèdent encore des trésors d'un prix fabuleux. L'on y trouve des idoles d'onyx ou de jade avec des yeux en diamants, des joyaux, des reliquaires, des vases remplis de perles et de rubis.

III

Les moines du Mahâyâna se plaisaient aux cérémonies du culte. Ils changeaient de vêtements plusieurs fois par jour. Les cloches, les gongs, les cymbales retentissaient constamment ; les couvents rivalisaient de pompe, pour attirer les fidèles.

(1) Hiuen Tsiang

Voici une relation du pèlerin chinois I-Tsing (fin du septième siècle).

Au coucher du soleil, les moines des Indes se rendent devant le dagoba. Trois fois ils en font le tour en brûlant de l'encens et en jetant des fleurs. Celui des religieux qui a la plus belle voix chante l'un des hymnes d'Açvaghosha. Quand la procession est retournée dans la grande salle du couvent, l'abbé prend place sur le trône, les moines se rangent le long des piliers. L'un des prêtres monte en chaire pour lire les Sûtras. Ces Sûtras sont divisés en leçons; après chaque leçon, les religieux entonnent un cantique, puis ils récitent l'invocation habituelle à Bouddha, Dharma et Saṅgha. L'office achevé, les Bhikshus font trois fois le tour de la salle, puis ils chantent : « C'est bien », et le prédicateur descend du pupitre. Chacun des prêtres se lève, à son rang d'ordination, salue le pupitre, le président et l'assemblée; il sort ensuite par la grande porte (1).

Dans plusieurs sectes, l'on répandait de l'eau sur la tête des enfants et des nouveaux convertis. C'était en souvenir du sacre des anciens rois. Le Bouddhisme enseignait que les saints sont les véritables nobles. Les lamas du Thibet célèbrent encore la même cérémonie. En Chine, ce n'est l'usage que pour les personnes de haute naissance.

Dans plusieurs ordres, les enfants renouvelaient, vers l'âge de douze ans, les vœux que leurs parrains avaient prononcés. Les évêques Vishnuites de Madura et de Çrîraṅgam font tous les huit ou dix

______

(1) Cf. Trad. anglaise de BEAL, trad. française de E. CHAVANNES.

ans une tournée diocésaine : ils marquent le trident de Vishnu sur le front des enfants.

L'obligation de la confession, qui ne s'appliquait d'abord qu'aux moines, était dès lors étendue aux fidèles. Sous les colonnades des temples, l'on voyait des hommes et des femmes à genoux, qui demandaient aux prêtres l'absolution de leurs péchés.

*
* *

L'office le plus populaire était celui d'Avalokiteçvara. Dans sa forme actuelle, il ne date que d'un rescrit de Ch'ëng-Tsu, le troisième empereur de la dynastie des Ming, au quinzième siècle. Mais on sait qu'Açvaghosha composa des hymnes en l'honneur de ce Bodhisattva. Les récits des pèlerins chinois donneraient à penser que l'office des Indiens différait peu de celui qu'on célèbre aujourd'hui.

Les moines d'Ajaṇṭâ se réunissaient dans le grand Chaitya. Dehors, les fidèles se pressaient devant la porte de la cour. Sur le balcon, des musiciens sonnaient de la trompette, frappaient des gongs, jouaient de la harpe et de la flûte. L'église était si obscurcie par la fumée de l'encens, qu'à peine l'on distinguait la statue d'or du Bouddha et les ombrelles du dagoba.

Précédée d'un orchestre, la procession suivait le chemin qui faisait communiquer les couvents. L'on s'arrêtait devant la cave IV, le plus grand des vihâras. Huit colonnes soutiennent la véranda, vingt-huit le plafond de la grande salle.

Sous la véranda, à droite de la porte, l'une des

plus merveilleuses d'Ajaṇṭâ, un grand panneau sculpté représente les litanies d'Avalokiteçvara. Le Bodhisattva, couronné de l'auréole, a sur le front un médaillon avec l'image d'Amitâbha. Il tient d'une main un lotus, de l'autre le vase, où l'on recueille la rosée de l'immortalité.

De part et d'autre de la statue, l'on a sculpté cinq petits bas-reliefs. Avalokiteçvara protège celui qui l'invoque, contre un éléphant furieux, un lion, un cobra, des voleurs et contre Garuḍa, l'oiseau fantastique de Vishṇu ; il sauve les naufragés de la tempête, détourne le fer de l'assassin, fait tomber les chaînes des prisonniers, arrête l'incendie et repousse les démons.

Devant ce bas-relief, l'on avait allumé des lampes et répandu des fleurs. L'officiant lisait d'abord le Sûtra, qui raconte la descente d'Avalokiteçvara dans les Enfers et son serment de délivrer tous les pécheurs ; puis il levait l'encensoir et disait :

« Que cet encens se répande dans l'univers tout entier. Il symbolise l'effort de tous les Bodhisattvas, qui s'efforcent de devenir des Bouddhas. »

L'on récitait ensuite les litanies :

Sois béni, Avalokiteçvara plein de pitié.

Qu'on me jette sur une montagne de couteaux ! Leurs lames ne me blesseront pas.

Qu'on me mette dans une fournaise ! Les flammes ne me brûleront pas.

Qu'on me précipite dans l'enfer ! Ses murailles ne me retiendront pas.

Que je sois entouré de revenants affamés ! Leurs mains décharnées ne me toucheront pas.

Que je tombe au pouvoir des démons! Leurs griffes ne m'atteindront pas.

Que je renaisse sous la forme d'une bête! Je n'en irai pas moins au ciel.

Sois béni, Avalokiteçvara, plein de pitié.

Les litanies achevées, les fidèles entonnaient l'une des hymnes d'Açvaghosha, puis la procession retournait dans le chaitya.

Cet office était parfois célébré pour les vivants : d'autres fois, les prêtres en appliquaient les mérites à délivrer les âmes des morts.

IV

Si Ajaṇṭâ ne pouvait se comparer aux grands couvents de Ceylan et du Béhar (1), ce n'en était pas moins un centre religieux très important. Les vingt-cinq vihâras pouvaient abriter de cinq à six cents moines. Il faut y ajouter les habitations, qui se trouvaient dans la gorge ou dans les vallées voisines : couvents de femmes, hôpitaux, fermes, demeures des hommes purs, des frères lais, des serviteurs et des gardes. Peut-être les villes d'Ajaṇṭâ et de Furdapur appartenaient-elles au couvent.

Les monastères possédaient d'immenses domaines. Dans les récits des pèlerins chinois, il est fréquemment parlé des donations en bijoux et en

(1) Certains couvents renfermaient jusqu'à dix mille moines.

terres que les rois faisaient à l'Église. Des abbés, de simples moines reçoivent la suzeraineté d'une ville ou même d'une province. L'on a retrouvé dans plusieurs caves des plaques en cuivre, rappelant les libéralités des râjas.

Dans le résumé qu'Hiuen Tsiang donne des lois et des habitudes des Indiens, il raconte que l'on faisait quatre parts du budget : pour le roi, l'administration, les monastères et les pensions des hommes de mérite. Or, ces hommes de mérite étaient, pour la plupart, des religieux.

Le Bhikshu, qui connaissait un livre des Piṭakas, se faisait exempter de la surveillance du prieur. Celui qui en lisait deux avait sa cellule particulière dans l'un des étages supérieurs. Trois livres donnaient droit à des serviteurs, quatre à une escorte d'hommes purs, cinq à un éléphant de parade, six à une garde de soldats. Dans certains monastères, il y avait plusieurs dizaines de milliers d'hommes, attachés au service des religieux.

Des personnes du rang le plus élevé prenaient l'habit des mendiants. L'habitude, commune aujourd'hui dans le Siam, avait déjà prévalu ; les riches envoyaient leurs enfants étudier dans les couvents. Les fils des râjas s'y faisaient suivre par leur cour et garder par leurs soldats.

Hiuen Tsiang parle de rois qui se retiraient dans le cloître. Les uns ne refusaient pas les humbles tâches imposées aux novices. D'autres, comme les Mikados du moyen âge, se faisaient construire un palais dans l'abbaye qu'ils préféraient : des artistes, des savants, des poètes, formaient leur société. Vingt fois dans la journée, l'on changeait de costume. Des bayadères franchissaient le seuil du couvent, les plaisirs du monde alternaient avec les offices religieux, les dissertations de la Scolastique et les méditations, qui conduisent à l'extase.

Les abbés des grands monastères avaient plus de puissance que les rois. Déjà, ils exigeaient qu'on leur rendît un culte, comme le font les principaux lamas du Thibet et les chefs de plusieurs sectes des Vishnuites.

Peut-être ces représentants du Bouddha faisaient-ils la guerre à leurs rivaux ecclésiastiques ou séculiers. Pendant tout le moyen âge, les évêques japonais portèrent l'armure et conduisirent des armées.

<h1 style="text-align:center">V</h1>

Les règles et les habitudes des religieux différaient avec les ordres et les royaumes, ou même d'un monastère à l'autre. Dans certaines villes, les mœurs des Bhikshus étaient si dépravées que les pèlerins chinois ne peuvent cacher leur indignation. Quand leur témoignage est favorable, ils regrettent le nombre des sectes et la violence de leurs disputes, qu'on pouvait comparer aux vagues de la mer.

Parmi les docteurs, les uns ne croyaient qu'à la science, mais en ajoutant que la vérité est multiple et que toutes ses formes méritent la même attention. D'autres condamnaient la science et n'admettaient que la méditation. Dans certains ordres, l'une et l'autre étaient défendues. Pour chaque exercice et chaque moment de la journée, l'on avait composé des oraisons, que les moines récitaient machinalement (1).

L'on professait les systèmes les plus hardis. Les philosophes devançaient Nietzsche, en soutenant que le Sage est par delà le Bien et le Mal ; les mystiques employaient presque les termes de Maeterlinck, pour enseigner que les fautes du corps ne nuisent pas à la pureté de l'âme.

Il y avait de puissantes universités.

La plus célèbre était Nâlanda, près de Gayâ. L'on y trouvait des moines de toutes les sectes de l'Hînayâna et du Mahâyâna, des lettrés, qui défendaient l'un ou l'autre des seize grands systèmes de philosophie, des Brâhmanes attachés au culte de Çiva ou de Vishnu.

Comme Oxford et Cambridge, Nâlanda était une ville avec des collèges, des chapelles, des couvents, des salles de discussion et d'examen, des palais, des hôtelleries, où des religieux prenaient soin des pèlerins bouddhistes, des auberges spéciales pour les Brâhmanes, les Kshatriyas, les voyageurs ou les étudiants des différents pays et des différentes castes.

L'aspect de Nâlanda différait peu de celui des grands sanctuaires du Dekhan. Une muraille entou-

____

(1) BEAL, *La secte chinoise de Tian Tai.*

rait la ville. La porte monumentale (gopura) avait la forme d'une pyramide, avec plusieurs étages de statues polychromes et d'immenses têtes de dragons au sommet.

Les abbayes (sanghârâmas) renfermaient plusieurs cours avec des cloîtres, pareils à ceux des temples du Midi. La galerie de Râmeçvara, dans l'île de Pâmbam, a, de part et d'autre, trois rangées de colonnes sur un soubassement de granit : elle fait le tour de l'édifice, sa longueur dépasse deux kilomètres. Dans le corridor de Madura, les piliers monolithes supportent des guerriers et des lions fantastiques : au-dessus des chapiteaux grimacent des monstres peints en rouge.

Au milieu de la grande cour, se trouvait la salle de réunion, un édifice ouvert, comme les salles des mille piliers, qui servent pour les assemblées des Brâhmanes. Quelquefois cette salle était surmontée d'une pyramide à plusieurs étages ou vimâna, dans le genre de celle de Tanjore. L'un des monastères avait une tour de plus de deux cents pieds. A tous les étages de ces vimânas, des niches, s'ouvrant sur le vide, servaient de cellules pour les religieux.

Il ne reste dans l'Inde aucun monument bâti de cette époque. Les musulmans ont tout détruit. Mais il semble bien que le type d'architecture le plus répandu était la coupole de pierre, en forme de mitre, que nous voyons dans tout le nord de l'Hindoustan, notamment à Bénarès.

Entre les sanghârâmas et les vihâras plus petits, s'élevaient des dagobas dorés, comme ceux de Prôme et de Pegu ; des statues colossales du Bouddha debout ou couché; l'on en a découvert un grand nombre dans les ruines de Polonnarua (huitième siècle).

Pyramides, salles des mille piliers, dagobas et statues se reflétaient dans des étangs. Les uns étaient aussi grands que celui de Madura; une balustrade de marbre les entourait; au milieu se trouvait une île avec un temple. D'autres, plus petits, ressemblaient à l'étang de Chilambram : il est entouré d'un portique aux colonnes blanches, rayées de rouge. Ce portique surmonte la haute muraille, qui borde l'étang, où l'on descend par des escaliers.

Si l'on veut se faire une idée de Nâlanda, il faut imaginer entre les monuments de pierre des édifices en bois peints, argentés, dorés, avec des pavillons à plusieurs étages, des kiosques, des flèches, des dômes, des statues, des bas-reliefs fantastiques. Ces édifices s'élevaient au milieu des arbres, comme les couvents de Mandalay : la pagode d'or du roi, la pagode d'argent de la reine, celle des dragons, où de gigantesques serpents sculptés se tordent autour des lancettes et des coupoles, pendent des traverses, s'élancent des chapiteaux en forme de proue, se tiennent droit ou paraissent tomber des clochetons placés à tous les angles, relient comme des lianes les pavillons, les frises, les bas-reliefs, les colonnes des galeries superposées.

Il faut s'imaginer aussi les jardins avec leurs banians, leurs palmiers, leurs acacias, leurs manguiers, la multitude des singes et des perroquets, puis les places et les rues avec la foule des pèlerins et des visiteurs, les défilés d'étudiants, les processions, les cortèges des râjas, les éléphants, les chars attelés de chevaux, les tangas attelées de bœufs blancs, les bandes de musiciens, les corporations avec leurs ombrelles et leurs bannières.

*
* *

L'époque où florissait le Mahâyâna est celle que Max Müller appelle la Renaissance de la littérature sanscrite (1). Peut-être doit-on restituer à cette époque les chefs-d'œuvre de la littérature hindoue, auxquels on attribuait jadis une si haute antiquité.

Nâlanda connut donc cette fièvre de science, qui nous rappelle les grands jours de l'Université de Paris au temps d'Abailard, les écoles italiennes du seizième siècle, Oxford dans les débuts de la Réforme. Les plus célèbres disputeurs voyageaient de ville en ville; des hommes à cheval et à pied les escortaient avec des tambours, des flûtes et des bannières. Tel rhéteur ceignait sa poitrine d'un cercle de fer, pour ne pas éclater de science. Une torche, fixée sur sa coiffure, le proclamait la lumière du monde. Tel autre avait un trône, dont les pieds sculptés représentaient les plus célèbres philosophes, prosternés devant ce dieu de la sagesse.

(1) La prospérité de Nâlanda dura six siècles. Nâgârjuna y reçut Dêva. (P. 188.)

Comme les empereurs de Byzance, les râjas ne quittaient les jeux du cirque ou les plaisirs du harem, que pour écouter des discussions théologiques. L'on se réunissait dans la grande salle d'une abbaye. Le roi s'asseyait sous un dais. Autour de lui, se tenaient des esclaves avec des éventails et des ombrelles, les ministres, les abbés, les chefs des principales castes des Brâhmanes. Chacun des concurrents avait sa chaire. Les discussions duraient plusieurs heures, et souvent plusieurs jours. Les moines, les étudiants, les Brâhmanes soutenaient de leurs applaudissements le candidat de leur choix; leurs huées interrompaient son adversaire. Souvent le roi donnait lui-même le signal des cris ou des acclamations.

Dans plusieurs villes, les concurrents engageaient leur tête. Mais la peine était rarement appliquée. Le plus souvent, l'on roulait le vaincu dans la boue, on lui maquillait le visage, et, après l'avoir roué de coups, on le jetait dans un fossé. Quelquefois, attaché sur un âne, il faisait le tour de la ville en portant un écriteau. Le vainqueur montait sur un éléphant, on le promenait en triomphe. Il n'était pas rare que le roi lançât un décret d'exil contre les partisans du vaincu. L'embarras d'un orateur amenait la défense pour les Bouddhistes ou les Brâhmanes de célébrer leur culte et de répandre leurs ouvrages. Nalanda fut même détruit cinq fois dans le cours du septième siècle.

CAVE II D'AJAṆṬÂ — VIHÂRA
MAHÂYÂNA (VIIe siècle)

Thacker, phot.

VI

Ajaṇṭâ n'eut jamais la renommée de Nâlanda. Cependant Hiuen Tsiang rapporte que les habitants du royaume de Mahârâshṭra révéraient beaucoup les lettrés et les savants. Il rattache à l'histoire d'Ajaṇṭâ les noms de Jina et d'Achala. Ces docteurs professaient le mysticisme. Leurs religieux habitaient des caves creusées dans le rocher. L'on disait que le génie des montagnes transportait Jina sur un sommet escarpé. L'Arhat aurait écrit ses livres au bruit de l'orage et de la tempête.

Les pèlerins voulaient voir certains moines, célèbres pour leurs miracles. On les introduisait dans la cave II; le portique a de belles peintures de saints, assis sur des lotus et couronnés de l'auréole. On soulevait la portière d'une cellule. Au milieu des fleurs et des lampes, un vieillard était assis sur une natte. Il avait connu les quatre états d'âme, nommés *Jhâna* (1). Dans le premier, l'on s'affranchit de la sensualité, dans le second de la pensée, dans le troisième de la passion, dans le quatrième du plaisir et de la douleur; l'on atteint le calme et l'égalité d'âme.

Les pèlerins s'agenouillaient sur le seuil de la cellule; car le quatrième *Jhâna* donne au saint les

______

(1) En sanscrit, Dhyâna. Certains auteurs en comptent cinq.

dix pouvoirs surnaturels. Comme les Yogîs du Bráh-
manisme, l'Arhat n'est plus soumis aux lois de la
matière ; il peut s'élever dans les airs, se transporter
à des milliers de lieues ; il lit dans les consciences,
guérit les maladies, commande aux Nâgas, aux
démons et aux génies.

D'autres pèlerins se rendaient au pied des sept
cascades, dans le fond de la vallée. Un jeune moine
se tenait, depuis des années, accroupi dans une
niche du rocher. Il avait atteint l'état de Samâdhi,
ne remuait plus, ne voyait rien, et paraissait plutôt
un mort qu'un vivant.

Dans toutes les sectes mystiques, l'on recherche l'extase. De nos jours encore, à Ceylan, un
moine choisit un endroit écarté, décrit un cercle
sur le sable, met au centre un bassin rempli d'eau
bouillante. Puis, accroupi sur le bord du cercle, il
regarde fixement le bassin.

Le bruit de l'eau, les bulles, qui s'élèvent, lui
paraissent une image de la vie. Toutes les créatures
ne sont que des bulles de la matière éternelle, un
moment gonflées, le moment d'après évanouies.

Absorbé dans sa méditation, les yeux toujours
fixés sur la paroi de cuivre, le moine voit en rêve
tout le cours de ses vies passées ; il fut esclave, soldat, Bráhmane et râja ; il fut épouse et bayadère ;
il connut tous les plaisirs et toutes les peines. Petit
à petit, la vision se fait plus confuse, le moine reste
pendant des heures en extase, immobile.

Les Bhikshus des Indes avaient des pratiques
plus étranges. Hiuen Tsiang nous parle d'Arhats

qui se jetaient du haut des rochers ou se coupaient la gorge. Beaucoup se croyaient transportés dans le paradis de Maitrêya.

Les ravines les plus affreuses, le bord des marais, les solfatares, les grottes, où rugissaient les fauves, où sifflaient les serpents, étaient les lieux préférés des mystiques. Sans cesse, ils devaient repousser les assauts des démons, des génies, des Nâgas et des revenants. Beaucoup perdaient la raison, les plus vertueux atteignaient l'état de Samâdhi. De loin, on les voyait en extase, sur le bord des gouffres, où les torrents se précipitaient en bouillonnant.

Dans la gorge d'Ajaṇṭâ, les femmes, les enfants ne pouvaient se lasser de regarder le moine, qui semblait une statue. Son visage avait une mervéilleuse beauté ; par sa bouche entr'ouverte, son dernier souffle semblait s'exhaler dans un cantique. Un rayon d'Amitâbha se reflétait dans ses yeux sans regard.

VII

La gloire d'Ajaṇṭâ (1), la splendeur de ses temples, les miracles de ses Arhats lui valaient la visite des rois. Pour suzerain, les moines avaient alors Pulakêçi, le seul râja de l'Inde qui eût repoussé les troupes de Çilâditya.

S'il se rendait dans la gorge, des trompettes et

(1) Pour cette description, cf. les pèlerins chinois.

des hérauts annonçaient sa venue. Un long cortège
de chariots, attelés de buffles noirs ou blancs, apportait des provisions et des présents. Les éléphants
caparaçonnés élargissaient la route, en s'appuyant
d'une épaule sur les jeunes arbres écrasés, en bri-
sant de la poussée de leur front les gros troncs,
enlacés par leur trompe. On les faisait agenouiller
au pied des escaliers. Le râja descendait; il portait
une large ceinture de soie autour des hanches; des
bracelets couvraient ses jambes et ses bras; des
colliers de perles tombaient sur sa poitrine nue. Ses
cheveux bouclés pendaient sur ses épaules. Le diadème était d'or, avec un médaillon incrusté de
saphirs et d'émeraudes.

En haut de l'escalier, l'abbé attendait le râja.
Les moines se pressaient sous les portiques des
temples. Au bord de la rivière, les esclaves déchar-
geaient les éléphants et les chariots. Les caisses
défoncées répandaient sur le sol les objets d'or et
d'argent, les bijoux, les statues, les étoffes brodées,
l'ivoire et le bois de santal. Dans l'un des pavillons
de repos, les eunuques gardaient les femmes du
harem. Les soldats repoussaient la foule qui s'écra-
sait contre les escaliers.

Les jours que le râja visitait le couvent, l'on portait en procession une image miraculeuse. Revêtus
de manteaux rouges, les prêtres descendaient les
marches à pas lents, et déposaient la statue sur le
dos d'un éléphant agenouillé. C'était l'un de ces
animaux de couleur grisâtre, que les Orientaux
croient chers à la divinité. L'histoire de la Birmanie

et du Siam ne raconte rien que les guerres incessantes de ces deux royaumes pour la possession d'un éléphant blanc.

Un pavillon surmontait le lit de pourpre de la statue; au-dessus dix hommes tenaient un dais brodé, en haut de longues tiges de bambou.

D'autres éléphants suivaient; les uns portaient des soldats; les autres, des musiciens, qui battaient du tambour, agitaient des cloches, jouaient de la flûte et de la lyre. Dans sa description du concile de Kanauj, Hiuen Tsiang parle d'un défilé de onze cents éléphants, recouverts de caparaçons et d'armures.

Le râja suivait la procession, costumé en dieu Çakra. Ses vassaux, ses ministres, ses eunuques l'entouraient; ils répandaient sur le sol des lotus d'or et d'argent.

Les statues gigantesques des héros des Jâtakas se dressaient de part et d'autre du chemin. Devant ces statues, des hommes et des femmes groupés figuraient les principales scènes de la légende. Des images en cire, disposées sur des tables, en représentaient les moindres épisodes.

De cent en cent mètres s'élevaient des pavillons, décorés de draperies; l'autel disparaissait sous les lumières et les fleurs. La procession s'arrêtait près de chacun des pavillons. L'éléphant sacré s'agenouillait. Aidé par les moines, le râja prenait la statue, la baignait dans un bassin d'or, rempli d'eau parfumée, puis la déposait sur l'autel.

Tous se prosternaient. Le roi et les princes coupaient les fils de soie qui retenaient leurs colliers, le parquet de bois de santal se couvrait de perles et de rubis. Des musisiens se mettaient à jouer. Ceux que portaient les éléphants leur répondaient; les orchestres des autres pavillons retentissaient au loin, jusque dans le fond de la vallée.

Au pied de l'autel, les moines chantaient des hymnes, les novices jetaient des fleurs et balançaient les encensoirs. Autour des éléphants, les bayadères dansaient. Elles tournaient sur elles-mêmes lentement : l'on voyait leurs pieds nus raidis sous leurs jupes gonflées. Ailleurs, c'était la ronde des diables, des hommes avec des masques hideux, qui se débattaient en hurlant. Ils se chargeaient des péchés du peuple. On les suppliait et les maudissait tour à tour.

La procession durait jusqu'au soir, au milieu de la foule des pèlerins, venus de tous les pays de l'Inde et de l'Asie.

Quand le soleil s'était couché, l'on allumait des lanternes multicolores, les transparents de papier, suspendus aux bas-reliefs, aux rochers, aux arbres, le long des frises, autour de la baie des Chaityas et des niches des statues. D'autres se balançaient aux angles des pagodes de bois, des pavillons ornés de tentures brodées; sur les arcs de triomphe, faits de tiges de bambou, que recouvraient des guirlandes et des lianes.

Dans cet embrasement, l'or des dagobas et des images du Bouddha semblait de feu, les statues s'animaient, les arabesques des portes et des fenêtres, les chapiteaux, les frises ouvragées se paraient des couleurs de l'arc-en-ciel.

Par l'embrasure, l'on voyait, dans un vihâra, le festin du râja et des princes, les ranis à la robe transparente, les gardes, les eunuques, les bayadères et les jongleurs. Au fond d'une autre cave, c'était l'oratoire des reliques ; la lueur des lampes se reflétait sur les murailles couvertes d'argent, sur l'or de la châsse, sur les casques, les boucliers, les parures, les colliers, les diadèmes jetés en tas par les fidèles.

Au bord du torrent, les pèlerins, les soldats, les montagnards se pressaient devant les feux. Les chauves-souris volaient effrayées. L'on voyait des aigles planer autour des pics. Dans la jungle, les fauves rugissaient. Le tonnerre grondait, répercuté par les échos des gorges. Mais les cloches, les gongs, les tambours, les trompettes, rappelaient aux fidèles que le Bouddha veillait sur eux.

CINQUIÈME PARTIE

DÉCADENCE DU BOUDDHISME. — RELIGION HINDOUE

I

Si grandement que le Mahâyâna diffère de la doctrine enseignée par Gautama, ce n'en est pas moins le développement naturel de cette doctrine. Sous l'influence du Brâhmanisme, le Bouddhisme se transforma d'une manière plus étrange.

De tout temps, l'on vit dans l'Hindoustan comme une rivalité entre les adorateurs des dieux et ceux des déesses. Ainsi luttaient à Carthage les pontifes de Moloch et les prêtres de Tanit, chère à Salambo.

Dans les Universités anglaises, les étudiants continuent à se demander lequel l'emporte du grand dieu Çiva ou de la grande déesse Pârvatî, et leurs discussions se terminent souvent par des batailles.

Dès les temps les plus reculés ces idées avaient produit un célèbre système de philosophie dualiste. Le Sânkhya reconnaît deux principes éternels. La matière, Prakṛiti, est une et correspond au principe féminin. L'esprit Purusha est multiple et correspond au principe masculin.

De même, dans tous les dieux, l'on reconnaît deux natures. La nature mâle est leur essence; la nature femelle, leur force, leur Çakti.

Beaucoup de sectes élevèrent les déesses bienfaisantes ou cruelles au-dessus des impassibles dieux. Dans « l'âge de la décadence », les Bouddhistes se firent les plus ardents défenseurs de cette doctrine. Pour eux, le principe mâle était représenté par les Bouddhas, dissous dans le Nirvâna; le principe femelle, par les divinités du Mahâyâna, qui symbolisent l'action toujours efficace de la Grâce et les efforts jamais découragés de la Pitié.

Comme Kwan Yin en Chine, Pârvatî reçut dans les Indes un culte particulier. Le peuple ne vit dans toutes les divinités que des avatars de la grande déesse. Les mystiques l'identifièrent avec Avalokiteçvara, les philosophes avec Prakṛiti, l'éternelle matière.

On donne aux avatars de Pârvatî le nom de Çaktis ou de Mères.

Gœthe fait dire à Méphistophélès dans le second *Faust* :

MÉPHISTOPHÉLÈS.

Je te révèle à contre-cœur un redoutable secret. Des déesses trônent dans la solitude, hors l'espace, hors le temps... les Mères.

FAUST.

Les Mères!

MÉPHISTOPHÉLÈS.

Aurais-tu peur?

FAUST.

Un mot, si plein de prodiges.

MÉPHISTOPHÉLÈS.

Des déesses inconnues aux mortels et que nous-mêmes craignons de nommer.

Dans la montagne d'Ellora, les Brâhmanes ont creusé plusieurs temples en l'honneur des Mères. L'on se glisse dans une fente du rocher. Après avoir suivi un corridor obscur, l'on pénètre dans la caverne, que les torches éclairent lugubrement.

Sur des trônes de pierre, dix déesses sont assises, les Parques de l'Inde. Lascives et monstrueuses, jouant avec des serpents, des taureaux et des lions, les unes symbolisent la nature éternellement féconde. Les autres, décharnées et les yeux hagards, représentent la guerre, la famine, la peste et la mort. Et les cavaliers apocalyptiques de Dürer paraissent moins effrayants que ces monstres, qui déchirent des cadavres et boivent du sang dans des crânes.

Les Livres sacrés des adorateurs des Çaktis s'appellent les Tantras. Certains passages de ces livres se répètent comme des formules magiques (Mantra ou Dhârani).

Dans le récit d'Hiuen Tsiang, il est constamment parlé de Rishis, qui commandent aux esprits; de sorciers, qui, perdus au fond des cavernes, trouvent une contrée fabuleuse, des villes habitées par les fées; d'incantations, pendant lesquelles un champion se tient devant l'autel, son épée nue à la main.

Les Chinois les plus pauvres achètent des amulettes, pour les mettre au cou de leur cheval, ou bien au mât de leur bateau. Le nom d'Amita est considéré comme le premier des talismans. Au Thibet, on le grave sur des girouettes, sur des cylindres, qu'une chute d'eau met en mouvement; on le brode sur des drapeaux.

Les Bouddhistes pieux ont des lexiques, où toutes les actions bonnes et mauvaises sont cotées à leur valeur; des abaques, sur lesquels ils tiennent leurs comptes spirituels. Si la colonne doit se trouve en retard sur la colonne avoir, l'on tourne un moulin à prières, et la balance est rétablie.

Quelques auteurs mystiques furent plus hardis encore. Pour eux, le Son éternel est l'essence du monde; le nom véritable d'une chose, son âme même. Les lettres, qui expriment le Son éternel, ont un pouvoir magique. En récitant leur Mantras, les Indiens croient se fondre dans le Grand Tout.

Bientôt les incantations ne suffirent plus aux fidèles des Mères. Entre tous les avatars de Pârvatî, deux surtout méritent les adorations, Kâlî, la noire déesse de la mort, et le Yoni, le symbole de l'amour. L'une veut des sacrifices humains; l'autre, des cultes orgiaques.

Depuis la conquête anglaise, les sacrifices

humains sont défendus. Mais longtemps encore les Thugs continuèrent leurs massacres : ils pensaient que les palpitations de leurs victimes étranglées étaient douces comme une caresse à la déesse de la mort. Dans l'une des récentes épidémies de choléra, l'on a trouvé le corps d'un enfant égorgé au pied des autels. Et la rumeur publique veut que, dans certains temples, inaccessibles aux profanes, le pontife de Kâlî-Durgâ immole celui qu'il doit remplacer.

La loi poursuit aussi les membres des sectes orgiaques. Mais ils tiennent des assemblées secrètes. Pour eux, toutes les femmes sont des incarnations de la divinité; on se prosterne devant elles et on les adore. Aux jours de fête, les fidèles des Çaktis, après s'être enivrés de liqueurs fortes, célèbrent d'étranges cérémonies, où le mysticisme s'unit à la débauche.

Le temple de Kâlî Ghât, près de Calcutta, reçoit tous les ans la visite de centaines de milliers de pèlerins. Dans les boutiques qui bordent la route, l'on vend des objets de piété, des statuettes, des images mystérieuses. Sur l'une d'elles, la grande déesse tient dans ses mains sa tête coupée; ses lèvres violettes boivent avidement le sang qui s'échappe de son cou. Voici Durgâ, montée sur une panthère, et combattant un minotaure; voilà Kâlî, la langue hors la bouche, elle porte un collier de bras coupés, une ceinture de têtes sanglantes.

Dans la cour du temple, s'élève un pavillon, où l'on accède par des marches. L'objet sacré est le Linga, la pierre noire de Çiva : ses trois yeux symbolisent le Passé, le Présent et l'Avenir. Au-dessous se trouve le Yoni.

Devant le pavillon, un Candâla prend le chevreau noir, qu'un pèlerin lui amène. Il passe dans une lunette de bois la petite tête bêlante, tire les jambes, qui se débattent, et tranche le cou de son grand couteau. Les femmes, les enfants se bousculent, s'agenouillent, trempent leurs mains dans le sang chaud, s'en frottent les joues et la poitrine.

C'est de la sorte qu'insensiblement et sans même se fondre dans le Brâhmanisme, les sectes mystiques les plus avancées tombèrent dans une idolâtrie pire que celle des barbares, convertis jadis par Gautama.

II

En même temps qu'il se corrompait sous l'influence du Brâhmanisme, le Bouddhisme transformait la religion nationale. Les dieux des Védas semblaient des divinités inférieures. Brahmâ n'avait plus de temple. Vishnu recevait seul les adorations des râjas et des riches.

Le Vihnuisme est le culte des héros, comme le Bouddhisme est celui des Sages. Aussi les deux religions se confondent-elles sur bien des points. De tout temps, les Bouddhistes ont honoré les Pândavas et Râma, comme les ancêtres et les précurseurs du Bouddha. De bonne heure, l'on compta le Çâkya-muni parmi les avatars de Vishnu.

Patañjali tenta de concilier les deux systèmes. Son Vishṇu-Purâṇa introduit dans la légende de Krishṇa des épisodes empruntés à celle du Bouddha. Sa philosophie du Yoga enseigne le mysticisme.

Le Bhagavad-Gîtâ est la plus belle œuvre de cette école.

« Que le Sage, dit Krishṇa, isole ses sens des objets qui les sollicitent, comme la tortue retire ses membres sous sa carapace.

« Celui-là est un Muni, affermi dans la méditation, qui, libre de l'amour, de la crainte et de la colère, ne redoute pas l'adversité, ne se réjouit pas dans la bonne fortune. »

Le Nirvâṇa n'est pas le néant, mais l'union avec Hari, le principe éternel de toutes choses. Krishṇa s'exprime ainsi : « Je n'ai jamais été non existant. Jamais je ne cesserai d'exister. Toi-même et tous les hommes, vous êtes éternels comme moi.

« Les corps sont les formes multiples et périssables de l'âme une, impérissable. Celui qui connaît cette vérité comprend que personne ne tue, que personne n'est tué. L'âme éternelle jette ses vieux vêtements pour en prendre de nouveaux. »

Hari n'en est pas moins un dieu personnel qui demande la religion de l'amour (Bhakti).

« Arjuna, s'écrie le Très-Saint, tu m'as vu sous ma propre forme, qui réjouit le cœur même des dieux.

« Les Védas ne peuvent valoir une pareille grâce, ni les austérités, les aumônes et les sacrifices.

« Pour me connaître, pour me voir, il faut m'adorer, m'adorer moi seul ; il faut tout faire pour moi, oublier tout amour et toute haine, ne penser qu'à moi seul. En vérité, celui qui m'aime possédera tout ce qu'il peut désirer. »

Caitanya, un célèbre réformateur du seizième siècle, est plus hardi encore.

« Nous devons, dit-il, aimer Vishṇu, comme la jeune fille aime son premier amant. Nous devons nous écrier : Je t'aime, je t'aime et je ne saurais dire pourquoi je t'aime. Mais je sais que tu es l'âme de mon âme et le cœur de mon cœur (1). »

*
* *

Les sectes des Vishṇuites sont innombrables; chaque année en fait surgir de nouvelles. Les unes enseignent une morale sévère; les autres, comme celle de Vallabha, prétendent honorer Kṛishṇa en s'abandonnant au plaisir; leurs pontifes, appelés Mahârâjas, s'habillent en femmes; des bayadères les balancent en signe d'adoration.

La secte la plus importante est celle que Râmânuja fonda au douzième siècle. Elle forme maintenant deux Églises, qui ont chacune leur patriarche.

Le tombeau de Râmânuja se trouve dans le monastère de Çrirangam, qu'il a fondé. C'est l'un des beaux édifices de l'Inde méridionale. Il est situé dans la province de Trichinapâlli, la plus fertile de la présidence de Madras. Des banians, des manguiers, toutes les espèces du palmier croissent dans une plaine, où l'on cultive les plus belles plantes des tropiques. Le temple est comme celui

_____

(1) Monier Williams.

de Karnak, une ville entière, où vivent plusieurs milliers de religieux, de serviteurs et de fidèles. Il y a sept enceintes concentriques, vingt gopuras, dont plusieurs sont immenses.

Dans la rue qui conduit au couvent, l'on vend des chapelets, des images et des statuettes de Krishṇa, de Râma, de Lakshmî et d'Hanumân, le dieu des singes. Les plus curieuses représentent Krishṇa et Râdhâ sur un éléphant, formé par les Gopîs enlacées, deux pour les oreilles, une pour la trompe, quatre pour les jambes, les autres pour le corps.

Sur le seuil de la première porte, se tient toujours un nombreux groupe de Brâhmanes; le trident de Vishṇu est marqué sur leur front, trois lignes blanches avec un point rouge ou noir.

La première enceinte renferme plusieurs villages de paillottes, où vivent les fermiers et les fournisseurs du monastère. Dans les enceintes suivantes, l'on voit les habitations des serviteurs, des frères lais, des Brâhmanes de diverses castes, leurs harems, les palais des hauts dignitaires et de l'évêque. Puis c'est le temple même avec ses pylônes, ses cours entourées de colonnades, ses salles hypostyles, ses étangs, ses oratoires, enfin le sanctuaire petit et mystérieux, comme celui des temples égyptiens.

Le plus beau portique a six piliers monolithes, qui représentent une chasse au lion. Le cheval se cabre, le lion lui saute au cou. Mais le cavalier perce de sa lance le fauve, qu'achèvent des soldats à pied.

Devant ce portique, l'on fait promener les éléphants sacrés. Ils prennent les pièces blanches que leur tend le visiteur, mais repoussent les sous avec mépris. Partout, l'on voit courir des vaches, que personne n'oserait frapper.

La procession annuelle de Çrîrangam est la plus belle de l'Inde après celle de Jagannâth à Purî. L'on place sur un char triomphal l'idole couchée de Vishnu, que les prêtres baignent, habillent et nourrissent plusieurs fois par jour. Quand l'on voit une de ces fêtes religieuses, la foule qui se précipite pour toucher les images miraculeuses, les danses des bayadères attachées aux temples, les bannières, les musiciens, les éléphants, l'on pense aux récits d'Hiuen Tsiang, l'on reconnaît que, pour le peuple tout au moins, les noms seuls ont changé : les idées religieuses et les mœurs semblent demeurer immuables.

III

Indifférents ou presque aux enseignements des Védas, les Dravidiens du Midi étaient restés fidèles à Çiva, leur divinité nationale. Pour les gagner à leur religion, les Bráhmanes identifièrent Çiva avec Rudra, le dieu de la guerre (1). Leur trinité se composait de Brahmá, le créateur, Vishnu, le préservateur, et Çiva, le destructeur. De leur côté les Yogis, s'éprenant de ce dieu sauvage, imaginèrent

______

(1) Çiva signifie secourable. C'est un euphémisme, comme le nom d'Euménides attribué aux Érynnies.

qu'il était descendu sur la terre pour y pratiquer l'ascétisme.

Le Bouddhisme admit le culte du Mahâdeva, mais en l'épurant. Pour les Dravidiens, Çiva était le dieu de la génération; les Bouddhistes le regardèrent comme le symbole de la matière éternelle. Les sauvages habitants du Dekhan ne voyaient dans Rudra qu'un maître cruel, qui détruit pour détruire; dans la philosophie nouvelle, il devint l'image des malheurs de la naissance, de la vie et de la mort. Enfin le dieu protecteur des ascètes fut identifié avec Gautama : comme ce dernier, il se retirait dans la jungle pour s'y mortifier, restait sourd aux larmes de sa femme et repoussait le démon de la volupté (1).

Vers le temps où les derniers pèlerins chinois visitèrent les Indes, plusieurs hommes d'un caractère et d'un talent remarquables entreprirent de réformer les monastères. Au culte du Bouddha, qui dès lors signifiait scepticisme et mœurs relâchées, ils opposaient celui de Çiva. Çankara est le dernier et le plus grand de ces réformateurs. Son ordre existe encore : il reconnaît pour patriarche le supérieur de Çringeri, dans le Mysore. C'est dans ce couvent que Çankara mourut épuisé, à l'âge de trente ans; l'on y conserve ses reliques (huitième siècle). Les ouvrages du célèbre philosophe ont posé les principes du nouveau Brâhmanisme. Il enseigne le panthéisme absolu du Vedânta; pour tous les Hindous orthodoxes, le premier dogme est l'identité des âmes individuelles et de l'âme divine.

(1) Cf. Sanchi, *Buddhacarita*. (X. 3.)

* * *

Les auteurs chinois parlent des persécutions que Çankara et ses disciples auraient suscitées contre les Bouddhistes. Dans certaines provinces, les fouilles montrent, en effet, que l'on a brûlé les couvents, brisé les statues et profané les autels.

Mais presque partout le Bouddhisme disparut peu à peu. Quand les subventions des râjas manquèrent, les moines corrompus abandonnèrent leurs couvents. Leurs innombrables sectes, qui n'avaient rien de commun que le nom, se confondirent avec celles des Vishnuites, des Çivaïtes, ou des Jains, dont le nom seul les distinguait.

Pendant plusieurs siècles, le Bouddhisme fut encore la religion prépondérante dans l'ouest de l'Hindoustan. Les rois d'Orissa y demeurèrent fidèles jusqu'à la conquête musulmane du quatorzième siècle. A cette époque, les moines furent dispersés, mais le peuple continua de visiter le temple de Purî. L'épithète de Jagannâth, tout-puissant, s'appliquait au Bouddha, avant qu'on l'attribuât à Vishnu. L'on retrouve sur les murs de la pagode la roue et le triçûla. La fameuse procession du Jagannâth fut d'abord une procession de la dent de Gautama, comme celle de Kandy (1).

(1) Aucun Hindou ne s'est jamais jeté sous le char de Jagannâth. Le Vishnuisme condamne le suicide et tous les sacrifices, même ceux des animaux.

IV

Pour l'histoire du Bouddhisme dans cette dernière période, Ajaṇṭâ ne fournit que des données incomplètes. L'on y creusa des caves jusqu'à la fin du septième siècle ; mais les statues des dieux hindous n'y sont pas nombreuses, et les divinités féminines du Mahâyâna y figurent seulement, comme les Dwârpâls du Bouddha ou d'Avalokiteçvara. Ce dernier n'y est jamais représenté avec plusieurs têtes et plusieurs bras, comme à Kânhêri.

Nulle part, les temples ne portent le signe de ravages. Il ne semble donc pas que les moines aient fui devant la persécution. Petit à petit, sans doute, les couvents se dépeuplèrent. Les aumônes faisant défaut, on laissa les dernières caves inachevées. Puis, l'on cessa même d'entretenir les monastères plus anciens.

Bientôt les façades s'écroulèrent, les bâtiments de briques disparurent, les caves à moitié comblées servirent d'antres aux bêtes fauves. Ni pèlerin, ni persécuteur ne retrouva plus pendant des siècles le chemin de la gorge oubliée.

*
* *

Pour connaître l'Inde au huitième siècle, c'est Ellora qu'il faut visiter. Pendant deux cents ans,

15.

les prêtres de quatre religions y creusèrent leurs
temples dans le même rocher. C'étaient les Bouddhistes, les Vishnuites, les Çivaites et les Jains.

Autour de la grande cathédrale en gothique flamboyant, les Çramanas ouvraient des vihâras à trois
étages. Nous trouvons à chaque étage une grande
salle, que des colonnes sculptées divisent en cinq
nefs d'égale largeur. Des statues colossales des
Bouddhas sont rangées le long des murs.

Les Vishnuites ont conservé le même plan
pour leurs temples. Mais, sur les bas-reliefs, nous
voyons, au lieu des Bouddhas, les avatars de
Vishnu.

A l'extrémité opposée de la montagne, l'on trouve
les temples monolithes des Jains. Sur leurs sculptures, leur maître Pârçwanâth naît miraculeuse-
ment, s'abandonne aux plaisirs, fait le grand Renoncement, repousse la grande Tentation, comme
le Bouddha Gautama. Comme Vishnu, il a ses
avatars ; des dieux et des déesses lui font cortège.

Et ces différentes sectes se disputant leurs fidèles,
c'était à qui montrerait le plus de sculptures et
d'ornements.

Les portes des oratoires paraissent de la den-
telle. Sur les piliers, l'on voit des dieux, des déesses,
des saints en extase, des anges, des démons, des
monstres. Partout, le long des rochers qui bordent
les cours, sur les vérandas et les façades, au fond
des portiques ou des nefs, dans les niches des
grandes salles, dans les oratoires mystérieux, ce
sont des bas-reliefs et des statues fantastiques.
Indra lance la foudre. Les anges et les démons,

les dieux et les Asuras se mêlent dans des batailles formidables. Des éléphants répandent des urnes d'eau parfumée sur la tête de Lakshmî souriante. Pârvatî berce le dieu de la sagesse Ganapati, qui a la tête d'un éléphant. Des Apsaras jettent des fleurs sur des groupes amoureux, que les Nâgas couronnent de leurs chaperons à neuf têtes. Les nains rient, les tigres grimacent, les lions rugissent. Des Dwârpâls, aux cheveux nattés en forme de mitre, balancent d'énormes éventails. Il y a des taureaux sacrés, des chevaux, qui franchissent le ciel d'un seul bond, des paons, des perroquets, des singes grimaçants. Et l'on voit aussi des dieux à plusieurs bras et à plusieurs têtes, Avalokiteçvara, Prakriti, Lakshmî, Durgâ, Vishnu trônant dans le paradis, Vishnu à la tête de lion dévorant le tyran Hiranya, Vishnu le nain franchissant le monde en trois pas, Vishnu couché sur le serpent de l'infini.

Mais, comme toutes ces religions font assaut de pessimisme, la lutte des démons contre le Bouddha ne suffit plus, ni le duel de Râma et de Râvan, le roi à mille têtes des ogres de Ceylan. Çiva recevra les honneurs, Çiva-Rudra, le monstre à plusieurs bras et plusieurs jambes, le roi des démons et le dieu du mal.

De cave en cave, les images deviennent plus hideuses. Voici le Mahâdeva, qui, au bruit d'un orchestre de diables, danse le tândava sur la ruine des mondes. Des démons, des nains, des squelettes frappent des crânes l'un contre l'autre ou jouent de la flûte dans des tibias. Voilà les Mères avec leurs animaux symboliques, le hibou, le sanglier, l'éléphant, le taureau. Kâli se tient debout auprès d'elles; des scorpions pendent de sa poitrine.

Plus loin, Çiva, ivre de sang, se précipite sur les êtres pour les massacrer. Le géant a pour vêtement la dépouille d'un éléphant, pour collier des crânes, pour ceinture un cobra au cou gonflé. Son trident perce des hommes et des femmes, qui se tordent en suppliant. De l'un de ses bras gauches, il saisit un malheureux, le secoue et rit bruyamment au bruit des os qui craquent. Kâlî, le squelette, recueille dans un crâne le sang des morts pour s'en désaltérer.

Cette époque de pessimisme mystique a perpétué son souvenir dans une œuvre colossale, le temple de Kailâsa.

Trois larges tranchées ont séparé de la montagne un quartier de roc, qui mesure plus de quatre-vingts mètres de long sur trente de large. Ces tranchées forment une cour; dans les parois de la montagne l'on a creusé un cloître à deux étages. Le rocher isolé est devenu un édifice monolithe du style dravidien.

L'on trouve d'abord une porte monumentale ou gopura, puis un oratoire, consacré au Nandi, le taureau sacré de Çiva; un pont les relie; un second pont conduit à la terrasse du sanctuaire.

Le temple même forme un rectangle allongé; sur la partie postérieure s'élève une pyramide à plusieurs étages, surmontée d'une coupole (vimâna). Trois pavillons et deux moindres vimânas entourent cette pyramide haute de trente mètres. La base gigantesque porte une frise avec des éléphants de

ELLORA — LE TEMPLE DE KAILÂSA (VIIIe siècle)

Thacker, phot.

grandeur naturelle, qui mangent, dorment, se battent, éventrent des lions, poursuivent leurs femelles. Malgré leurs attitudes violentes, ils semblent soulever sur leur croupe le temple tout entier.

Au-dessus, des bas-reliefs effroyables représentent Çiva destructeur, des sculptures obscènes symbolisent Çiva créateur.

Plus haut encore, sur les étages de la pyramide, au-dessus du portique, c'est Çiva l'ascète, avec les traits et la pose du Bouddha, mais les cheveux nattés comme les Yogîs, des serpents enroulés autour du cou et des reins. Le créateur a compris que sa création est hideuse. Le destructeur reconnaît que les massacres, les maladies, la mort sous toutes ses formes ne mettront jamais fin à l'univers éternel. Pour l'anéantir, il faut savoir que cet univers est le grand rêve, et se délivrer du rêve par l'extase de l'ascète.

Cette religion désespérée inspire cependant un tel fanastisme aux Hindous, qu'elle fait un peuple de leurs royaumes rivaux et de leurs races hostiles.

En haut de la colline, où sont creusées les câves d'Ellora, l'on aperçoit une petite coupole blanche. C'est la tombe du plus grand des empereurs mongols, Aurangzeb, l'un des héros de l'Islam et le persécuteur des Brâhmanes. Il mourut sous la tente en essayant de conquérir le Dekhan, et l'empire, fondé par son aïeul Akbar, commença de se démembrer après sa mort (dix-huitième siècle).

Depuis la première invasion musulmane dans le

Penjab (septième siècle) jusqu'à la bataille de Tali-kut (1565), il fallut près de neuf cents ans aux Mahométans pour conquérir les Indes. Mais ils ne purent ni forcer les Hindous vaincus à changer de religion, ni briser la résistance des royaumes indépendants du Dekhan.

Cinquante ans après la mort d'Aurangzeb, les Marhattás s'emparaient de Delhi ; le Grand Mongol n'était plus qu'un jouet entre les mains de ses vassaux hindous (1).

(1) Sur deux cent quatre-vingt-neuf millions d'Indiens, l'on comptait (en 1891) :

Sept millions de Bouddhistes en Birmanie ;

Un million et demi de Jains ;

De huit à dix millions d'adorateùrs des génies ;

Cinquante-sept millions de musulmans ;

Un million et demi de Sikhs ;

Huit cent mille Parsis, sectateurs de Zoroastre ;

Et enfin :

Un peu plus de deux millions de chrétiens.

Tout le reste de la population, soit plus de deux cent huit millions, appartenait à la religion hindoue.

On les répartit en trois cultes principaux :

1° Çivaisme ;

2° Vishṇuisme ;

3° Culte des Mères.

Le Vishṇuisme est le plus populaire de tous les cultes.

Comme Vishṇu s'incarne dans tous les êtres, même dans les pierres et les métaux, l'on peut offrir ses prières à toute créature et même à tout fétiche.

Mais les incarnations préférées du dieu sont les héros et les sages. Les Indiens adorent leurs rois, les principaux personnages de leur histoire, de leurs légendes ou même de leurs poèmes et de leurs pièces de théâtre. Chaque secte particulière reconnaît son chef pour une incarnation divine.

Parmi les dix principaux avatars de Vishṇu, trois se rapportent à des révolutions géologiques (le poisson, la tortue et le sanglier), deux à des légendes (l'homme-lion et le nain); trois sont des héros des épopées (Râma à la hache, Râma, Krishna). Le neuvième est le Bouddha. Le dernier sera Kalki, le libérateur attendu.

Krishna est le seul avatar en qui Vishnu s'incarne tout entier. C'est à ce dieu que s'adressent les prières et les chants d'amour des mystiques.

L'épisode le plus populaire de la vie de Krishna est celui de son séjour dans un village de paysans, où sa mère le cache, pour qu'il échappe à ses persécuteurs. Il s'éprend successivement de chacune des laitières, des Gopîs, jusqu'au jour où Râdhâ, une incarnation de Lakshmî, retient le dieu volage. Le poème de Jaya-deva est considéré comme une œuvre symbolique. Les Gopîs représentent les sens et Râdhâ la vertu.

CONCLUSION

I

Telle fut l'histoire du Bouddhisme indien. Il se forma naturellement, en précisant les doctrines restées confuses de la philosophie Brâhmanique ; il se développa logiquement en suivant toutes les conséquences de ses propres doctrines. L'on ne peut lire une pareille histoire sans penser aux systèmes qui comparent la vie des sociétés à celle des organismes. La chute même du Bouddhisme n'eut rien d'accidentel : ne pourrait-on pas dire qu'il mourut de vieillesse ?

Poussant plus loin la comparaison, nous lui appliquerons ce que Taine a dit des hommes : Tout caractère est le développement d'une faculté dominante.

Voici la faculté dominante du Bouddhisme. Les Aryens se firent de la religion une idée particulière. Pour eux, la prière n'était pas une élévation de l'âme vers la Divinité ; la pénitence n'impliquait pas l'idée d'une expiation ; la fin des bonnes œuvres n'était pas l'accomplissement d'un devoir ou la charité. Il fallait en attendre un profit immédiat. Les mérites sont une force. On peut employer cette force à se rendre meilleur ou pire; à devenir, dans une nouvelle incarnation, un héros, un Bouddha ou simplement un homme heureux et riche. On peut l'appliquer à secourir d'autres créatures ou même les dieux.

L'exemple suivant fera bien comprendre cette doctrine, parce qu'il la présente sous sa forme la plus grossière.

Insulté par des paysans, un célèbre rishi lève les mains et dit : « Mes mérites accumulés dans cette vie ou les vies précédentes pourraient me rendre un dieu ou un Bouddha. Qu'ils me valent de renaître sous la forme d'un Nâga, qui, pendant cent mille ans, désolera ce royaume. »

Les Aryens tenaient donc la prière pour une formule magique, les pénitences et les bonnes œuvres pour des sortilèges. Portés naturellement vers les spéculations religieuses, ils imaginèrent un système du monde avant de s'être délivrés entièrement de la croyance aux fétiches. Le respect des Hindous pour la tradition les fit s'attacher à ce système : leur religion en a gardé quelque chose de puéril et même de barbare.

Une pareille conception du mérite religieux emportait plusieurs conséquences, dont la première était le pessimisme athée. Dans l'univers, tout se produit par la prière, et la prière ne s'adresse à personne. Faibles autant que l'homme, les dieux ne peuvent rien pour lui.

Mais, en même temps qu'une force, la prière est

l'aveu de la faiblesse. Toutes les créatures prient, donc toutes les créatures souffrent, les minéraux, les éléments, les plantes, les animaux, les hommes et même les dieux.

De ces prémisses les Bouddhistes ont tiré un système logique. Pour les Grecs réalistes, l'univers devait son existence à la rencontre d'atomes matériels. De même les Indiens idéalistes ont expliqué l'origine des êtres par la réunion d'atomes moraux, de forces de volonté ou Skandhas obéissant à des lois aussi rigoureuses que celles de nos forces physiques.

Les actions de tout être ainsi formé constituent son Karma, son ensemble de mérites. A la mort, les Skandhas se séparent, mais le Karma reste, comme la graine survit à la plante, qui l'a produite. Suivant que l'on sème du froment ou du maïs, l'on récolte l'une ou l'autre de ces plantes. De même, le Karma d'un homme au regard impudique fera naître un aveugle, celui du blasphémateur un muet. Le tyran revivra comme un esclave ou même une bête de somme, le moine débauché comme une courtisane. Celui qui soigne avec dévouement ses parents âgés se verra, dans une vie à venir, entouré d'enfants respectueux. Les aumônes seront restituées au centuple dans cette existence même ou dans l'une des existences futures.

Aux yeux du Sage, toutes les conditions paraissent également mauvaises. Son Karma peut donc se comparer à la graine stérile. Dans la mort, les Bouddhas ne trouvent pas une nouvelle métempsycose, mais le néant.

Sous cette première forme de l'Hinayána, le

Bouddhisme ne s'adressait qu'aux ascètes. Les conseils donnés aux fidèles n'avaient pas de valeur. « Soyez bons, leur disaient les moines, et, dans une incarnation future, vous posséderez d'immenses richesses, de belles épouses ou même un royaume. » Mais ils pensaient dans leur cœur : « Fortune, amour, ambition, autant de leurres. Voici les quatre vérités qu'enseigne le Bouddha :

La vie est la douleur;

La vie et la douleur ont pour cause le Vouloir-Vivre;

La délivrance de la douleur consiste dans le renoncement à la vie.

Il n'existe qu'un moyen de se forcer à ce renoncement : la pratique des vertus monastiques. »

*
* *

La doctrine du Karma renfermait une contradiction. Si l'on explique l'origine des êtres par l'action de forces inconscientes, l'on nie tout principe moral. Mais les idées de prière, de mérite, de récompense et de punition impliquent, au contraire, l'admission d'un pareil principe.

Déjà, les derniers auteurs des Védas, qui rabaissaient le rôle des dieux, avaient exalté celui de Brahmanaspati, le maître des sacrifices. Pour eux, la prière se confondait avec l'Âtman, l'air dans lequel tout vit et se perpétue. L'athéisme des Indiens n'est donc qu'apparent; en vérité, leur religion admet le panthéisme.

Et ce panthéisme se complique de polythéisme.

Car tous les êtres sont divins, puisque la divinité se manifeste en eux; mais ceux en qui la divinité se manifeste plus clairement sont plus divins que les autres.

L'Hînayâna tenait les Bouddhas pour des Sages. Quand le panthéisme eut remplacé l'athéisme primitif, on les considéra comme les émanations de l'éternelle sagesse.

Mais qu'était la sagesse? L'on répondit d'abord : Dharma, la loi enseignée par tous les Bouddhas. S'ils passent, la loi demeure.

Puis l'on réfléchit que la loi était seulement la forme dont les Bouddhas avaient revêtu la vérité; l'on adora la vérité même. Partis du septicisme, les bouddhistes aboutirent au culte de l'absolu. Après l'avoir identifié avec le Nirvâṇa, ils en firent le Tout divin.

Ce développement du bouddhisme athée en religion panthéistique a reçu le nom de Mahâyâna. La nouvelle religion demandait un culte : on éleva des temples aux Bouddhas, et leurs idoles reçurent des honneurs solennels. En même temps, l'ordre des cénobites se transformait en Église. Cette Église devint une puissance civile; quand les désordres causés par l'invasion des Scythes et les guerres féodales arrivèrent au comble, ce fut même la première puissance civile.

* *
*

Toutes les religions considèrent la Divinité comme la cause première et souveraine. Les Indiens la cherchaient en eux-mêmes. Ils adoraient la prière, c'est-à-dire leur propre foi, leur propre amour. Leur religion était mystique. Dans les derniers temps du Mahâyâna, chacun voulut se représenter l'Être unique, tel qu'il le ressentait. Pour certains, c'était la pitié, le cœur tout aimant du Bouddha; pour d'autres, la foi, la grâce, l'écriture, la parole ou même le son éternel. Quelques-uns, plus hardis encore, adoraient l'Inconscient, et pour eux, l'Inconscient, la matière se confondait avec l'éternel féminin. De plus, le Bouddha étant prière, sentiment, désir, l'on ne devait pas l'honorer par des actes, mais en s'unissant avec lui. Les ascètes cherchaient cette union dans l'extase, les mystiques espéraient la trouver dans le quiétisme de l'amour. Puis les exaltés finirent par la demander à la douleur ou au plaisir, à la privation de tous les biens ou à la débauche, à l'abrutissement, au crime et à la mort.

II

Avant de disparaître des Indes, le Bouddhisme se répandit dans l'Asie entière.

Le Brâhmanisme, le Confucianisme, le Shintoïsme présentaient l'image de la société qui les avait produits. La loi religieuse n'y différait pas de la loi civile; elle admettait toutes les distinctions des castes et n'en savait pas d'autres. Les cérémonies du culte n'avaient qu'un but, célébrer les travaux de la terre, les joies et les douleurs de la famille ou les événements de l'histoire nationale. De pareilles religions haïssaient les étrangers, comme des hommes mal civilisés haïssent quiconque diffère d'eux par l'apparence physique et ne parle pas la même langue.

Le Bouddhisme, au contraire, ne connaissait ni castes, ni nationalités. La pitié du Bouddha s'étendait à tous; ses moines devaient s'associer à son œuvre et parcourir le monde en prêchant la bonne nouvelle. Ils commencèrent leur mission à l'époque où se produisait la crise la plus importante de l'histoire de l'Asie.

Pendant des siècles, les petits États féodaux de l'Hindoustan, de l'Indo-Chine et de la Chine n'avaient pas connu d'autres lois que leurs coutumes, d'autre religion que leurs légendes locales.

La conquête d'Alexandre mit les peuples de l'Orient en rapport avec ceux de l'Occident. Séleucus soumit l'ouest de l'Asie. Açoka conquit l'Hindoustan et força les États voisins à lui payer tribut. She-Hwang-Ti réunit les royaumes de la Chine dans un seul empire.

L'Asie subit une transformation analogue à celle qui commençait en Europe et devait aboutir à la conquête romaine. Des relations suivies s'établirent entre les nouveaux empires. Leur art même suffit à le prouver. Jusque dans le Japon, l'on trouve des porcelaines et des émaux avec des ornements persans, des peintures copiées sur celles de l'Inde, des statues qui rappellent l'art grec.

Par sa tolérance, son amour de l'égalité, sa pitié, le Bouddhisme mérita de devenir le principal agent de cette révolution. Tous les peuples de l'Asie embrassèrent la même religion. Et cette religion leur enseignait une morale nouvelle.

Sous son influence partout les mœurs s'adoucissent, les distinctions entre les classes s'effacent ou s'atténuent, l'esclavage disparaît, la condition de la femme se relève, l'instruction est donnée aux plus humbles. Partout aussi les prêtres combattent l'ivrognerie et la débauche, défendent le mensonge, recommandent la politesse et la bonté.

L'on abandonne les sacrifices; la torture et la peine de mort sont plus rarement appliquées. Pour la première fois, les despotes de l'Orient se voient obligés de rendre compte de leurs actes.

En même temps que des universités et des centres agricoles, les monastères deviennent des hôpitaux et des lieux d'asile. Tous reconnaissent la vérité de la parole du Bouddha :

« Il n'existe point d'autre noble que celui qui fait le bien; d'autre paria que celui qui fait souffrir. »

*
* *

L'œuvre du Bouddhisme fut éphémère. L'Asie n'eut pas son empire romain. La Perse et la Syrie se séparèrent de l'Extrême-Orient. Après la mort d'Açoka, son empire se morcela. Bientôt même les communications se firent plus rares entre les diverses Églises des Bouddhistes : chacune d'elles eut ses dogmes propres et suivit sa destinée particulière.

Toutes se corrompirent rapidement. Il faut attri-

DAGOBA DORÉ DE RANGOON (BIRMANIE)

Bourne et Shepherd, phot.

buer cette décadence à l'opposition des préceptes observés par les moines, et de la morale enseignée aux fidèles.

Une excessive tolérance laissait aux peuples convertis leurs croyances, leurs cérémonies et leurs dieux; n'ayant point d'idées sur la société, le Bouddhisme respectait les mœurs et le régime politique de toutes les nations. Il enseignait une morale pure, mais les moyens lui manquaient pour la faire accepter. Si son influence fut heureuse, nulle part elle ne put s'affirmer. Tous les peuples de l'Extrême-Orient professent le Bouddhisme; cependant l'on ne peut dire que l'Extrême-Orient soit bouddhiste, comme l'Orient est musulman et l'Europe chrétienne.

D'autre part, les moines restèrent toujours des ascètes indiens. Mais le pessimisme athée, l'idéalisme uni à la métempsycose, tous les principes de l'ascétisme indien lui sont tellement particuliers, que le moine bouddhiste semble un monstre dans la société chinoise ou japonaise.

*
* *

Aujourd'hui, l'Hînayâna n'est professé que dans l'Indo-Chine et à Ceylan.

Les sanctuaires de l'île sainte sont Anurâdhapura, Kandy et Kelani. Ce dernier couvent s'élève, près de Colombo, dans la forêt tropicale. Des cocotiers immenses, des banians, des bambous, des canneliers ombragent les étangs, couverts de plantes aquatiques. La réputation de Kelani s'étend par tout l'Orient ; le Bouddha en aurait fait sa résidence lors du voyage à Simhala que lui attribue la légende. Le supérieur et les anciens sont des hommes instruits ; ils causent volontiers avec les Européens et cherchent à leur démontrer que le Bouddhisme s'accorde avec la philosophie moderne. « Nous avons des idoles, leur disent-ils, mais seulement pour la foule ; nous-mêmes ne croyons pas à la divinité du Bouddha. »

Cependant le nombre des religieux ne s'élève qu'à 6,500 dans l'île entière ; ils passent, sinon pour débauchés, du moins pour ignorants et paresseux. Dans les immenses domaines que leur ont donnés les anciens rois, l'on ne trouve que des jungles et des marais pestilentiels. Le conseil législatif prépare une loi sur l'expropriation des biens d'Église. Tandis que le peuple vit presque dans l'état de nature, les nobles se convertissent aux idées européennes ; plusieurs remplissent déjà de hautes charges dans l'administration anglaise.

Au Tonkin et dans l'Annam, le culte des ancêtres forme, avec quelques superstitions locales, la véritable religion des habitants. Les mandarins professent la philosophie de Confucius.

Le roi de Siam fait de grands efforts pour la propagation du Bouddhisme : il a récemment offert aux principales bibliohèques du monde une collection presque complète des Piṭakas, imprimés en caractères siamois. Dans ses États, le nombre des moines est considérable ; ils possèdent de grands biens. Leurs mœurs passent pour dépravées : la plupart sont des jeunes gens, qui, à vingt ans, quittent l'ordre pour se marier. Le peuple adore les dieux hindous, les génies, les arbres et certains animaux.

En Birmanie, le Bouddhisme s'est moins corrompu. Le dernier recensement y relève l'existence de 15,371 couvents ; il fait l'éloge des moines (talapoins) et leur attribue les grands progrès réalisés dans l'instruction populaire. Cependant tous les temples renferment les idoles des déesses et des fées.

*
* *

Dans tous ces pays la population indigène diminue rapidement.

A Ceylan, l'on ne comptait, en 1887, que 1 million 930,000 Cinghalais (dont moins de 1 million 760,000 Bouddhistes), contre 1 million de Tamils, sectateurs de Çiva, et 200,000 Arabes musulmans.

En Birmanie, le nombre des Chinois, des Tamils et des Bengalis monte à plusieurs millions.

Dans le Siam, les indigènes sont en minorité. Le Midi appartient aux Malais musulmans. Dans le Nord, le nombre des Chinois augmente constamment ; ils forment déjà les deux tiers de la population à Bangkok.

*
* *

Les pays qui suivent le Maháyána sont : la Chine, le Japon, la Corée, le Thibet, la Mongolie, la Mandchourie, le sud de la Sibérie, le Népal et quelques États de l'Himâlaya.

Dans les 500 millions de fidèles que l'on attribue au Bouddhisme, l'on compte 400 millions de Chinois. Cependant l'on ne peut reconnaître le Bouddhisme pour la religion de la Chine; il n'y est rien qu'une superstition populaire.

Tous les Chinois pratiquent la morale de Confucius. Ils célèbrent le culte des ancêtres, adorent l'empereur, les monarques défunts et les grands hommes, canonisés par décret impérial. De plus, ils demeurent fidèles aux coutumes anciennes, qui prescrivent des cérémonies en l'honneur de Shang Te, des génies du ciel et de la terre, des dieux, des éléments et des dragons. Enfin, il existe une religion populaire, connue sous le nom de Tao, parce qu'elle se rattache à la philosophie de Lao Tsze, adoré aujourd'hui comme le Grand Empereur des Ténèbres.

Seuls, les bonzes professent le Bouddhisme. Mais les Chinois les méprisent : la morale de Confucius considère comme une lâcheté de se dérober aux devoirs de la famille et au service de l'État. D'ailleurs, les moines sont pour la plupart ignorants et de mœurs dissolues.

Pour les fidèles, il faut distinguer entre le peuple et les mandarins. Ceux-ci tiennent les prêtres pour des sorciers dont les charmes ne sont pas inefficaces. La foule se presse encore dans les temples de Kwan-Yin ou d'Amita. Elle brûle de l'encens et des cierges devant des Bouddhas de bois doré, dont beaucoup ont leurs vêtements de fête et de voyage, leur lit de repos, une suite d'idoles, représentant leurs femmes, leurs enfants et leurs serviteurs.

D'ailleurs, le Panthéon bouddhiste contient tous les

dieux chinois, génies, ministres, philosophes, revenants et dragons. D'autre part, les prêtres de Tao ont emprunté au Bouddhisme ses trinités, ses paradis, ses enfers, son culte, ses livres de morale, ses couvents, le costume des moines et leur hiérarchie ecclésiastique. Le peuple visite indifféremment les sanctuaires d'Amita ou de Lao Tsze. Aux enterrements, les bonzes et les prêtres de Tao se réunissent pour célébrer les rites et chanter les prières. Petit à petit, les deux religions achèveront de se confondre ; déjà l'étranger a du mal à distinguer leurs temples.

Après l'Inde, le Japon est le pays où l'histoire du Bouddhisme présente le plus d'intérêt. Les missionnaires coréens civilisèrent les habitants des îles de l'Est ; ils leur apprirent à défricher les landes et les montagnes ; les premiers poètes, les premiers peintres furent des moines. Au milieu d'un peuple de soldats, le Bouddhisme en décadence recouvra soudain une vie nouvelle. L'on trouve au Japon tous les ordres de la Chine, ceux mêmes dont l'origine remonte jusqu'aux Indes (Tendai et Shingon). Les sectes japonaises sont plus nombreuses encore ; les unes se font remarquer par leur mysticisme (Jodo, Nichiren) ; les autres, par la subtilité ou la profondeur de leurs doctrines (Shin, Zen, etc.).

Mais pour répandre leur religion dans le peuple, les moines acceptèrent tous ses mythes ; leurs propres dogmes se transformèrent ou disparurent. Seuls, les théologiens et les artistes connaissent encore Çâkyamuni. A côté des statues de Kwannon et d'Amita, l'on trouve dans les temples les idoles

16.

de Jizo, le protecteur des enfants; de Kompira, le crocodile et le maître de l'Océan; de Kishi Bojin, l'ogresse convertie par Gautama; des sept dieux du bonheur. Parmi ces divinités, les unes appartenaient au Shintoïsme, les autres étaient originaires de la Chine ou des Indes; mais ces dernières devinrent bientôt japonaises, tant les légendes, les poèmes et les tableaux transformèrent les modèles étrangers.

Petit à petit, le Bouddhisme et le Shintoïsme se confondirent sous le nom de Ryobu Shinto. Amita se donna lui-même pour une incarnation d'Amaterasu, la déesse du soleil et l'aïeule des Mikados.

Tant de condescendance ne put sauver le Bouddhisme. Les grands archéologues du siècle dernier, que l'on vénère aujourd'hui comme des dieux, Mabuchi (1697-1769), Motoori (1730-1801), Hirata (1776-1843) repoussèrent la religion étrangère, comme ils repoussaient la langue, les traditions et les coutumes de la Chine.

Protégé par les Shoguns, le Bouddhisme fut persécuté en 1869, quand la Restauration eut rendu au Mikado son autorité légitime. Tandis que les Japonais, élevés en Europe, affectent de mépriser toute idée religieuse, les hommes d'État cherchent à faire du Shintoïsme un culte national. Dans les temples de bois d'Amaterasu et de Susanoo, le peuple célèbre ses fêtes séculaires et se rappelle ses légendes. Dans les panthéons des grandes villes, les étudiants et les soldats honorent les héros des temps passés, comme ceux des dernières campagnes.

Au Thibet, dans les déserts de la Mongolie et de

la Sibérie, le Bouddhisme se confond avec le culte
des fétiches. Quelques lamas seuls ont gardé le souvenir des doctrines mystiques, qui expliquent la
divinité de leur chef. Tous récitent le canon ; depuis
des siècles, les plus doctes eux-mêmes ne le comprennent plus.

Le Bouddhisme n'est donc plus une religion qui
se répand, mais une religion en décadence et prête
à disparaître. Dans les temples de la Chine, du Japon
et du Siam, dans ceux mêmes de Ceylan et de la
Birmanie, rien ne rappelle plus les premières caves
d'Ajaṇṭâ ou de Karli. Et peut-être, avant un siècle,
le Bouddhisme, même ainsi corrompu, sera-t-il une
chose du passé.

III

Depuis longtemps, les savants s'efforcent de rat-
tacher l'histoire religieuse et philosophique de
l'Asie à celle de l'Europe.

Dans un premier système, l'on soutient que le
Bouddhisme naquit et se développa sous l'influence
de l'Occident.

Les tribus aryennes de Penjab demeurèrent en
relation avec celles de l'Iran. Darius envahit l'Inde,
et la vallée du Sind forma l'une des satrapies du
Grand Roi. Les Indiens subirent donc l'influence
de l'Asie occidentale. Leurs monuments rappellent
ceux de la Babylonie et de la Perse. Comme ils

copièrent l'art de ces pays, les bouddhistes durent s'inspirer de la religion de Zarathustra et de celle des Chaldéens. Peut-être connurent-ils les Livres saints des Hébreux.

Après les Perses, les Grecs s'établirent dans le Penjab; ils y demeurèrent jusqu'à l'invasion des Scythes, vers le commencement de l'ère moderne. Sur beaucoup de caves, notamment à Karli, des inscriptions rappellent le souvenir des Yavanas, des Grecs. Enfin, sur toutes les sculptures des bouddhistes, depuis les plus anciennes jusqu'à celles du huitième siècle de l'ère moderne, depuis celles du Gandhârâ (Kandahar) jusqu'à celles d'Amrâvati dans le bassin du Krishnâ, l'on retrouve des signes indiscutables d'une influence grecque ou romaine.

Pourquoi les bouddhistes n'auraient-ils pas étudié la philosophie hellénique, et reçu les leçons des rhéteurs attirés par les princes de Bactriane?

Les invasions des Scythes, maîtres de l'Asie occidentale, mirent, dès le deuxième ou le troisième siècle, l'Hindoustan en rapport avec des pays convertis au christianisme. Des missionnaires, venus de l'Asie Mineure ou de l'Égypte, prêchèrent l'Évangile dans les Indes. Les communautés syriennes du Dekhan paraissent fort anciennes; vers le sixième siècle, les Nestoriens s'établirent dans le Turkestan et le Thibet; la tablette de Si-ngan-fu prouve leur influence au temps de Tai-tsung (627-650). Le Christianisme put donc contribuer au développement de certaines doctrines du Mahâyâna, comme il aurait suggéré aux lamas du Thibet les principales cérémonies de leur culte.

L'état de la science ne permet pas de se prononcer sur ces points particuliers. Dans son ensemble, la religion Indienne n'en apparaît pas moins comme une doctrine originale. Ses dogmes principaux ne se retrouvent dans aucune religion, ni aucune philosophie de l'Orient ou de l'Occident.

Dans le Bouddhisme l'on a voulu distinguer entre la doctrine et la légende. La doctrine serait purement hindoue. Plus récente de quelques siècles, la légende aurait mêlé aux fables indigènes des mythes grecs et persans; quelques épisodes reproduiraient, en les défigurant, des traditions juives ou chrétiennes. Mais l'étude des bas-reliefs de Bhârhut et de Sanchi a prouvé que la légende du Bouddha et les Jâtakas sont aussi anciens que le Bouddhisme, peut-être même plus anciens.

Un second système admet une action directe du Védisme, puis du Bouddhisme sur les croyances de la Perse, de la Syrie et de l'Égypte, sur l'école d'Alexandrie et sur plusieurs sectes hérétiques chrétiennes, notamment les Gnostiques.

Une pareille thèse semble difficile à défendre. Si les Perses, les Grecs et les Scythes occupèrent pendant des siècles le nord-ouest de l'Hindoustan; si des communautés chrétiennes se fondèrent dans les Indes et dans l'Asie centrale, l'Europe n'a jamais subi d'invasion indienne, ni connu d'église bouddhiste. Les monuments de l'Hindoustan témoignent d'une influence persane ou grecque; par contre, aucun monument de l'Asie Mineure ou de l'Égypte ne rappelle le style des Hindous. Dans les grands ports de la Méditerranée, l'on vit peut-être des marchands de Ceylan ou même des missionnaires bouddhistes ; mais quelques prédications mal comprises n'auraient pas converti l'Égypte et l'Asie Mineure aux croyances d'un peuple dont le pays, les mœurs, la religion, la langue, tout était pour elles un mystère.

Max Muller dit dans son livre sur l'Inde : « Toute ma vie, j'ai recherché par quels moyens le Bouddhisme aurait agi sur le Christianisme. Ces moyens, je ne les ai pas trouvés. »

Dans sa traduction du Commentaire de Çankara sur le Vedânta, le professeur Deussen écrit :

« L'on a parlé d'une influence réciproque de l'Orient sur l'Occident et de l'Occident sur l'Orient. Mais, de part et d'autre, je ne sache pas une idée que le développement naturel des anciennes doctrines n'explique plus facilement qu'une pareille influence. »

IV

Pendant des milliers d'années, l'Orient et l'Occident suivirent donc leurs destinées particulières, sans exercer l'un sur l'autre une influence durable. Il n'en est plus de même aujourd'hui : la moitié de l'Asie appartient à des nations européennes, le Japon se transforme, et la Chine semble avoir compris la leçon de la défaite.

Mais de ce commerce avec l'Asie, l'Europe n'a-t-elle rien à retirer? Max Muller nous pose cette question dans sa troisième lecture sur l'*Inde et ce qu'elle peut nous apprendre.*

« Tous, écrit-il, nous menons une vie de lutte; l'idéal le plus élevé que nous ayons de la vie est celui d'une vie de lutte. Nous travaillons jusqu'au moment où nous ne pouvons plus travailler, et, comme de vieux chevaux, nous sommes fiers de mourir dans le harnais..... Mais notre nature a sûrement un autre côté; peut-être y a-t-il une autre destinée pour l'homme dans son voyage à travers la vie; nous ne devrions pas les ignorer entièrement. »

Cette seconde conception de l'existence, l'Inde nous l'apprendra, qui est la contrée du repos, de la mélancolie et du rêve. Seule, pense Max Muller, l'Inde a trouvé de semblables préceptes.

« Femme, parents, amis, des passants que l'on rencontre au cours du grand voyage. Que l'homme voie donc clairement où il se trouve, où il va, ce qu'il est; que l'homme se dise : Pourquoi m'attarder ici et me lamenter sur rien?

« Toutes les créatures sont la demeure du Moi; si la matière l'enveloppe, lui-même ne connaît ni le temps ni l'espace. En adorant l'immuable Moi sous les changements continuels de la matière, nous nous rendons nous-mêmes immortels. »

Au premier abord, les réflexions de Max Muller paraissent résumer la philosophie du dix-neuvième siècle.

Fichte, Hegel, Schelling enseignent le panthéisme indien. Emerson et Carlyle comprennent le culte des héros dans le sens des Bouddhistes et des adorateurs de Vishnu.

Schopenhauer emprunte à la philosophie de Gautama la doctrine du vouloir-vivre, avec la morale de l'ascétisme et de la pitié.

Comme les Indiens, Hartmann adore l'Inconscient; ses deux livres sur la *Conscience religieuse de l'humanité* et la *Religion de l'esprit* rappellent le Mahâyâna.

Nietzsche croit au Surhomme, c'est-à-dire au Bouddha. Tout le début de son *Zarathustra* semble inspiré des Piṭakas. Comme Gautama, le héros du poème quitte la solitude pour enseigner sa doctrine à la foule. Il rencontre un ermite et cherche en vain à le persuader de sa mission. Son discours au danseur de corde rappelle celui que Gautama tientà Uggasena : « Quand tu es sur la corde, tu ne regardes pas en avant, pas en arrière et pas au-dessus de toi. Garde ainsi toute la liberté de ton esprit dans ta route vers l'autre rive de l'existence. »

De même Zarathustra : « L'homme est une corde attachée entre la bête et le surhomme — (les *Jâtakas* n'enseignent pas une autre doctrine), — une corde au-dessus d'un abîme.

« Arriver est dangereux; traverser, dangereux; regarder en arrière, dangereux; trembler et s'arrêter, plus dangereux encore. »

Les arts et la littérature ont subi l'influence de la philosophie. Plus que tout autre, Wagner se fit l'apôtre du Bouddhisme. Il avait d'abord imaginé le Parsifal comme un poème indien. Son Ysolde mourante demande à se dissoudre dans l'Inconscient.

Parmi les œuvres de notre siècle qui témoignent de la même inspiration, l'on pourrait citer celles des deux grands romanciers russes Tolstoï et Dostoïewski, surtout la *Guerre et la Paix* et l'épilogue de *Crime et Châtiment;* en Italie, Leopardi, Carducci, d'Annunzio; en France, Leconte de Lisle, et, dans une moindre mesure, Baudelaire, Loti, le Bourget des premiers romans. Dans les *Contemplations,* Victor Hugo lui-même a cédé au charme de l'Inde : la philosophie que lui révèle la *Bouche d'ombre* est celle même des Bouddhistes; ses dernières œuvres célèbrent la religion de la pitié.

En Angleterre, l'on traduisit, dès le commencement de notre siècle, des fragments considérables de la littérature indienne. Shelley et les lakistes en comprirent surtout le panthéisme; Byron, au contraire, est pessimiste, mais son pessimisme rappelle plutôt le spleen des Anglais que la rêverie des Hindous. Depuis lors, l'on n'a cessé d'écrire sur l'Inde, de traduire et de commenter ses livres. Il y a quelques années, ce fut la mode à Londres de se dire bouddhiste, et les théosophistes font encore des adeptes. Mais, en dehors du beau poème de sir Edwin Arnold, la *Lumière de l'Asie,* le Bouddhisme n'a pas inspiré aux Anglais d'œuvre littéraire remarquable.

Les Schlegel, Humboldt, Bopp révélèrent à l'Allemagne les religions de l'Inde. Gœthe en admira le panthéisme. Les romantiques, au contraire, y goûtèrent ce que les Allemands appellent le « Weltschmerz », la douleur du monde; les poésies de

17

Heine et de Lenau semblent parfois un écho des *Upanishads* et des *Sûtras*. Pendant l'époque où la philosophie de Schopenhauer et de Hartmann était populaire, l'on voyait paraître tous les ans des romans, des vers ou des dissertations, qui s'inspiraient directement du pessimisme indien.

Cependant le génie de ces écrivains n'a pas réussi à changer l'esprit de l'Europe, ni les tendances de notre siècle. Dans les œuvres des défenseurs du Bouddhisme, l'on a surtout goûté ce qui n'était pas bouddhiste. Schopenhauer enseigne le Kantisme et la doctrine du vouloir-vivre. Or le Kantisme est comme le résumé de la méthode critique du siècle dernier; et l'idée du vouloir-vivre ne fut jamais bien comprise avant que Darwin eût parlé de la lutte pour la vie. Les doctrines combinées de Schopenhauer et de Darwin inspirèrent à Nietzsche une morale qui condamne le pessimisme et même la pitié.

Les idées d'Ibsen diffèrent peu de celles de Nietzsche. Lui aussi défend les droits de l'individu, et d'une manière plus formelle encore. Car il trouve sain et beau, non pas le succès, mais seulement le combat pour le succès.

Si le Bouddhisme a séduit quelques esprits, l'on peut donc affirmer que, dans l'Europe, désireuse de progrès, ses doctrines découragées n'exerceront jamais une influence durable.

V

Impuissant à convertir l'Occident, corrompu en Asie et destiné à bientôt disparaître, le Bouddhisme n'en mérite pas moins l'attention et les efforts que lui consacrent tant de philosophes et de savants.

Son enseignement populaire ne trouva-t-il pas les fables des Jâtakas? Quelle qu'en fût l'origine, le Bouddhisme les fit siennes. Coordonnées par lui, ces légendes prirent une beauté particulière et devinrent comme l'histoire d'une âme. Animal, homme ou surhomme, le libérateur promis travaille toujours au même but, à fonder la religion de la Pitié.

D'abord le Bodhisattva songe aux misères physiques, puis il se préoccupe des douleurs morales, surtout de la plus grande, le péché. Comprenant enfin que vivre et souffrir sont un, il cherche un remède à la vie elle-même. Le Bouddha méritait de se dissoudre dans le Nirvâna, il revient une dernière fois sur la terre pour consoler les hommes, et, s'ils le veulent, les délivrer.

Aux ascètes, le Bouddhisme promettait le fruit des Arhats, le lac d'ambroisie où se lavent les péchés. Le Nirvâna, qui succède à la mort, n'est rien que le néant. Mais, pendant sa vie même, l'Arhat atteint le Nirvâna moral; il s'affranchit de la passion et de l'effort, de la joie et de la souffrance, de la foi comme du doute, de l'espérance comme du découragement, de l'amour et de la haine comme d'une sceptique indifférence.

Le Mahâyâna cherchait cette paix dans l'extase. Tel ne fut pas l'enseignement de Gautama et de ses disciples. Missionnaires intrépides, ils traversaient l'Océan, les déserts et les montagnes, prêchaient leur foi à des peuples inconnus. C'étaient des philosophes, des savants et des artistes; ils défrichaient les jungles, fondaient des villes, bâtissaient des hôpitaux et des écoles.

Mais la volonté seule les faisait agir; l'instinct et la passion semblaient morts en eux. Alors même qu'ils se dévouaient entièrement à leur mission, leur cœur y demeurait indifférent; le succès ne leur réservait aucune joie, et la défaite ne leur apportait pas la souffrance. Leur vie se passait dans les combats; mais, dans leur cœur, c'était déjà le calme de la mort.

Il existe d'autres conceptions du devoir, plus belles et plus fécondes; celle-ci n'en semblerait pas moins supérieure à tout ce qu'a produit la philosophie grecque ou romaine. La doctrine du Nirvâna, c'est le stoïcisme avec l'orgueil en moins et la pitié en plus.

Comme le stoïcisme pourtant, cette doctrine n'a rien produit qui dût subsister.

A la philosophie, l'homme demande la confiance en lui-même, l'espérance dans la vie, et le progrès, qui vient des efforts réunis de tous les hommes. Dans la religion, il cherche la foi en une puissance infinie, l'espoir d'une existence future, et la consolation du mal par la charité.

PROCESSION DE LA DENT DU BOUDDHA

KANDY (CEYLAN)

Le Bouddhisme ne satisfait ni l'un ni l'autre de ces besoins. S'il exige la foi, c'est la foi dans une doctrine qui doute de l'existence de la Divinité, du monde et de l'homme même.

S'il connaît l'espérance, c'est l'espérance dans le néant.

S'il enseigne la pitié, c'est une pitié découragée, qui dit à l'homme : « Vis comme si tu étais déjà mort, pour réussir un jour à mourir tout entier. »

APPENDICE

I

CHRONOLOGIE BOUDDHISTE

Peu de dates sont aussi controversées que celle du Nirvâna de Gautama.

Les Bouddhistes du Nord le font naître en 1027 avant Jésus-Christ, ce qui mettrait sa mort vers 947. Cette date est évidemment fausse.

Les Bouddhistes du Midi ont admis pour le Nirvâna la date de 543. Max Muller propose celle de 477 et T.-W. Rhys Davids celle de 412 avant Jésus-Christ.

Hiuen Tsiang plaçait le Nirvâna cent ans seulement avant Açoka. C'est l'opinion de ceux qui admettent que le concile de Vaiçâlî sous Açoka Iᵉʳ et celui de Pâṭaliputra sous Açoka II sont le même concile. Il n'y aurait pas deux rois de ce nom, mais un seul, celui des inscriptions. M. Westergaard propose donc 368 et M. Kern 388.

Voici, d'après M. Rhys Davids, un aperçu de la vie publique de Gautama, d'après des sources birmanes ou cingalaises.

Je n'en donne que l'abrégé.

4ᵉ année, après le sermon dans le bois des gazelles, près de Bénarès.

Uggasena reçu dans l'ordre. Les Çâkyas réconciliés avec le clan voisin de Koliyens.

5ᵉ année. — Mort de Çuddhodana. Les femmes admises dans l'ordre.

6ᵉ année. — Gautama monte dans le ciel Tushita, pour prêcher l'évangile à sa mère.

7ᵉ année. — Ses ennemis le font accuser par une courtisane d'avoir manqué à la chasteté.

9ᵉ année. — Dissensions dans l'ordre.

10ᵉ année. — Gautama pardonne aux moines repentants.

11ᵉ année. — Parabole du semeur.

12ᵉ année. — Voyage au Sud jusqu'à Mantala. Discours à son fils Râhula.

14ᵉ année. — Ordination de Râhula.

16ᵉ année. — Conversion de l'ogresse, adorée par les Japonais sous le nom de Kishi Bojin.

17ᵉ année. — Sermon sur la mort de la courtisane Sirîmatî.

18ᵉ année. — Gautama console un tisserand, qui a tué sa fille par accident.

19ᵉ année. — Il délivre une gazelle prise au piège. Le chasseur veut le tuer, ne peut bander son arc, tombe à genoux et se convertit.

20ᵉ année. — Conversion du brigand Angulimâla, qui portait, comme les Thugs, un collier de mains coupées.

A partir de la 20ᵉ année, les chroniques ne donnent plus de tableau chronologique, mais elles parlent longuement du schisme de Devadatta, cousin de Gautama. Il existait encore des moines de l'ordre de Devadatta au temps d'Hiuen Tsiang.

*
* *

Voici un essai de chronologie bouddhiste d'après MM. Max Muller, Beal, Rhys Davids, Oldenberg, etc.

557. — Naissance de Gautama.

477. — Nirvâṇa de Gautama et concile de Râjagṛiha.

Les deux premiers patriarches sont, d'après les Bouddhistes du Sud, l'ancien barbier Upali et Dâsaka; d'après ceux du Nord, Kâçyapa, l'adorateur du feu, qui redescendra sur la terre pour annoncer la venue de Maitrêya, et Ânanda, le favori du maître, le protecteur des religieuses, qui lui rendent un culte spécial.

377. — Concile de Vaiçâlî.

327. — Invasion d'Alexandre.

315-291. — Candragupta.

263 ou 259. — Avènement d'Açoka.

242. — Concile de Pâṭaliputra.

222. — Mort d'Açoka.

127. — Fin de la dynastie grecque de Bactriane, invasion des Scythes. Quelques principautés grecques se maintiennent jusqu'en 50 avant Jésus-Christ.

57 avant Jésus-Christ, Vikramâditya, roi hindou d'Ujjain dans le Radjpoutana. Les plus grands poètes de l'Inde auraient vécu à sa cour, et l'ère *Samrat* des Indiens daterait de son règne. Max Muller a mis en doute l'existence de ce roi.

Vers 58 ou 50 avant Jésus-Christ ou plus tard jusqu'à (?) 40 après Jésus-Christ, Kanishka, le plus grand souverain des Scythes, dans le haut Penjab et le Kashmir.

? 40 A. D. — Concile de Peshawar. Le président du concile aurait été le 7e patriarche Vasumitra.

Le 12e patriarche Açvaghosha est l'auteur du Buddhacarita, des sermons et des hymnes en l'honneur d'Avalokiteçvara. Le 13e, Nâgârjuna, serait l'auteur du

Milindapañha. Le 14ᵉ est le mystique Dêva. L'on admet généralement que ces trois patriarches furent les contemporains de Kanishka, mais Max Muller les place dans le quatrième siècle.

Du premier ou deuxième au septième siècle. — Renaissance de la littérature sanscrite.

Circ. 420. — Persécution de Mahirakula et mort du 23ᵉ patriarche Simha. (Le mystique Vasubandhu serait le 20ᵉ.)

Vers 420. — Buddhaghosha (voix du Bouddha).

526. — Bodhidharma se rend en Chine. C'est le 28ᵉ patriarche. Ses successeurs résidèrent en Chine; le dernier (33ᵉ) mourut en 703. Depuis lors, l'on ne connut plus que des chefs de l'Église, dont le Dalai Lâma se prétend le successeur.

606 ou 610-650. — Çilâditya de Kanauj.

629-45. — Voyage d'Hiuen Tsiang.

Vers 680. — Dernières caves bouddhistes d'Ajaṇṭâ.

Après 700. — Dernières caves bouddhistes d'Ellora.

? 647. — Premier débarquement des Arabes.

712-828. — Occupation du Sind par les Arabes.

1001. — Conquête afghane.

Douzième siècle. — Fin du royaume bouddhiste d'Orissa.

1565. — Victoire de Talikut remportée par la ligue des princes mahométans du Dekhan; chute du royaume hindou de Vijayanagar.

GRANDS MOGOLS

Babar. . . . . (1482-1530)
Humayun. . . . . (1530-1556)
Akbar. . . . . (1556-1605)
Jahangir . . . . (1605-1627)

Shah Jahan. . . . . (1627-1658)
Aurangzeb . . . . (1658-1707)
Les Mahrattes s'emparent de Delhi en 1759.

II

LES CANONS BOUDDHISTES

Il existe deux canons, celui du Midi et celui du Nord.

Le premier est écrit en pâli. M. Sénart tient le pâli pour la langue littéraire d'un dialecte, parlé peut-être dans l'Ouest. Le Magadhî, ou langue du royaume de Magadha, diffère du pâli.

Le canon pâli est, tout au moins dans sa dernière rédaction, postérieur au concile de Vaiçâlî, qui s'y trouve mentionné; il semblerait antérieur à celui de Pâtaliputra, auquel il ne fait pas allusion.

Voici la liste des ouvrages compris dans le canon du Midi.

En pâli, la désinence *a* indique le radical, la désinence *o* le nominatif. En citant les livres du canon, l'on se sert habituellement de la première forme.

Vinaya Piṭaka, ou Canon de la Discipline. (Trad. Rhys Davids et Oldenberg.)

1. Le *Vibhaṅga* (un développement du Pâtimokkha, office de la confession générale).

Deux parties : la première commence aux *Pârâjika*, ou péchés emportant exclusion de l'Ordre; la seconde aux *Pacittiya*, ou péchés emportant pénitence.

2. Le *Khandaka*. Deux sections : la grande (*Mahâvagga*); la petite (*Cullavagga*).

3. Le *Parivâra-pathâ*, appendice et résumé.

Sutta Piṭaka, ou Canon des discours.

1. *Dîgha-Nikâya* (longs discours).

C'est dans ce recueil que se trouve le *Mahâpara-nibbâna Sutta* ou récit de la mort de Gautama (traduction anglaise de Rhys Davids).

2. *Majjhima Nikâya* (moyens discours). Traduction allemande de M. Neumann en 1896. J'ai emprunté à cette traduction tous les discours concernant le séjour du Bouddha dans la forêt et la fondation de l'ordre. Ce recueil paraît le plus ancien et le plus authentique.

3 et 4. *Saṁyutta* et *Aṅguttara Nikâya.*

5. *Khuddaka-Nikâya* (petits discours).

Parmi les nombreux recueils de cette dernière collection, il faut signaler :

a. Le *Dhammapada* (423 vers). Traduction anglaise de Max Muller. J'ai cité un grand nombre de ces vers, en les faisant suivre des lettres (*Dh.*).

b. Le *Sutta Nipâta,* qui se compose de discours et de récits. Traduction anglaise de Faussböll. Parmi les récits, que j'ai cités, je mentionnerai :

La parabole du Semeur;

La première tentation, et autres, marqués (*S. N.*).

c. Les *Jâtakas* ou 550 existences du futur Gautama Bouddha.

Abhidhamma Piṭaka.

Ce troisième panier comprend les traités de métaphysique.

Il est remarquable qu'on ne trouve pas dans le Canon pâli l'histoire de Gautama, mais seulement le récit, en partie mythique, de son entrée dans le Nirvâṇa.

Mais le fameux Buddhaghosha, qui vivait au cinquième siècle de l'ère moderne, a écrit sur le Canon pâli un volumineux commentaire. Il prend un à un tous les discours du Bouddha et explique à quel sujet ils furent prononcés.

C'est lui qui raconte l'histoire du Seṭṭhi, dont la fille reçoit en dot quatorze villages; qui rapporte au danseur de corde Uggasena les versets assez vagues du Dhammapada.

Buddhaghosha composa aussi un traité mystique, le *Visuddhi-Magga* ou *Voie de la Pureté*, dont M. H.-C. Warren a traduit d'importants fragments dans les *Harvard Series*. Je lui ai emprunté les comparaisons de la corneille qui découvre la terre, et celle de l'amant qui se détourne de la femme infidèle.

Le Canon du Nord est écrit en sanscrit; plus tard on le traduisit en thibétain. Certains livres furent traduits en chinois dès le premier siècle de l'ère moderne, mais la première rédaction chinoise date seulement du règne de Tai-Tsung.

Parmi les œuvres spéciales à ce Canon je signalerai :
I. Les récits de la vie du Bouddha.

Le *Lalita vistara* est une compilation en vers et en prose, dont plusieurs fragments paraissent très anciens.

II. Les ouvrages mystiques comprennent, entre autres :

Le *Sukhâvatî Vyûha,* ou description de la terre de pureté (traduction anglaise de Max Muller), auquel j'ai emprunté la description du Paradis d'Amitâbha.

Le *Prajña Pâramitâ Sûtra*, traduit par Hiuen Tsiang, est un ouvrage immense. Il contient entre autres un discours d'Avalokiteçvara sur le Nirvâṇa (traduction anglaise de Max Muller), qui est devenu la prière favorite des Japonais.

Le *Surâñgama Sûtra* (traduction anglaise du Rd. Beal) auquel j'ai emprunté la doctrine du cœur du Bouddha.

Le *Saddharma Puṇḍarîka,* traduit par Burnouf sous le titre de *Lotus de la Bonne Nouvelle.*

* *
*

Parmi les ouvrages didactiques, je ne citerai que le *Milindapañha,* un dialogue entre Nâgârjuna (ou Nagasena) et le roi grec Ménandre (126-110).

Si ce Nâgârjuna est le fameux patriarche, il aurait pris pour interlocuteur imaginaire un roi, resté célèbre pour son amour des lettres comme pour ses victoires.

J'ai emprunté à ce recueil, traduit partiellement par H.-C. Warren, les comparaisons du chariot et des œufs dans le dialogue, à la fin de la seconde partie.

M. Rhys Davids en a donné la traduction complète dans les *Sacred Books of the East.*

Nous ne possédons qu'une rédaction pâli, mais l'original devait être en sanscrit (1).

---

(1) Il y eut aussi un moyen Véhicule, qui n'a pas laissé de Canon. Pendant des siècles, l'on vit des sectes appartenant aux trois Véhicules dans tous les pays bouddhistes. Ceylan eut des couvents du Mahâyâna, et l'on trouve dans le Canon chinois des traités de l'Hînayâna.

BIBLIOGRAPHIE

TRADUCTIONS

Outre les traductions, citées dans l'Appendice.

Rév. BEAL, *Si-yu-ki*. (*Records of the Western World*.) Pèlerins chinois.

Rév. BEAL, *Catena of Buddhist Scriptures from the Chinese*.

GOUGH and COWELL, *Review of the different systems of Hindu philosophy*. (*Sarva-Darçana-Saṅgraha*.)

John DAVIES, *Bhagavad Gîtâ*.

Dr. P. DEUSSEN, *Le Vedânta, avec le commentaire de Çaṅkara.* (*Traduction allemande*.)

JACOBI, *Sûtras des Jains*. (*Traduction anglaise*.)

COWELL BUDDHACARITA.

AUTRES OUVRAGES

Inde. — SÉNART, *La légende du Bouddha. Les castes de l'Inde*

RHYS DAVIDS, *Buddhism*.

FERGUSSON et BURGESS, *Cave temples of India*.

Sir MONIER MONIER-WILLIAMS, *Brâhmanism and Hindúism*.

WINDISCH, *Mara und Buddha*.

MAX MULLER, *India, what it can teach us*.

Sir EDWIN ARNOLD, *Indian poetry*.

GOUGH, *Philosophy of the Upanishads*.

H. WEBER, *History of Indian literature* (la dernière édition, en anglais).

Indo-Chine. — Sir A. P. PHAYRE, *History of Burma*.

Ceylan. — A. GRANDIDIER, *Notice historique sur l'île de Ceylan*.

FERGUSON, *Ceylon in the Jubilee year*.

Chine. — Mayers, *Chinese Reader's Manual.*
Rév. Beal, *Chinese Buddhism.*
Japon. — Chamberlain, *Things Japanese. Handbook for Japan.*
Anderson, *Catalogue of the Japanese paintings in the British Museum.*
Rein, *Japan.*

TABLE DES MATIÈRES

18

QUATRIÈME PARTIE
LE MAHÂYÂNA

CINQUIÈME PARTIE
DÉCADENCE DU BOUDDHISME — RELIGION HINDOUE

TABLE DES GRAVURES

PARIS. TYP. DE E. PLON, NOURRIT ET Cie, 8, RUE GARANCIÈRE. — 3058.

ERRATA

Page 21, *lire :* Mandalay *au lieu de :* Mandala.

— 45 (note), *lire :* d'après Gough, trad. du *Chândogya Upanishad.* Je n'ai pu donner qu'une paraphrase du texte, dont la traduction littérale aurait exigé un commentaire. Au commencement du dialogue, *lire :* à l'Est, à l'Ouest, *au lieu de :* au Nord, au Sud, à l'Est, à l'Ouest. L'auteur songe aux deux versants de l'Inde : celui du golfe de Bengale et celui de l'océan Indien.

— 250, *lire :* Dhâraṇî, *au lieu de :* Dhârani.

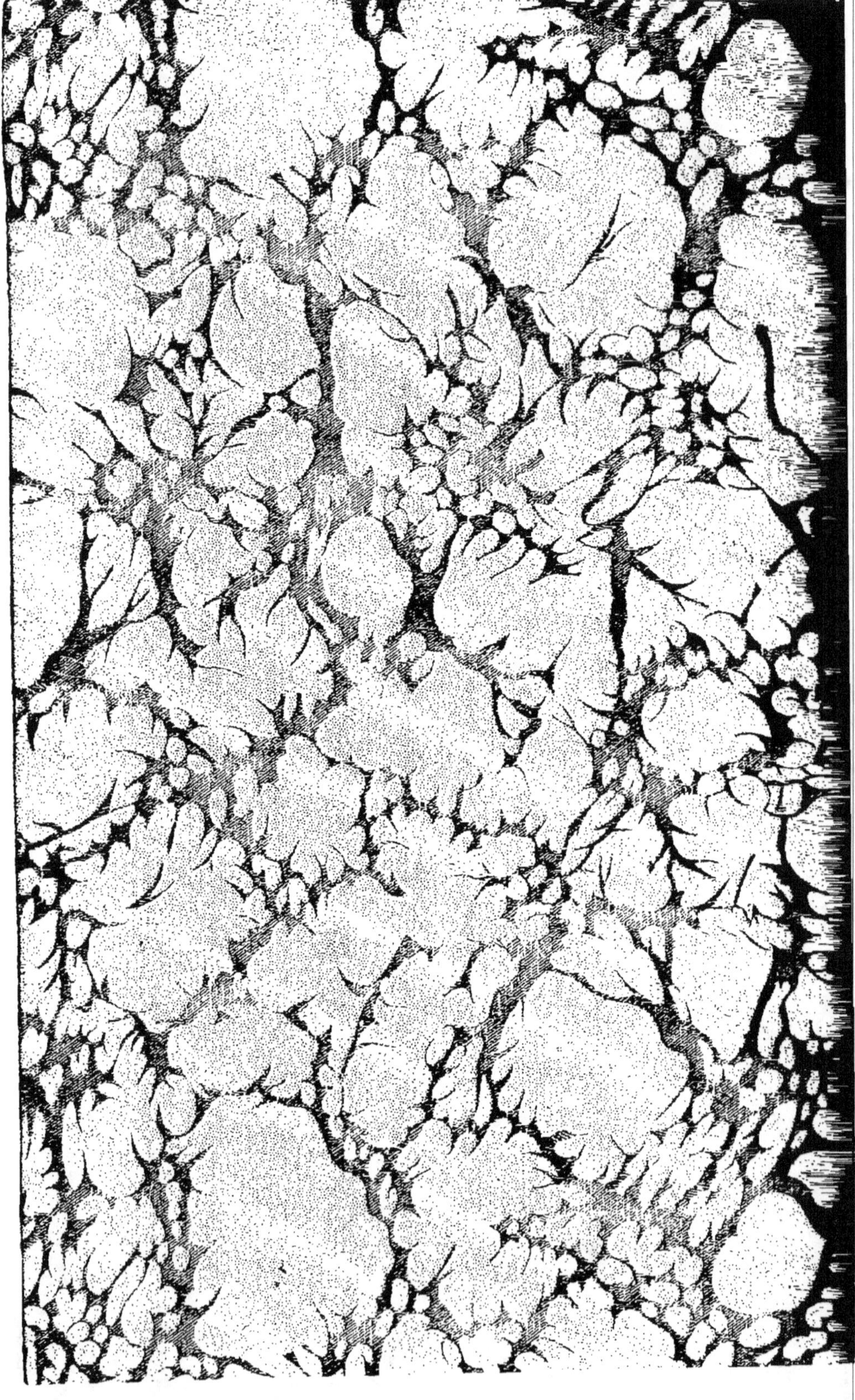

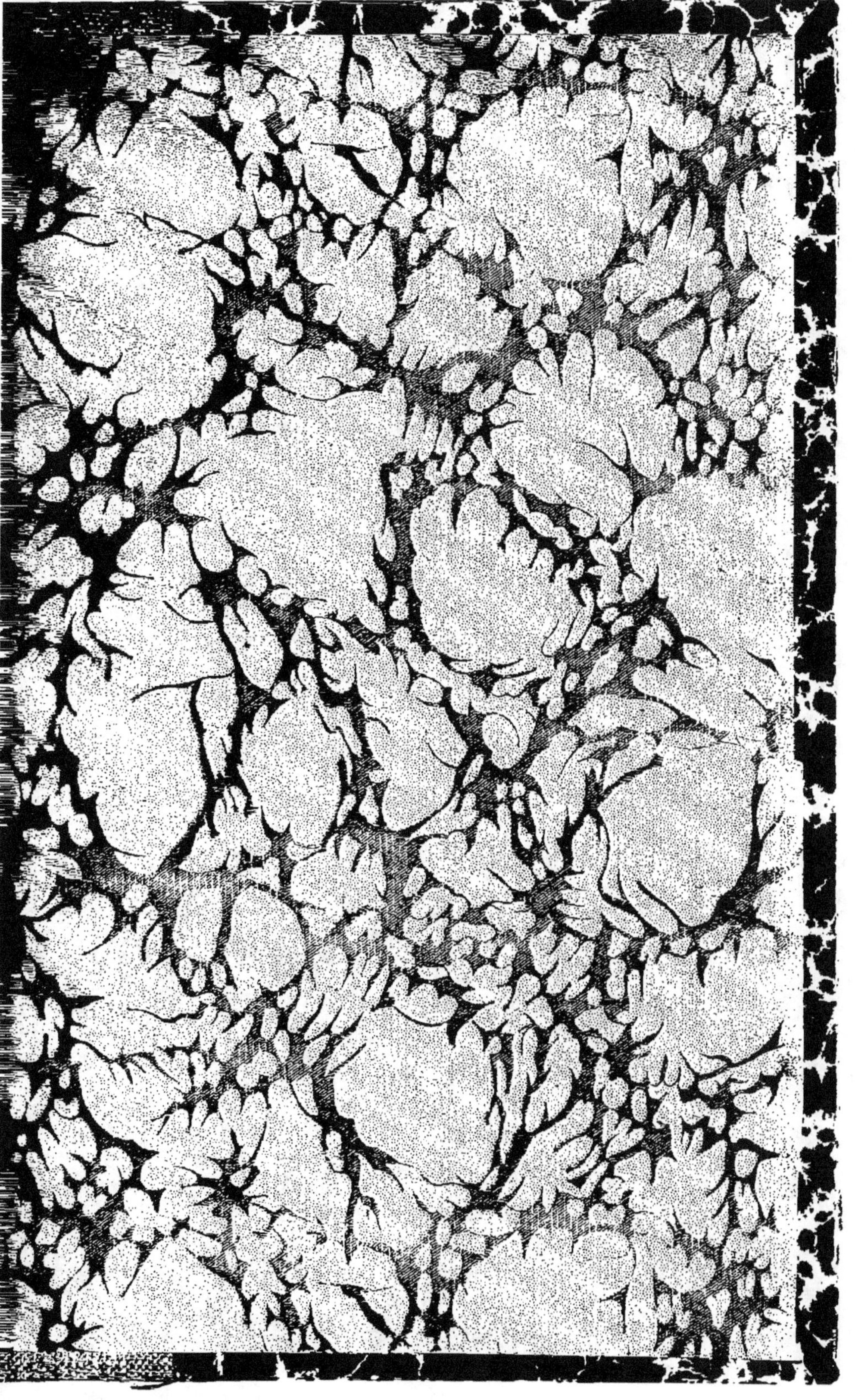

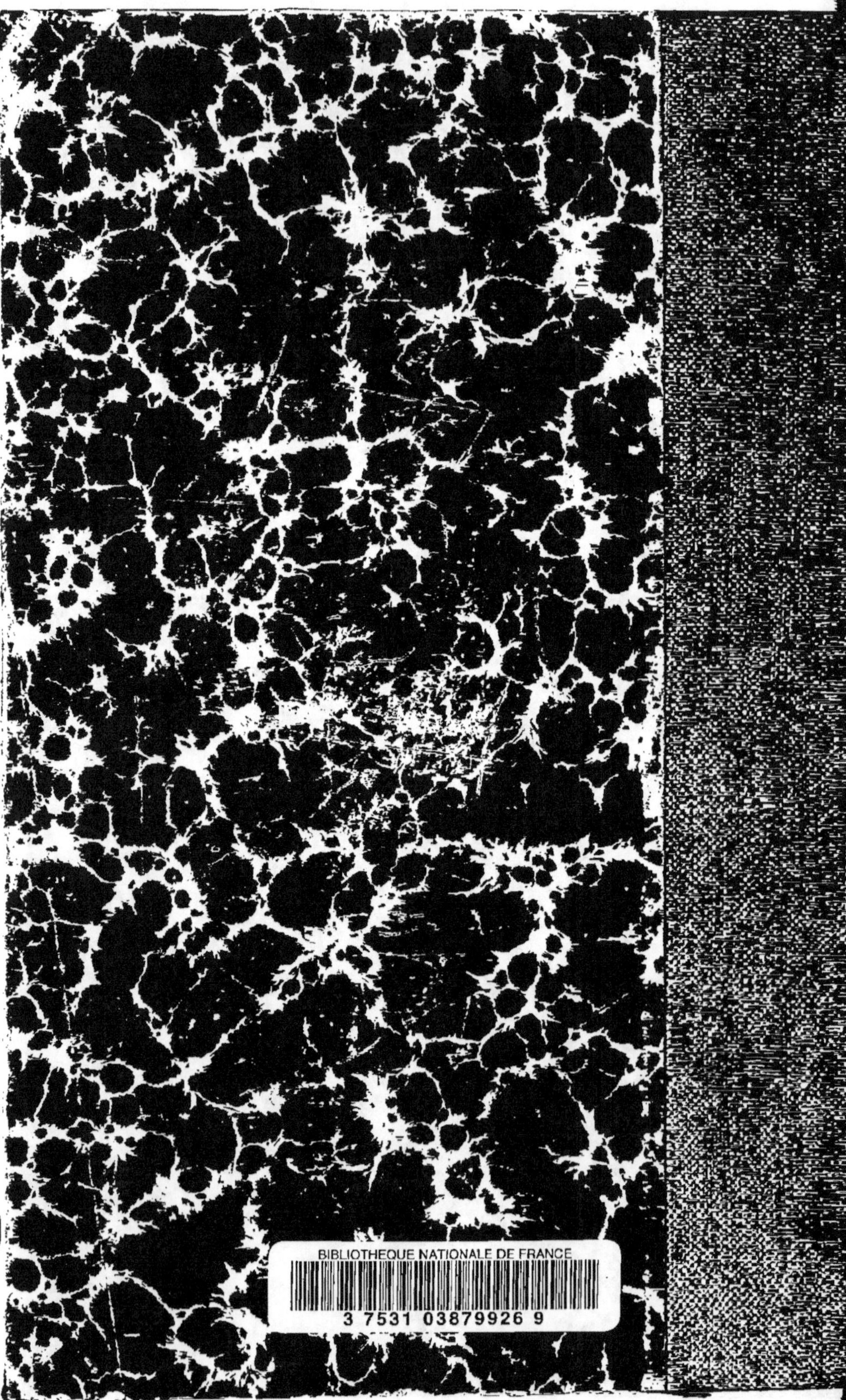
BIBLIOTHEQUE NATIONALE DE FRANCE